JN316883

グローバリゼーションと多国籍企業

徳重昌志
日高克平 編著

中央大学企業研究所
研究叢書23

中央大学出版部

序　　文

　本書は，中央大学企業研究所の研究プロジェクト「グローバリゼーションと多国籍企業」の研究成果をまとめたものである．同プロジェクトは，1998年4月1日より5年間にわたり，上記の研究課題に挑戦してきた．
　当初の研究目的に関連して，次のような問題意識があった．

　近年，先進資本主義諸国の資本輸出と多国籍企業の展開によって，世界市場はますますボーダーレス化し，多国籍企業間の世界市場における競争は熾烈になってきている．国内で進められているあらゆる分野の規制緩和措置は，多国籍企業としての機能を強化しつつある日本の独占企業の資本蓄積の態様に，日本の経済社会システムを全面的に適応させていく上で重要な役割と意味を持っている．
　本研究チームは，現代資本主義に重要な特徴を与えていると考えられる多国籍企業の活動を研究することによって，世界経済のグローバリゼーションの構造と，今日の日本経済さらには世界経済の構造的特質を明らかにしていきたいと考えている．

　このような問題意識のもとに開始されたプロジェクトであったが，その研究期間中に，当初の段階で予想もつかないような，まさに世界経済と国際社会の構造を全く転換してしまうほどの劇的な変化が訪れた．
　最初の「変化」は，1999年に生じた．それは，アメリカのシアトルで開催されたWTO（世界貿易機関）閣僚会議時における大規模な「反グローバリズム運動」である．
　この運動の主役は，NGO（非政府組織）やNPO（非営利組織）に参加する市民である．この動きは，1980年代から活発になってきていたが，運動の目的は，

環境問題，食品の安全性問題，人権問題といった実に多様なものであったため，一つにまとまるきっかけがなかなか見出せないでいた．しかしながら，1999年に至って，ついに運動の方向が一つに収斂したのである．

この「変化」の重要性は，言うまでもなく，それまでの主役であった政府や企業の活動領域が絶対的なものでなくなったことにある．政府ないしは行政組織では対応できない問題をNGOが扱い，企業活動ないしは営利組織では不十分な事業領域をNPOが埋めるに至って，新たな社会組織論の構想が必要になった．こうして，これまでの政府・企業・市民の関係が大きく変わろうとしており，その動きは情報通信技術の飛躍的な進歩とともに，まさに国内の範囲を越えて，グローバルなシステムとして構築されつつある．国境を越えて活動するのは多国籍企業だけではない．市民運動も国境を越えて展開される時代である．

第2の「変化」もアメリカが舞台となった．2001年9月11日の「同時多発テロ」である．今日の「グローバリゼーション」の方向を「アメリカナイゼーション」であるとする議論がある．覇権国家論や新帝国主義論等の論理は重要な分析ツールであるが，とりわけ，ビジネスの世界における「アメリカナイゼーション」の傾向は強く見られ，例えば，米国最大手のハンバーガー・チェーンであり，米国を代表する多国籍企業でもあるマクドナルド社を「文化帝国主義的ビジネスの展開」とみる批判論者もいる．企業活動，とりわけ海外事業における経営活動とヘゲモニーとの関係については，十分に分析しなければならない．

とはいえ，「9・11」は，このような「アメリカナイゼーション」が実に脆弱な構造しか持ちえていないことを露呈した事件であった．アメリカは，テロの報復攻撃を画策するなかで，イスラム社会との緊張関係だけではなく，フランスを中心とする欧州諸国との緊張関係も強めつつある．

第3の大きな変化は，この間の中国経済の急激な発展である．中国の安価な労働コストやインフラコスト，そして，あらゆる産業分野における優秀な技術者の存在は，中国の巨大な市場の魅力ともあいまって，先進資本主義諸国の多国籍企業を中国市場に強力にひきつけ，膨大な資本が多国籍企業によって中国

に投資されてきた．

　この結果，中国は「世界の工場」と呼ばれるようになり，IT 製品，家電製品，二輪車，繊維など中国製の製品が世界市場を席巻している．これらの製品の多くは，日系企業など外国企業の現地生産化によってもたらされたもので，主要先進資本主義諸国の産業空洞化現象も同時に引き起こしている．

　この中国への多国籍企業の膨大な投資と中国経済の急成長が，今日の「世界経済のグローバル化」と多国籍企業の発展に，歴史的な影響を与えていることは疑いない．

　第 4 の変化として，ユーロの導入が考えられる．1999 年 1 月に導入された EU 統合通貨ユーロは，2002 年 1 月 1 日から現金通貨として EU 12 ヶ国内で，フランスフランやドイツマルクなど，それまでの各国通貨にとって代わって市場で流通し始めた．

　EU の巨大な共同市場は，ユーロの流通で名実ともに単一市場としての実体を持って発展していくことになった．この EU の試みは，それ自体としては地域的統合（リージョナリズム）の一つの展開であって，このことが「世界経済のグローバル化」に重要な対抗的意味を持つことは十分推測される．欧州多国籍企業の行動様式やグローバル市場と EU 市場の関係にいかなる変化が生じうるのか，今日的な検討課題である．

　このような急激かつ構造的な変化のなかで，はたして，今日の「グローバリゼーション」の方向はどのように進んでいくのだろうか．

　本書の各論文は，こうした複雑な研究対象に対して，統一的な概念や分析枠組みを用いて分析しているわけではない．もとより，「グローバリゼーション」の性格規定については十分に時間をかけて議論したけれども，何か統一的な視座を得るところまでには至らなかった．また，本書の執筆陣は専門分野も多様であり，経済学，経営学，商業学等の学問的範疇からそれぞれアプローチしている．したがって，方法論や分析視角も統一的なものではなく，むしろそれぞれの独自の視点を尊重する構成とした．

　はたして，本書は「グローバリゼーション」と「多国籍企業」との関係につい

てどの程度まで分析できたのだろうか．その評価は読者に委ねることにしたい．

　5年に及ぶ研究期間において，本書の執筆者以外にも，本研究プロジェクトにさまざまな研究者が関わりを持った．各先生方には，本プロジェクトが主催した研究会で報告していただき，知的刺激を与えていただいた．以下に，ご報告テーマを記して感謝の意を表したい．

- フウ・チャン（Hu Jian）北京大学経済学院教授・副院長「東南アジアの経済危機―その理由と諸影響―」（1998年11月19日）
- 長谷川治清シェフィールド大学東アジア学部講師「イギリスから見た日本の企業経営―経営モデルの多様性仮説―」（1999年6月10日）
- 童適平（Tong Shin Ping）復旦大学日本研究センター助教授「中国市場経済化の現状と課題」（2000年2月9日）
- トーマス・ファーガソン（Thomas Ferguson）マサチューセッツ大学教授「現代アメリカの政治と経済」（2000年6月17日）
- ジョルジ・シェル（György Széll）オスナブリュック大学教授「Globalization and Nationalism in the European Industries」（2001年10月11日）
- 陳　建（Chen Jian）中国人民大学経済学院教授「A Foreign Trade Strategy under Joining to WTO in China」（2001年10月29日）

　最後に，執筆者を代表して，本書の刊行にあたって格別のお力添えをいただいた中央大学企業研究所石崎忠司所長，研究所合同事務室横本五朗前事務長，木下典子さん，中央大学出版部の平山勝基副部長，小川砂織さんに心より感謝を申し上げたい．

2003年7月

徳　重　昌　志
日　高　克　平

グローバリゼーションと多国籍企業
目　　次

序　文

第1章　グローバル経済の矛盾
　　　　　　　　　　　　　　　　　　　　　　　　　鶴　田　満　彦
　　はじめに……………………………………………………………… 1
　　1．現代グローバリゼーションの特質 ………………………… 2
　　2．グローバリゼーションと国民経済 ………………………… 5
　　3．グローバリゼーションと日本型経済システム …………… 11
　　4．グローバル経済の矛盾 ……………………………………… 15

第2章　グローバル化の進展と国際関係
　　　　──多国籍企業による「覇権」獲得への挑戦──
　　　　　　　　　　　　　　　　　　　　　　　　　岩　田　勝　雄
　　1．グローバル化とは何か ……………………………………… 19
　　2．グローバル化の現代国際関係 ……………………………… 21
　　3．多国籍企業によるグローバル化の進展 …………………… 37
　　4．21世紀の国際政策課題
　　　　──覇権への挑戦── ……………………………………… 44

第3章　経済のグローバル化と投資銀行業の多国籍的展開
　　　　──世界の金融再編成とウォール街の経済ヘゲモニー──
　　　　　　　　　　　　　　　　　　　　　　　　　山　田　博　文
　　1．問題の提起と限定 …………………………………………… 49
　　2．不安定化するグローバル経済
　　　　──「21世紀型経済危機」の発生── …………………… 50
　　　(1)　グローバルな金融投機と連鎖的な経済危機の発生　50
　　　(2)　金融ビジネスの情報化とグローバル化　53

3．世界の金融産業の再編成とウォール街 ………………… 55
  (1) 金融の証券化（セキュリタイゼーション）と投資銀行業　55
  (2) 進展する世界の金融産業の再編成——銀行の
    投資銀行化——　58
  (3) 「ウォール街・財務省複合体」の経済ヘゲモニー　65
4．経済のグローバル化と日本の金融再編成 ……………… 66
  (1) 日本版金融ビッグバンと4大金融コングロマリット　66
  (2) 東京市場のウィンブルドン化——外国証券会社の
    シェア拡大——　69
5．結　　語 ……………………………………………………… 72

第4章　グローバル競争下の企業集団

鈴　木　　　健

はじめに……………………………………………………………… 79
1．大企業の「過当競争」から巨大企業の覇権確立へ ………… 81
  (1) 素材・エネルギー産業における再編の現状　81
  (2) 加工組立産業における再編の現状　87
  (3) 流通・サービス産業における再編の実態　92
  (4) 小　　括——産業再編と外国資本の対日進出——　93
2．大企業体制の中枢に位置する銀行・金融分野の再編 ……… 94
  (1) 都市銀行・長期信用銀行の再編　95
  (2) 信託銀行の再編　97
  (3) 生命保険・損害保険の再編　98
  (4) 証券会社の再編　100
3．グローバル競争のもとで再編される企業集団……………… 103
  (1) 再編されるメインバンク関係　103
  (2) 再編される企業集団体制　106

第5章　企業集団的結合の変容
――三菱集団を例に――

工　藤　昌　宏

はじめに……………………………………………………………… 119
1．集団的結合とそれに対する見解 ……………………………… 120
2．集団構成企業の動向 …………………………………………… 121
　(1) 産業企業の動向　123
　(2) 金融機関の動向　130
　(3) 総合商社の動向　149
3．集団的結合の変容 ……………………………………………… 152
　(1) 変容の内容　152
　(2) 集団的結合の保持　154
　(3) 株式持合の変化　155
　(4) 集団的結合の限界　162
おわりに……………………………………………………………… 164

第6章　多国籍企業と産業集積
――バーミンガムの教訓――

小　林　世　治

はじめに――BMWによるローバー売却―― ………………… 169
1．多国籍企業の立地行動と産業集積 …………………………… 172
　(1) アライアンス・キャピタリズム論と「資産獲得型」直接投資　172
　(2) 産業クラスターと「地域の競争優位」論　176
　(3) グローバリゼーションによる地域の「遠心分離」　179
2．バーミンガムの場合 …………………………………………… 181
　(1) バーミンガム／WMにおける産業集積　181
　(2) 外資はWMの産業集積を強化したか？　184
　(3) BMWの場合　189

(4) サプライチェーンの実態と強化の試み　192
　3．イギリス外資政策の蹉跌……………………………………194
　　　(1) 産業政策の失敗と外資依存　194
　　　(2) 1990年代後半からの相次ぐ撤退　196
　　　(3) 自動車多国籍企業の立地再編　199
　　　(4) 「ポンド高」の政治経済学　203
　　おわりに——グローバル化と地域経済——………………206

第7章　小売業におけるグローバル調達の意義とその実像
　　——スーパーの生鮮食品調達にみるグローバル化と
　　　ローカル化——

木　立　真　直

　1．課題の限定……………………………………………………215
　2．小売業におけるグローバル・ソーシングの意義と
　　その成立条件…………………………………………………217
　　　(1) 小売業のグローバル化とグローバル・ソーシングの位置　217
　　　(2) グローバル・ソーシングの戦略的意図とその実現条件　221
　3．小売企業における輸入野菜調達の拡大とそのプロセス……224
　　　(1) 小売企業の輸入野菜調達の拡大とその要因　224
　　　(2) 輸入野菜定着のプロセスと調達行動　225
　4．スーパーにおける輸入野菜調達の現状と調達戦略の方向性
　　——ケース・スタディに基づいて——……………………226
　　　(1) 小売A社〜野菜の品揃え差別化戦略　226
　　　(2) 小売B社〜中国野菜の開発輸入への取組み　227
　　　(3) 小売C社〜開発輸入から地場野菜開拓へ　229
　5．結　語
　　——小売企業における商品調達の二面的展開——…………230

第8章　日中貿易摩擦と二国間経済・貿易関係について
　　　　　　　　　　　　　　　　　陳　　　建（酒井正三郎訳）

　序 …………………………………………………………………… 237
1．日中経済・貿易関係の今後の基本趨勢および主要な協力分野
　　………………………………………………………………… 238
2．注目される日中両国間の貿易摩擦問題 ………………………… 240
3．日中両国間の相互制裁から「相互利得」へ ………………… 246

第9章　産業空洞化と日本経済
　　　　　　　　　　　　　　　　　　　　徳　重　昌　志

　はじめに ……………………………………………………………… 253
1．「構造改革」と日本経済 ………………………………………… 254
2．グローバリゼーションの本質 …………………………………… 256
3．日本経済の産業空洞化と対外経済関係 ………………………… 258
4．産業空洞化のメカニズム ………………………………………… 261
　（1）円高による輸出価格の上昇を契機とする
　　　海外直接投資の増大　261
　（2）グローバル企業の形成　263
5．産業の空洞化に対する当面の対応 ……………………………… 264
　（1）為替相場の適正化　265
　（2）海外移転の規制と地域経済の活性化──企業撤退税の
　　　導入──　266
　（3）逆ローカルコンテンツ法の導入と諸国間の「共生」の追求　266
　（4）地域経済の確立──中小企業の経営共同法人と
　　　地域経済共同体の構築──　268
　あとがき──地域経済共同体の構築を目指して── ………… 269

第10章　グローバル化時代の多国籍企業経営論

日　高　克　平

1．序　　論 …………………………………………… 271
2．グローバリゼーションとその現代的特徴 ………………… 273
3．反グローバリズム運動と多国籍企業経営 ………………… 282
　　(1)　反グローバリズム運動　　282
　　(2)　多国籍企業経営と不均等性　　288
4．多国籍企業ガイドライン
　　──グローバル・コンパクト── ……………………………… 294
5．21世紀型ビジネスモデル
　　──国際共生経営モデル構築に向けて── …………………… 297

第1章　グローバル経済の矛盾

はじめに

　20世紀末から21世紀初頭の世界を特徴づけているもっとも重要なキーワードの一つは，グローバリゼーションである．前世紀の1980年代末までは，ほとんど学術論文にも新聞にも登場しなかったこの語が，いまや現代の社会を語るうえで不可欠の用語となっている．

　グローバリゼーションという語の特徴の一つは，比較的に最近に出現したものであり，多様な意味やニュアンスを含んだものでありながら，それをめぐってきわめて熾烈な論争が行われている点にある．グローバリゼーション肯定派によれば，グローバリゼーションは，近代産業社会のもとでの生産力発展に伴う国際的相互依存関係の緊密化の必然的結果であって，それに抵抗することは，ドン・キホーテ的アナクロニズムであり，残されて問題は，国や企業や個人がどのようにグローバリゼーションに適応するかを検討することだけだという．たとえば，A. ギデンズはこういっている．「現行の制度を修正する必要，あるいは新しい制度を創造する必要に私たちはせまられている．なぜなら，グローバリゼーションは，私たちの生活環境そのものの一大異変なのだから．私たちは，日々の生活のありようをグローバリゼーションに適応させなければならない」[1]．

　しかし，他方では，ギデンズ自身が「反グローバリズム運動のグローバル化」といっているように，グローバリゼーションに抵抗したり，異議申し立てをする労働運動や市民運動も活発である．1998年11月末から12月初めにかけてシアトルで開催された第3回WTO閣僚会議は，会議を取り巻くNGOや労働組合

のデモのために，十分に意見を調整することができず，流会するに至った．また1999年4月中旬にワシントンで開催されたIMF総会・世界銀行理事会の際にも，反グローバリゼーションの大規模なティーチ・インやデモが行われた．さらに，2001年7月下旬のジェノバ・サミットの際にも反グローバリゼーションの大規模なデモが繰り返され，警備側の発砲によって死者1名を出すにまで至った．

　学界においても運動のレベルにおいても，これほどまでに熾烈な争点となっているグローバリゼーションの問題性はどこにあるのか？　この点を経済問題にそくして明らかにすることが本章の目的である．

　本論に入るに先立って，いくつかの限定をしておかなければならない．第一は，ここでは，現代のグローバリゼーションの諸側面のうち，経済グローバリゼーションを主としてとりあげていることである．これは，現代グローバリゼーションは，政治的・社会的・文化的なさまざまな側面をもちながらも，経済的側面において突出しているという認識にもとづいている．第二は，ここでは，現代のグローバリゼーションを，特定の立場から批判することにではなく，現実のグローバリゼーションの進行自体のうちにグローバリゼーションを困難にする要因が醸成されることに関心が集中されている．標題を「グローバル経済の矛盾」とした所以もそこにある．

1．現代グローバリゼーションの特質

　はじめに，グローバリゼーションとは何かを明らかにしておかなければならない．グローバリゼーションの概念は，きわめて多義的で，滝田賢治氏が指摘しているとおり[2]，まさに論者の数だけの定義が存在するといっても過言ではない．

　たとえば，前出のA. ギデンズは，グローバリゼーションがさまざまなプロセスが重なりあった複合的現象であることを強調しつつ，「グローバリゼーションは，経済的な相互依存だけでなく，日常生活における時間と空間を変換する

という効果を併せ持つのである．経済と関係があろうとなかろうと，はるか遠くの出来事の影響が，以前とは比べようもないほど，直接的に，間髪を入れずに私たちに及んでくる」[3]といっている．

また国際政治経済学者のR. ギルピンは，「『グローバリゼーション』という用語は，1980年代後半に，多国籍企業による対外直接投資の急増にともなって一般に使われるようになった」として，「多国籍企業と対外直接投資はグローバル経済のきわめて重要な特徴である．多国籍企業の重要性が増してきたことによって，グローバル経済の構造と機能は根本的に変化してきた．これらの巨大企業とそのグローバルな戦略が，貿易のフロー，産業立地，世界に及ぶ経済活動を決定する主たる要因となった」[4]といっている．

これらを見る限り，ギデンズは，グローバリゼーションを時間と空間の変換一般に解消し，現代グローバリゼーションの先頭に経済グローバリゼーションがあることを軽視しているように思われるし，逆にギルピンは，現代グローバリゼーションを多国籍企業の対外直接投資活動に絞り過ぎているように思われる．実際には，対外直接投資よりもむしろ，投機的な短期資金の国際移動こそが，経済グローバリゼーションを特徴づけているのである．

私は，グローバリゼーション一般を，第一には，資本・商品・サービス・労働力・技術といった諸資源並びに情報の国際的移動の増大といった実態を意味するものとして，定義したい．グローバリゼーションは，このような諸資源並びに情報の国際的移動を実現し，許容してきた自由化・規制緩和の政策を意味する場合もあり，さらに，世界的な自由放任こそが，ベストの効率と経済的厚生をもたらすという市場原理主義的イデオロギー＝グローバリズムを意味する場合もある．私の定義によれば，グローバリゼーションは実態を意味し，グローバリゼーションを推進する政策やイデオロギーを意味するグローバリズムとは区別される．

このような一般的な意味でのグローバリゼーションは，近代資本主義社会のもとでの生産力の発展に伴う国際的相互依存関係の緊密化の必然的結果である．近代資本主義社会では，生産力の発展は，技術の進歩と社会的分業の拡大とい

う形態をとり，社会的分業は国境を超えて国際分業となる．

　しかし，20世紀末から21世紀初頭を特徴づけている現代のグローバリゼーションは，生産力の発展一般には帰せられない特殊性をもっている．現代のグローバリゼーションの特質の第一は，1970年代以降の情報技術革命によって推進されている点にある．インテル社によるマイクロ・プロセサーの開発に始まるME（マイクロ・エレクトロニクス）革命は，コンピュータの小型化・高性能化・低廉化を通じて産業技術と社会生活への広範な浸透を可能にした．さらに1990年代には，通信技術の進展とあいまって，あらゆるコンピュータ・ネットワークをグローバルに結び付けるいわゆるインターネットを展開させるに至った．このインターネットは，拡張性・接続性・開放性・双方向性をもった情報通信手段として爆発的に普及し，アジアの勃興によって閉塞状況を強めつつあったアメリカを先頭とする先進資本主義にとって新たな内延的拡張の場を創出すると同時に，知識の国際交流の速度と規模を飛躍的に増大させたのである．

　現代グローバリゼーションの特質の第二は，経済における金融の比重の増大という意味での経済の金融化を伴っている点である．この金融肥大化の根源には，1970年代前半におけるアメリカの金・ドル交換停止と，それに伴う変動相場制移行があった．この制度変化によって，アメリカのドル散布がより無規律的となり，世界的に流動性は過剰となり，外国為替相場が不安定となり，特定国の規制から自由で，しかも世界のあらゆる地域に収益機会を求める大量の国際投機資金が形成された．外国為替相場，利子率，証券価格の変動は，これらの投機資金にリスクとともに収益の機会を与えるからである．さらに，これらの投機資金とそれを媒介する金融業に梃子のような力を与えたのが，前述の情報技術革命であった．コンピュータを通じて新たな金融商品が次々と作り出され，コンピュータ・ネットワークを通じて資金が瞬時に移動することとなった．情報技術革命と金融業との結合は，グローバルな金融革新を生み出し，グローバリゼーションの巨大な推進力となったのである．

　現代グローバリゼーションの第三の特質は，すでに1970年代に凋落したかに見えたパックス・アメリカーナ（アメリカの覇権）を，1990年代初頭のソ連・東

欧社会主義の崩壊と湾岸戦争の勝利を契機として，情報と金融と軍事を中心に，再版パックス・アメリカーナとして再構築したアメリカのパワーにもとづいている点にある．アメリカ製造業のかなりの部分は，1980年代の「産業空洞化」を通じて弱体化ないし海外移転され，現代アメリカの戦略的産業部門は，情報と金融となっているのであるが，情報と金融においては収穫逓増（規模の経済）が顕著に作用し，初期の参入者が圧倒的な競争力優位をもつことができ，自己に有利な標準・制度をいわゆるグローバル・スタンダードとして全世界に押し付けることができる．1990年代アメリカのバブルを伴った「繁栄」は，所得格差の増大，軍需部門から情報・金融部門への労働力の移動，ウインドウズ・インテル・BIS規制など情報・金融部門におけるグローバル・スタンードの掌握によって実現したものであった．現代グローバリゼーションのもっとも重要な一側面は，情報・金融・軍事を中心とするアメリカナイゼーションである．

2．グローバリゼーションと国民経済

　現代のグローバリゼーションは，生産力発展の必然的結果という一般的性格をもちながらも，情報化・金融化・アメリカ化という点では特殊性をもち，しかもその進展度があまりにも急速であるために，既存の経済秩序との間に矛盾と軋轢をひき起こしている．その最大のものは，グローバリゼーションと国民経済との矛盾であろう．

　周知のように，近代資本主義経済は，歴史的には国民経済という形態で構成された．国民経済とは，大ざっぱにいえば，国民国家によって総括され，多かれ少なかれ境界づけられている再生産の単位であるが，もとより，資本主義と国民経済は，必ずしも内的に結び付いているわけではない．国民国家は，資本主義に先立つ絶対主義，あるいは初期資本主義といっていい重商主義の時期に成立し，その国民国家を資本主義は自己にふさわしい国家形態として受容するのである．なぜならば，資本主義は，商品貨幣経済を法制度化するために，労働力の再生産のために，そしていわゆる公共財の再生産のために国家という非

市場的・強力的組織を必要とし，国家のなかでは国民国家がもっとも正統性を得やすいからである．

　国民国家自体は，けっして唯一の国家形態ではないが，ある程度まで言語・習慣・宗教・文化等を共有する人工的集合＝国民にもとづいているために，成員を統合しやすいとう利点をもっている．個人は，安全・安定・生活を取得するためには，なんらかの国家に帰属するほかはないと考えるようになり，国家形態のなかでは，成員相互間のコミュニケーションをとりやすい国民国家を選好する傾向がある．もちろん，純粋な個人が，社会契約説的に国民国家を組織するというのは，フィクションに過ぎず，実際には，貴族国家ないし王権国家がより正統性を得やすい国民国家に編成替していったというのが，実態であろう．しかし，このような近代国家形成の歴史が明らかにしているのは，国家にとってのもっとも重要な要素が正統性だということである．国家は，たんなる階級支配のための暴力装置ではない．国家が，階級支配を内含するような既存の権利や秩序を守るために，最終的には暴力を行使することは事実であるが，重要なことは，大部分の国家の成員がそのような国家による暴力の行使を合法的なものとして承認するということ，すなわち，正統性を与えているということである．いいかえれば，国家の個々の成員が国民国家の正統性を認めなくなったときこそ，国民国家の危機にほかならない．

　他方，近代資本主義経済は，ほんらい国民経済という形態で構成されたものでありながら，国境を超えて拡張する傾向をもっている．周知のように，マルクスとエンゲルスの『共産党宣言』(1848年) は，次のように述べていた．「自分の生産物の販路をつねにますます拡大しようという欲望にかりたてられて，ブルジョア階級は全地球をかけまわる．どんなところにも，かれらは巣を作り，どんなところをも開拓し，どんなところとも関係を結ばねばならない．／ブルジョア階級は，世界市場の搾取を通じてあらゆる国々の生産と消費とを世界主義的（コスモポリティック）なものに作り上げた」5)．

　このように資本主義が国境を超えて拡張しようとするのは，資本主義のエンジンともいうべき搾取・蓄積活動があらゆる限界を乗り越えようとする性格を

もっているからであるが，さらに，資本主義の一般的基礎をなす商品流通＝市場経済が，さまざまなタイプの生産組織を相互に接続するインターフェイスの役割を果たしているからでもある．商品流通を通じて，資本主義は，封建的農民経済とも社会主義経済とも接合しうる．

19世紀末から第1次世界大戦期までを特徴づける古典的帝国主義は，独占資本を基盤とする資本主義が，外国の領域を植民地化し，それを自己の独占的資源調達市場・独占的販売市場とするものであって，一部の強力な国民国家の領域を拡大しようとするものであった．その傾向は，戦間期のブロック経済にも貫徹され，第2次世界大戦を結果した．

第2次世界大戦後のいわゆる現代資本主義においては，多くの旧植民地・従属国における民族自決意識の高揚と新国民国家形成の運動の発展のために，国外における植民地の保有・支配という意味での帝国主義は，不可能となった．かつての帝国主義的諸政策にかわって，先進資本主義諸国は，いわゆる新興諸国の政治的独立を容認しながら，経済的・実質的にそれらを支配するという新植民地主義的諸政策をとる一方，対外直接投資による在外生産の担い手としての多国籍企業を広範に展開することとなった．多国籍企業による対外投資は，企業内分業という形態で，主として先進資本主義諸国間で行われたのである．

多国籍企業はけっして無国籍ではなく，その多くは，アメリカや欧州や日本を母国とする巨大企業でなのであるが，その活動が国際的になればなるほど，母国の保護や規制を桎梏と受け止めるようになってくる．そこで，多国籍企業は，無税のタックス・ヘイヴンに本拠を移して利潤の国際的移転をはかったり，遊休資金を特定国の規制の及ばないオフ・ショア市場で運用して，しばしば母国国家の利害と衝突するに至る．多国籍企業にとっては，国民国家の正統性は稀薄化してきたように見える．

自己増殖する価値の運動体としての資本と同様に，資本の存在形態としての企業は，もともと特定の国民国家と必然的な結び付きをもつものではない．しかし，労働者を雇用する産業企業は，労使関係に関わる制度や慣行に依存せざるをえず，そのような制度や慣行の根底には国家権力に裏づけられた法体系が

あるから，特定の国民国家＝母国との結び付きを深めることとなる．もちろん，たんなる生産物・サービスや証券を売買する市場にも，特定国の法体系にもとづく制度や慣行があり，企業はそれらに依存しているといっていいが，その依存の度合いは，労働力市場のそれに比べて，はるかに浅く，一過的である．

したがって，多国籍企業も，特定国の労使関係制度に深く，恒常的に結び付いている限り，国民国家との利害衝突は，大きなものではなかった．

しかし，前述のとおり，1970年代前半におけるアメリカの金・ドル交換停止とそれに伴う変動相場制移行は，アメリカのドル散布をより無規律的なものとして，大量の国際投機資金を形成した．外国為替相場，利子率，証券価格の変動とそれらの組み合わせは，情報技術革命の進展とあいまって，この投機資金にリスクとともに収益の機会を与えたのである．ヘッジ・ファンド，ミューチュアル・ファンド，さらには各種の年金基金や退職基金も加わるこれらの投機資金は，特定国にコミットすることなく，キャピタル・ゲインと利回りのみを求めてグローバルに移動する金融資本であり，20世紀末から21世紀初頭にかけてのグローバリゼーションを特徴づけているものでもある．自分自身国際的投機的金融業を代表してきたジョージ・ソロスは，次のように言っている．「金融資本は特権的な地位を謳歌している．資本は，他の生産要素より移動しやすいものだが，金融資本は直接投資よりもさらに移動性が激しい．金融資本はどこであれ，最も儲かるところに移動していく．個々の国はそれを繁栄の先駆けとして競って引き寄せようとする．そうした有利な立場をいかして，資本はますます金融機関や上場されている多国籍企業に蓄積され，その蓄積過程を金融市場が仲介することになる」[6]．

ここでソロスが金融資本と言っているのは，伝統的な産業独占と銀行独占との融合・癒着を指すのではなく，コンピュータ・ネットワークを通じて瞬時に世界中を駆け回る証券＝貨幣形態の資本であり，現代を金融資本主義ないし証券資本主義と特徴づけるとすれば，その主体をなす資本である．このような金融資本は，生産からもっとも疎外されていながら，その「想定元本」の規模は中小国のGDP程度にさえ達し，グローバル・スタンダードという名のアメリカ

ン・スタンダードを基準として自由化され開放された金融・証券市場をグローバルに浮動する．1997年の東アジア金融危機，1998年のロシア金融危機および中南米金融危機は，まさにこのような金融資本の流入と流出が，もたらしたものであった．金融資本は，これらの金融危機において，東アジアやロシアやブラジル等の国民経済を翻弄し，破綻させ，IMFなどの国際機関の管理下におきながら，アメリカのLTCMの場合のように，自分自身が危機に瀕すると臆面もなく母国国家（連邦準備銀行）の救済を仰ぐという面ももっている．現代の金融資本は，国家のあらゆる規制から自由になることを志向し，その意味では国民経済とは対立しながらも，危機に際しては，依然として国家権力に依存せざるをえないのである．現代グローバル経済の矛盾の一つであろう．

　ほんらい，自由貿易と国際分業の利益を説いたリカードの比較生産費説[7]は，国ごとの多様な資本・労働力・環境その他の資源の賦存を前提としたものであった．国ごとの多様な資源の賦存を前提とする限り，各国がそれらの資源を比較優位産業に集中投入して，生産物の国際的交換を行うことによる世界的利益は明らかである．しかし，その場合でも，それぞれの国に一時的に割り振られた比較優位産業の成長性の違いや，国際間の交易条件によって，国別の利益には格差が生じうる．さらに，たんなる貿易の域を超えて，資本や労働力の国際的移動となると，それは，自然環境を含む多様な資源の賦存という前提自体を掘り崩すことになるのである．たとえば，国際分業によって，農業を失った国民経済は，農業がその一部をなしていた自然環境という資源を失うことになるかもしれない．外国資本の対内流入は，国内雇用を拡大するかもしれないが，伝統的産業を破壊するかもしれない．もとより，創造的破壊を含む経済発展において，経済の構造変化は不可避である．しかし，生産物やサービスといったフローの交換はともかく，資本・労働力・環境を含むストックの移動は，たんなる経済活動の域を超えて，社会生活の基盤の変動をもたらすものであって，経済面・社会面から慎重に規制されねばならない．とりわけ，容易に流出入する短期貨幣資本は，バブルと危機を繰り返して国民経済を混乱させる可能性が高いので，きびしく規制されるべきであろう．

先進資本主義国から発展途上国への直接投資が，途上国の経済発展を支援する役割を果たしたことは，否定できない．だが，その場合，資本輸出国と受入れ国との間には，資本の運用の仕方や利益の配分をめぐって紛争と軋轢が生ずる可能性がある．直接投資のかわりに，国際機関を通ずる無償援助と途上国に有利な貿易が行われたとすれば，紛争や軋轢抜きに，途上国の経済発展への支援効果が期待されるであろう．

　直接投資の場合は，まだまだ問題は少ない．外国から進出してきた資本は，かなりな程度まで受入れ国の社会・習慣・文化に適応しなければならないからである．大きな問題を含むのは，為替相場，利子率，証券価格等の変動の組み合わせを利用して投機的な利益を獲得しようとする国際短期資金である．もともと為替相場をはじめ，国際金融市場の諸価格の変動が予想される場合にはリスクを相殺するためのヘッジ取引が不可避なのであるが，リスクを避けるための手段が現実には投機の手段に転化しているのであり，巨大なヘッジ・ファンドの投機活動とその相乗作用は，中小規模の国民経済を容易に翻弄することになる．これに対して一国ないし数か国で短期資金の流出入を規制しようとすると，それらの国が国際金融市場から事実上排除される結果になりやすい．トービン税などによる国際短期資金の規制は，国際協力を通じてまさにグローバルに行われねばならない．

　国民国家と同様に，国民国家によって総括された市場経済である国民経済も，けっして永遠不変の絶対的なものではない．すべての国民的な障壁が除去され，グローバルな生産と生活を規制・調整するグローバルで民主主義的な統治システムが成立するならば，国民経済も消滅するであろう．しかし，そのようなグローバルな統治システムを欠いたまま，一部の投機的な金融資本に国民経済を翻弄し，浸食するのを許すことは正しくない．経済自由主義の始祖といわれるアダム・スミスも，富の形成は国民経済単位で行われるべきとし，自然的自由の体系がゆきわたった状態においては，工業と商業と農業とのバランスのとれた国民経済が成立することを構想していた[8]．現代グローバリゼーションのもとでは，さしあたりは国民経済の自律性と一体性を維持しながら，グローバル

で民主主義的な世界統治システムの具体化を準備すべきなのであろう．

3．グローバリゼーションと日本型経済システム

　経済グローバリゼーションが猛威をふるい始めた1990年代初頭，日本経済は，バブル経済の崩壊を契機として長期のいわゆる平成不況の局面に入った．1995-96年には，やや回復の兆しを見せ始めたものの，1997年には，アジア金融危機と財政構造改革の影響を受けて再び深刻な下降に転じ，1998年以降，名目GDP成長率は傾向的にマイナスに推移して，21世紀初頭の日本経済はデフレ・スパイラルの様相を呈しつつある．

　ここから，日本経済が平成不況に陥ったのはその日本型経済システムがグローバル時代に適合しなかったからだとか，日本型経済システムをいわゆるグローバル・スタンダードに沿って構造改革しない限り，平成不況から脱却できないといった議論が盛んである[9]．だが，果たしてそうであろうか．この点を検討しよう．

　いわゆる日本型経済システムとは，戦時期に源流をもちながらも，第2次大戦後の1950年代後半から1970年代初頭にかけての高度成長期に形成・確立された企業優位的な経済システムにほかならない．日本型経済システムの中核をなしているのは，終身雇用慣行・年功序列型賃金・企業別組合の日本的経営と，法人資本主義にもとづく経営者支配とであったが，システム全体は巨大企業を中心とするさまざまな非市場的ネットワークによっても支援されていた．すなわち，巨大企業は，株式の相互持ち合い，メイン・バンク制と系列融資，系列取引，役員派遣などを通じて企業集団というヨコのネットワークをもつと同時に，相対的低賃金労働力を擁する下請け企業との間にタテのネットワークを組織した．また，産業別・業種別に事業者団体が組織され，その事業者団体と所管官庁の産業政策や行政指導との間で調整が行われた．企業・経営者団体のナショナル・センターとしては，経団連・日経連・経済同友会・商工会議所があり（経団連と日経連は，2002年に日本経団連に統合された），これらと政府や政権政

党のトップとの間で政策の最終的調整が行われた．日本型経済システムの一面は，このような政・官・財複合体であった．

他方，日本型経済システムにおいて，市場における企業間競争は，きわめて激しいものがあった．株式の相互持ち合いのために株主支配から比較的に自由な巨大企業の経営者は，長期的視点に立って，当面の利潤率の高さよりもマーケット・シェアの維持ないし拡大をめざして行動し，従業員はこのような競争戦の第一線に動員された．経営者とともに従業員の大部分は，自己の勤務する会社を「自分たちの城」と意識し，会社のために粉骨砕身した．ここから，先進国では最悪の長時間労働や「サービス残業」や過労死が生まれてきたのである．

このようにさまざまな側面をもつ日本型経済システムは，高度成長を達成し，二度の石油危機をも克服し，ME革命にもフレキシブルに対応して，生産効率性の点では一時は「ジャパン・アズ・ナンバーワン」（E. ヴォーゲル）といわれるほどの高い評価を得たのであるが，他方では，長時間労働，過労死，家庭ないし地域社会の空洞化といった負の現象を生み出して，毀誉相半ばするものがあった．そこで，バブル経済崩壊後の平成不況とグローバリゼーションのなかで，この日本型経済システムが，どのような変貌をとげたのかに，研究上の関心が集中することとなった．

富森慶児氏は，近著『自己組織化と創発の経済学─「日本的システム」に未来はあるか』の後半部分において，この点についてさまざまな調査研究資料をサーベイしながら，検討を行っている．そこにおいて富森氏は，結論的にこういっている．「もっとも特徴的な点は，そこに働いている予想以上に強い残存への力の大きさであるといってよいだろう．／たとえばメインバンクシステムについて若干の機能低下は認められるものの，その基本的存続が確認された．また，直接金融への誘導が繰り返されてきたにもかかわらず，しかも未曾有の低金利体制のなかでもなお高水準を保つ国民貯蓄は，依然として銀行預金や郵便貯金に向かっており，有価証券はむしろ一層毛嫌いされた．／不良債権の累積になやまされた銀行が，持ち株の処分によってこれに対応しようとしたため，

たしかに持合関係の後退がそれなりに進んだが、なおそれらはグループそのものを解体するまでのものではなく、この間に外国持ち株が増えたという点を除いて、特別に重要な意味をもつものとは考えにくかった．／雇用関係では、おもに高学歴化、高年齢化による賃金コストの上昇圧力を受けて、賃金プロファイルのフラット化が多少進んだが、長期雇用制には本質的変化は認められなかった．長期雇用と結びついて内部昇進制も一部の『期待』にもかかわらず、特筆すべき変化をみせなかった．いわゆる雇用調整も伝統的な『解雇最小化行動』を最大限維持しながら進められたにすぎなかった」[10]．

ここから富森氏は、平成不況下の日本経済について、「日本的システムの頽落」が進んだとはいえても、「とうてい『日本型システムの構造転換』が行われたということではない」[11]と判断するのであるが、この判断に私も同意する．しかし、富森氏が、旧システムの内性的転換を妨げている要因として指摘している「粘性抵抗」とか「過去からの記憶に規定される各個人の先行的理解による制約」[12]といった進化経済学的説明は、やや私の理解を超えるところがあるので、グローバリゼーションを伴った平成不況下において、日本型経済システムが比較的に頑強に残存し続けている根拠について、私なりに考えてみたい．

さきに述べたように、日本型経済システムの中核は、日本的経営と呼ばれる企業システムにある．企業は、ほんらい労働過程を担う歴史貫通的なものであって、目的意識的活動としての労働そのものと生産手段とを結合する協働組織にほかならない．企業を資本の存在形態として利殖のための組織として利用する資本主義は、協働組織としての企業のはんらいのあり方からの歪みを作り出すが、にもかかわらず、資本主義のもとにおいても、企業の協働性は完全には失われず、協働を通じて労働者は、長期的には全体的発達をとげてゆく．日本的経営は、まぎれもなく資本主義的企業経営ではあるが、終身雇用慣行、年功序列賃金、企業別組合、さらにはOJT、ジョブ・ローテイション、QCサークル、提案制度など日本的経営を特徴づける諸要因は、比較的に企業の協働性を残すものとなっている．このような企業の協働性を考慮するならば、企業は

「働く者にとっての城」であるべきであり，アメリカ的市場主義経営では日常茶飯事として行われている企業自体の売買は，人間と企業の本質に反した取引ということになろう．

さらに，現代の企業の代表的な存在形態が株式会社企業であることは，いうまでもない．個人企業においては，主要な利害関係者は資本家と労働者であるが，株式会社企業においては，資本家が株主と経営者に分化し，利害関係者は，株主，経営者，労働者の三者となる．株主と経営者はともに資本家といっていいが，株主が資本家的所有を代表して株価と配当の最大化に関心をもつのに対し，経営者は資本家的機能を代表して企業者利得を含めた会社利潤の最大化と企業の長期的成長に関心をもつ．このような株主と経営者との分離，したがって所有と経営の分離は，放置されるならば，倒産しても所有によって償うことのない無責任経営，企業の協働性を無視した企業自体の投機的売買などをもたらし，資本主義の倫理的・社会的基盤を危うくするであろう．だからといって，生産力の大規模化に対応して資本の集中・動員をスムーズに実現しうる株式会社制度を廃止して，個人企業資本主義に後戻りすることもできない．したがって，資本主義の倫理的・社会的基盤を維持しながら，株式会社制度を運営するためには，公的な制御が不可欠となる．公的な制御なしには正常に運営できないところに，株式会社企業の公共性がある．

私が，ここで公共性というのは，特定の限られた人々にのみ関わる私的に対して，不特定多数（公衆）に開かれているといった意味においてである．貨幣を調達できる人であれば誰でも，株式市場で株を買うことによって株主になることができるのだから，株式会社は，貨幣を調達できる不特定多数の人々（公衆）に常に開かれていなければならない．だから株式会社の運営や株式の流通に関しては，商法や証券取引法をはじめとする公的なルールが存在し，証券取引所などの公的な組織が制度化されているわけである．このような公的なルール・制度なしには有効に機能しえないという意味で，株式会社企業は，まさに「社会の公器」なのである[13]．

日本的経営において，企業内部の協働性は比較的に維持されていたのに対し，

日本的株式会社の公共性が豊かであったとは義理にでもいうことはできない．それは，リクルート事件をはじめとする各種の証券スキャンダルを想起するだけで，十分である．しかし，株式の相互持ち合いによる日本的法人資本主義が，かなりの程度まで株主所有を空洞化し，市場主義的な株主主権論に阻害されることなく日本企業の自律性と協働性の維持に役立ってきたことは否定できない．日本の株式会社がとくに公共的であったとはいえないかわりに，大株主が企業を私物化し，売買したという例は，意外に少ないのである．

現代グローバリゼーションのなかで，とくに1990年代アメリカ資本主義の一時的「繁栄」を背景として，株主主権論にもとづくアメリカ的企業統治モデルが強く喧伝され，日本が平成不況から再生するためには，アメリカ式の株主主権的統治システムに転換しなければならないという議論にまで及んでいる．しかし，このような議論は正しくない．ロナルド・ドーア氏のように，「アメリカ主導のグローバル資本主義への取り込みに対する抵抗力は日本のほうが［ドイツより］強く，自国の特殊性を守れる可能性が大きい」[14]という見方もある．日本型経済システムが，企業の協働性と株式会社の公共性にもとづいてさらに進化をとげてゆくならば，依然として，アメリカ・モデルに対する有力な対抗モデルであり続けるだろう．

4．グローバル経済の矛盾

現代は，16世紀，19世紀末に次ぐ世界史上第3期目のグローバリゼーションの時代だといわれている[15]．たしかに，生産力の発展に伴って国際的相互依存が，その範囲においても緊密度においても進行するのは歴史の必然であり，人類の世界的連帯の基礎もその点にあることは，いうまでもない．しかし，20世紀末から21世紀初頭を特徴づけている現代グローバリゼーションは，東西冷戦体制の崩壊に情報技術革命と金融肥大化が結び付いて，アメリカ化とアメリカ的投機的金融資本の支配とを主要な側面としている．そしてこのことこそが，現代グローバリゼーションのスムーズな進行を困難にしているように思われる．

第一に，アメリカ主導のグローバリゼーションは，次第にアメリカのユニラテラリズム（単独行動主義）に転化しつつある．東西冷戦と1990-91年湾岸戦争に勝利し，1990年代のITバブルを含んだ「繁栄」をも謳歌したアメリカは，アメリカ本位の世界秩序づくりを強行しようとしているのである．ここ数年来，アメリカは，地球温暖化防止京都議定書，包括的核実験禁止条約，国際刑事裁判所規定などの批准を拒否し，弾道弾迎撃ミサイル（ABM）制限条約からの脱退もきめた．ほんらい，グローバリゼーションは，主導国ないし中心国の開放的・譲許的行動によって推進される．地球環境の保全や世界平和よりも自国の安全と国益を優先するこのようなアメリカの単独行動主義が，まさにグローバリゼーションの時代において，世界の他のパートナーに受け入れられるはずがない．2001年9月の同時多発テロ事件も，このような世界的文脈のなかで発生したものと考えられる．

第二に，投機的金融資本の跳梁にもとづく金融危機の頻発になかで，資本自由化政策への反省も行われている．世界銀行の副総裁も務めたスティグリッツは，こういっている．「ヨーロッパ諸国は1970年代まで資本の自由な流れを規制してきたのだ．それなのに，銀行システムがほとんど機能していない発展途上国に，リスクの大きい資本市場の自由化を求めるのはフェアではないとも言えるだろう．しかし，フェアかどうかはともかく，それは悪しき経済政策だった．資本市場の自由化のあとにたいてい起こるホット・マネーの流出入は，その過程で大混乱を引き起こす．発展途上の小国は，小さな船のようなものだ．IMFがやらせたような急激な資本市場の自由化は，小船を荒海に送り出すようなものだ」[16]．

1997年のアジア金融危機の際，マレーシアのマハティール首相は，新自由主義者らの批判に抗して，対ドル・レート固定相場の導入と資本流出入規制によって，危機を乗り切り，これは，のちにIMF当事者たちによっても評価された．投機的金融資本が国民経済を翻弄し，押しつぶそうとするとき，国民経済が，国家権力をも動員して防衛的行動をとるのは当然である．そして，このような国民国家の金融資本に対する規制的行動が，金融グローバリゼーションの暴走

を食い止め，辛うじて世界経済秩序の維持に役立っているといえるのかも知れない．この意味で，現代グローバリゼーションは，国民経済を完全には乗り越えていないのである．

　第三に，現代グローバリゼーションのもっとも深刻な矛盾は，一部先進資本主義諸国の「過剰富裕化」と地球環境との矛盾である．先進資本主義諸国の「過剰富裕化」について早くから警告を発してきた馬場宏二氏は，こういっている．「資本主義は成立後200年足らずの発展の中で爛熟期に達し，地上のほんの一部に定着したのみで，人類もろとも消滅する危機を迎えた．定着した一部は過剰富裕状態にある．この状態はとうてい世界人類全体には及び得ない．過剰富裕資本主義の中心アメリカから発せられた強烈な同化作用は，非資本主義地域にも破壊作用を及ぼし人類存続の余地をますます狭めつつある」[17]．

　グローバリゼーション優先の考え方は，現代の文脈においては，生産力・成長・効率優先の価値観にもとづくものである．20世紀における資本主義と社会主義の歴史は，生産力発展と経済成長それ自体では必ずしも世界的なレベルでの公正と平等には結び付かず，むしろ地球環境破壊という負の副産物をもたらすことを示した．21世紀においては，何よりもまず，経済グローバリゼーションの暴走に歯止めをかけ，世界的なレベルでの公正と平等，地球環境保全の国際秩序を構築することが，人類生存にとっての急務である．

　　1) ギデンズ［1］46ページ．
　　2) 滝田［12］, 23-26ページ．
　　3) ギデンズ［1］, 62ページ．
　　4) ギルピン［11］, 20-21ページ．
　　5) マルクス・エンゲルス［8］, 44ページ．
　　6) ソロス［5］, 22-23ページ．
　　7) リカード［4］．
　　8) スミス［2］．
　　9) たとえば［9］など参照．
　10) 富森［13］, 192ページ．
　11) 富森［13］, 193ページ．
　12) 富森［13］, 195ページ．

13) 鶴田 [18], 参照.
14) ドーア [10], 327ページ.
15) ジェイムズ [6], 第1章.
16) スティグリッツ [7], 36-37ページ.
17) 馬場 [3], 194ページ.

参 考 文 献

[1] A.ギデンズ『第三の道』, 佐和隆光訳, 日本経済新聞社, 1999年.
[2] A.スミス『諸国民の富』, 大内兵衛・松川七郎訳, 岩波文庫.
[3] 馬場宏二「自由化と過剰富裕化」, 本山美彦編『グローバリズムの衝撃』, 東洋経済新報社, 2001年, 所収.
[4] D.リカード『経済学及び課税の原理』, 羽鳥卓也訳, 岩波文庫. [11] R.ギルピン『グローバル資本主義』, 古城佳子訳, 東洋経済新報社, 2001年.
[5] G.ソロス『グローバル資本主義の危機』, 大原 進訳, 日本経済新聞社, 1999年.
[6] H.ジェイムズ『グローバリゼーションの終焉』, 高遠裕子訳, 日本経済新聞社, 2002年.
[7] J.E.スティグリッツ『世界を不幸にしたグローバリズムの正体』, 鈴木主税訳, 徳間書店, 2002年.
[8] マルクス・エンゲルス『共産党宣言』, 大内兵衛訳, 岩波文庫.
[9] 中谷 巌『日本経済の歴史的転換』, 東洋経済新報社, 1996年.
[10] R.ドーア『日本型資本主義と市場主義の衝突』, 藤井真人訳, 東洋経済新報社, 2001年.
[11] R. ギルピン『グローバル資本主義』, 古城佳子訳, 東洋経済新報社, 2001年.
[12] 滝田賢治「グローバリゼーションと国際関係」, 『中央評論』No.238, 2001年.
[13] 富森慶児『自己組織化と創発の経済学―「日本的システム」に未来はあるか』, シュプリンガー・フェアラーク東京, 2001年.
[14] 鶴田満彦「グローバリゼーションと国民経済」, 『経済』2000年10月号.
[15] 鶴田満彦「グローバリゼーションとは何か」, 『中央評論』, No.238, 2001年.
[16] 鶴田満彦・渡辺俊彦編著『グローバル化のなかの現代国家』, 中央大学出版部, 2001年.
[17] 鶴田満彦「グローバリゼーションと国際秩序」, 『日本の科学者』, 2002年8月号.
[18] 鶴田満彦「企業改革の経済学―森岡孝二『日本経済の選択』を読む」, 『経済科学通信』No.99, 2002年8月号.

第2章　グローバル化の進展と国際関係
——多国籍企業による「覇権」獲得への挑戦——

1．グローバル化とは何か

　今日のグローバル化を推進している主体は，アメリカ，EUに代表される経済統合，さらに多国籍企業による生産活動である．そのグローバル化の進展を支える国際経済関係は，国際通貨体制・貿易体制であるアメリカ・ドルの流通とWTOの拡大である．また多国籍企業の世界大での生産拡大は，国境を越えた資本提携・合同となり一層の国際的寡占体制が構築され，国家・国民経済の枠に必ずしもとらわれない状況を創り出している．多国籍企業を取り巻く関係は，歴史上かつてないほどの企業活動を支えるものであり，あたかも資本主義の内容が変わったように見えるのである．また18世紀末に確立した資本主義は，21世紀に入ってからもその生命力を失わず，新しい装いが形成されているようにも見える．その新しい装いの典型は，グローバル化の進展ということになるであろう．

　グローバル化の進展は，今日の資本主義国際関係特有の現象として捉えることができる．そこでグローバル化の概念を経済学的視点から整理すると以下のようになる．

　第1に，グローバル化は，政治学的あるいは国際関係論的視点からすれば世界市場での「覇権（Hegemony）」の獲得・支配である．「覇権」体制の確立は，かつての帝国主義支配体制と同様の意味をもつ．その「覇権」支配を現代の状況におきかえれば，アメリカ支配体制の浸透としてのグローバル化の進展と位置づけることができる．したがってアメリカが，どのようにして世界市場の「覇

権」を獲得したのか，あるいは「覇権」維持政策がなされたのかということが問題となる．すなわちグローバル化進展の解明は，アメリカのグローバルシステムとは何か，どのような内容をもっているのかということを明らかにすることである．

　第2に，世界市場における「覇権」の獲得は，自国通貨による国際通貨システムの構築と関連している．かつて19世紀から20世紀初めまでイギリス・ポンドが国際通貨として流通・機能していたように，国際通貨システムの構築は国際的な価格表示，価格基準を自国通貨を中心に形成することである．国際通貨は国際取引の媒介通貨として，準備金として用いられ，資本輸出さらには投機資金としても用いられる．アメリカによるグローバル化を可能にしたのは，自国通貨による国際通貨システムが確立したからであり，1971年のNEP（いわゆるニクソンショック）以降アメリカ・ドルはむしろ国際通貨としての流通規模を拡大したのであった．

　第3に，世界市場における「覇権」は，国際通貨を通じた価格支配だけでなく，巨大な生産力を背景にしての生産支配，技術支配を確立していく．アメリカは，IMF・GATT体制を確立することによって，資本主義世界ばかりでなく発展途上諸国市場にまで生産と流通の網の目を広げていった．世界市場はアメリカ的な市場システムが浸透しているのである．

　第4に，「覇権」の維持は，世界市場の同質化傾向，差別化・選別化を進めていくと同時に，商品生産においても標準化・共通化を進展させ，世界市場の統一化を促進する契機となる．先進国企業の商品は世界市場の隅々まで流通し，人々の暮らしにも「標準化」が促されている．他方でこうした世界市場の統一化から排除されたあるいは受け入れが困難な地域もアフリカ，ムスリム諸国などで広がっている．

　第5に，「覇権」を獲得したのは，19世紀イギリス，20世紀はアメリカであった．しかし今日の国際関係は，必ずしも単一国家・国民経済を想定しなくても可能になりつつある．EUに代表されるような地域統合は，アメリカに替わって集団的「覇権」獲得の道を歩むこともありうることを示している．

第6に，多国籍企業による世界大での生産拡大は，自国国民経済を利用しながら国民経済の利害に反する行動も採られる．それは進出先の国民経済においても同様である．多国籍企業は，自国の国民経済に似せた市場を進出先に要請するだけでなく，世界市場全体を変えていこうとする．それはいわば多国籍企業による世界市場支配である．多国籍企業による支配形態は生産，価格，技術であり，国境を超えての企業合同・結合・支配として行われる．多国籍企業による国際的寡占体制の確立は，国民経済という単位を超えた企業による「覇権」の確立を可能にする．

　現代国際関係におけるグローバル化は，「覇権」システムの構築という視点からその諸現象を総括的にあらわしたものと捉えることができる．したがってグローバル化は，国際関係の諸局面で異なっているのである．そしてその諸局面は，単独の現象であったり，重なり合ったりすることになる．

　本章は，20世紀の国際関係はどのような特徴があるかを分析し，さらに20世紀末のグローバル化の進展と多国籍企業の展開を総合的に捉えることを目的としている．

2．グローバル化の現代国際関係

　現代国際関係は，20世紀を通じて大きく転換した．第二次世界戦争後形成された国際経済・政治の仕組みは，20世紀末に枠組み自体の新たな編制を必要とするようになった．それはアメリカ中心の国際経済・政治運営から，EU，日本も交えた国際関係への転換であり，アジアNIEs，ASEAN諸国・地域，中国などの国際経済・政治への参加を可能とする状況への転換である．

　またアメリカとともに世界の政治舞台で主導権を握ろうとしていた旧ソ連・東欧諸国の政治体制の変化は，20世紀末の国際経済・政治の仕組みを替える象徴的出来事でもあった．いわゆる「冷戦体制」の崩壊は，アメリカ，ヨーロッパを中心とした国際経済・政治体制を生き返らせるばかりか，強固な体制の構築ともなったのである．アメリカは「冷戦体制」という旗を掲げながら，「自

由貿易」を基軸とした資本主義国際経済システムの構築を目指してきた．資本主義国際経済の最も完成したシステムとしての「自由貿易」は，アメリカ支配の象徴でもあった．しかし「自由貿易」の志向は，日本，ドイツなど国際競争力増大の著しい国民経済のとるべき道であり，また新たに世界市場競争へ参入する後発国民経済のとらざるをえない道でもあった．結果としてアメリカ自らが目指した「自由貿易」体制の構築は，国民経済間の国際競争力の変動に伴って，その原理を変えざるをえなかったのである．それは日米間の貿易摩擦に象徴されるようなアメリカ通商条約の適用，保護主義への回帰，さらにNAFTA（北米自由貿易地域）設立，地域主義への移行に示されている．またアメリカは政治・軍事的覇権を行使することで，経済的な主導権の回復を目指すことも行った．さらにアフリカ，アジア，ラテン・アメリカ，パレスチナ，東欧諸国で起きた国内戦争，民族問題へ介入し，また「湾岸戦争」のように多国籍軍の名目で軍事介入を行うことによって覇権を維持してきたのであった．

　旧ソ連・東欧政権の解体にはじまる「冷戦体制」の崩壊，あるいは発展途上諸国地域での内戦・民族紛争などの勃発は，資本主義ほど安定的なシステムは存在しないということを証明しているようにも見えた．またヨーロッパ，北アメリカ，日本などの先進資本主義諸国は，経済発展，物質文明の繁栄の中で諸問題を解決しているようにも見えたのである．すなわち発展途上諸国あるいは東欧諸国は，資本主義システムの確立が進展していないことにより不安定さが拡大しているというように人々の目に映ったのである．こうして20世紀末は，資本主義の確立こそ各国の課題であり，資本主義こそこれまでに経験したどの政治・経済システムよりも優位性をもつシステムであることが確立した段階として位置づけることができる．こうした資本主義体制の優位性の確保は，生産力発展，技術革新・開発さらには交通・運輸・通信・情報手段などの発展と対応している．いわゆる資本主義のグローバル体制への移行は，技術革新・開発の急速な発展に対応できるような市場の整備を意味する．それは国民経済間の垣根を取り払う「自由な競争」を可能にする市場の形成である．「自由な競争」を前提とした市場は，価格競争だけではなく，品質，性能，デザイン，ブラン

ドなどを含めた企業間競争を可能にすることであり，そのためには各国をして市場の整備を必要としたのである．WTOの発足は20世紀末に資本主義の優位性を確保する象徴的な国際経済システムの形成を意味していた．また「自由な競争」を前提とする国際経済関係は，金融システムにおいても確立しなければならない課題であった．商品，資本の移動が自由な国際経済関係の構築こそ，これまでの資本主義が追い求めてきた「理想の世界」であった．20世紀はこうした資本主義の「理想の世界」を構築する過程で様々な出来事が生じたのである．

　資本主義の世界市場創出傾向は，第二次世界戦争後相次ぐ新興国家の独立・個別国民経済の形成という結果となってあらわれた．資本主義は，自由な世界市場を形成することによって競争を主体とした経済関係を形成する．資本主義の特徴は，商品経済化の促進であり，利潤の最大化を求めた競争社会であり，労働力の商品化・流動化であり，さらに自由競争を前提としている．こうした資本主義を確立したのは西ヨーロッパであり，アメリカであった．第二次世界戦争後は日本で西欧的資本主義体制が確立し，さらに東アジア，東南アジア，ラテン・アメリカなどにも資本主義体制が拡大していった．発展途上諸国での資本主義確立は，欧米，日本などで採用された資本主義経済システムの移築であり，同時に政治体制，文化までを含んだ欧米的資本主義体制の構築であった．発展途上諸国における欧米的な資本主義体制の確立は，資本主義の王道をいくような状況を生んだのである．

　第二次世界戦争後旧ソ連・東欧諸国では，いわゆる「社会主義体制」の構築が試みられたが成功しなかった．発展途上諸国の中には，一時的には旧ソ連・東欧諸国の影響を受けた国も存在したが，旧ソ連・東欧諸国の共産党政権の崩壊によって，「社会主義」社会建設は終結していく．発展途上諸国は，20世紀末に明確になった資本主義体制優位のもとで資本主義体制の構築を余儀なくされた．それは先進資本主義諸国による今日の「グローバル体制」の構築過程において一層加速しているのである．今日資本主義体制の優位の中で，まさに国際経済は資本主義的な市場システムを形成していこうとしているのである．その象徴はWTOとして結実された．

1960年代に高じた「南北問題」は，1971年の国際通貨危機および第一次石油危機を通じて変容した．1960年代，「南北問題」が高揚した段階の北側先進資本主義諸国と南の発展途上諸国との関係は，支配と対立という図式が特徴的であった．発展途上諸国は第二次世界戦争後，植民地・従属国の地位から解放され，自立的国家の形成が最大の課題となり，同時にそうした意欲が人々の間に形成されていった．1955年のアジア・アフリカ会議での平和10原則の確立，1964年のUNCTADの開催などは，高揚期の発展途上国の象徴的運動であった．1960年に当時のアメリカ・ケネディ大統領によって「国連開発のための10年計画」が提唱された．それは旧ソ連・東欧諸国および中国のいわゆる「社会主義社会」形成が進展する中で，ベトナム，ラオス，カンボジアなどでの反帝国主義・反植民地主義・反アメリカ運動によって，先進資本主義諸国をして市場の危機をもたらすような状況が生じたからである．とくにベトナムは1965年からアメリカとの戦争が全面化し，1975年に終了するまで多大な被害を被りながらもアメリカに勝利する．発展途上諸国における民族自立，先進国からの干渉排除の目標達成は，ベトナム戦争の勝利によって前進するものと期待されたのである．

　また1973年第四次中東戦争により，アラブ諸国は石油生産削減，輸出削減・禁止さらには石油利権の取り戻しなどの施策を講じた．発展途上国は自国の天然資源を「武器」として，先進資本主義諸国主体の国際関係を変えることができるということを実践したかのように見えた．しかし石油ショックは先進資本主義諸国のみならず石油を産出しない発展途上諸国にまで大きな影響を及ぼした．この石油ショックは，アラブ産油国の「自立性」を高めただけでなく，外貨収入も増大させ，経済建設の契機となるかのようにも見えた．アラブ産油国の運動は，他の発展途上諸国の自立化運動にも希望をもたらすかのようであった．事実，石油ショック以降発展途上諸国は自国の天然資源・農産物を中心とした輸出国機構を設立し，先進資本主義諸国中心の市場支配に対抗することを鮮明にした．サトウキビ，バナナ，銅鉱石などの輸出国機構の設置は，その後の天然資源貿易の価格・数量決定に影響を及ぼした．発展途上諸国運動の成果

である当時のEC諸国によるロメ協定の設立や共通基金制度の設立は，国際経済関係を転換する契機となるものとして評価された．

　発展途上諸国によるこうした自立化運動は，別の側面で発展途上諸国の経済的苦悩を倍加することになった．石油価格の上昇は石油を産出しない発展途上諸国の国際収支を悪化させ，経済建設に必要な機械・機器などの輸入を困難にしただけでなく，主食食糧の輸入さえも困難にしたのである．また先進資本主義諸国は，発展途上諸国に対して種々な対抗措置を講じるようになる．例えばIEA（International Energy Agency：国際エネルギー機関）の設立は，アラブ産油国からの石油輸入を減じるとともに，価格・生産支配権を取り戻すための先進資本主義諸国同盟であった．先進資本主義諸国は，発展途上諸国で生産される鉱物資源・天然資源などの輸入を抑制するために，種々の代替物資の開発・転換などを推進する．さらにアメリカを中心とした先進資本主義諸国は，発展途上諸国の運動を分裂させるために，国際機関，地域間同盟あるいはODAなどを通じて発展途上諸国の政治・経済に介入するようになる．さきのベトナム戦争は，まさにアメリカによる発展途上諸国の自立化運動阻止への具体的な措置であった．他方で，1970年代「漢江の奇跡」を遂げた韓国あるいは台湾などは，アメリカ・日本などの発展途上諸国に対する自立化運動への対抗措置を活用することによって経済発展を可能にした．

　21世紀に入り南アジア，アフリカなどのいわゆる後発発展途上諸国は，新たな経済発展の方向性を探り出さなければならない状況にあるが，現実はそれぞれの国・地域の政治的・経済的状況が変化してきていることと，国際関係の変化に対応できない状況の国・地域に分化している．その上，アフリカ諸国・地域のように独立しても「国家」体制すら安定できず，政権が不安定であり，近代的政府の機能も果たせない「国」も存在している．またムスリム諸国では，アフガニスタンのタリバーンに代表されるように一部のムスリム原理主義者が政治の一角を担うことによって「民主主義」とは乖離した政策が進展するようにもなった．またイラクは1991年の「湾岸戦争」を契機として国際社会から孤立し，その結果はアメリカからの先制攻撃にはじまる不当な干渉を受けるこ

とを余儀なくされたのである．あるいは北朝鮮のように「自立的」国家体制の維持は，別の側面では独裁政権だからこそ可能であり，国民の生活向上以前に「国家」の護持・為政者の権力維持が目的となっている．そのためアメリカあるいは日本は，北朝鮮を「敵国」として位置づけ，それぞれの軍事力拡大・同盟関係維持を「合法化」することにもなっている．

　発展途上諸国問題の多様化の中で，豊かな国と貧しい国との経済的格差は増大する傾向にある．30年前の先進国と発展途上国の所得格差は，1対150であったのが，2000年に1対500以上となっている．豊かな国はますます富んでいき，貧しい国はますます貧困に喘ぐという構図である．アメリカ，EUなどの先進資本主義諸国のGDPは，今日では約2万ドルが最低ラインで，4万ドルを超える国も存在する．とくに日本は1970年は1,953ドルにすぎなかったのが1990年代に入ると3万ドル以上も増大している．ドル安・円高という外国為替相場の変動でドル表示は増大傾向にあるとはいえ，その伸びは15倍以上となっている[1]．またEU諸国でもGDPの伸びは，20年間で10倍以上となっており，とりわけ1970年代に加盟したスペイン，ポルトガルは急成長した．アジアの韓国，台湾，シンガポールのGDPは，先進国以上の伸び率であり，とくに韓国，台湾は1990年代になると1970年の30倍以上にも増大している．これらの現象はいかに経済発展が急速に進んだかを示している．アジアNIEsに続いて，ASEAN諸国の経済発展も急速に進んでいる．タイ，マレーシア，インドネシアなどでは20年間で10倍以上の伸びとなっている．一方，アジアNIEsやASEANの経済発展に比べ，ネパール，スリランカ，バングラディシュ，パキスタンなどの南アジア，あるいはアフリカ諸国の経済発展は停滞している．IMFの統計によれば，一人当たりGDP785ドル以下の国は，アフリカ，南アジアに集中している．先進国や東アジアの国々では，この20年間でGDPは，10倍から30倍にまで増大したが，LDC（Lower Developed Country）といわれる国々のGDP成長は1.5倍から3倍程度であり，結果として先進国とLDCとの所得格差，経済格差は拡大しているのである[2]．

　もちろん先進国あるいはアジアNIEsなどが豊かな国になったといっても，

国民経済の平均的な水準をいっているのであって，すべての国民が豊かさを享受しているわけではない．先進国においても同様に所得格差は増大している．先進国においては，今日の深刻な不況の長期化に対して有効な処方箋すら出せないでいる．不況の克服のための政策は国家の財政・金融制度の改革，種々な補助金制度の整理，小さな政府，市場原理の徹底などがあるが，依然として課題は累積している．かつて資本主義は歴史上四度の大きな恐慌を経験してきた．1825年の恐慌は，資本主義が成立してからはじめての本格的過剰生産恐慌であった．1879年の恐慌は，「大不況」と呼ばれ，この恐慌の後には自由競争を前提とした産業資本主義段階から独占への過渡期となり，アジア，アフリカ，中近東諸地域の植民地領有がほぼ完了した．さらに1929年は「世界恐慌」と呼ばれているように，資本主義が経験した最も大きな恐慌であった．この恐慌の後には，ケインズ政策といわれる財政・金融に代表される国家の経済過程への積極的介入の必要性が示された．そして1974-75年恐慌は，「石油ショック」を契機としたのであった．この恐慌は，第二次世界戦争後の国際経済を支配してきたアメリカ経済が国際経済関係の主導力を発揮できなくなってきたことを意味していた．1974-75年恐慌以降国際関係は，従来の資本主義とは異なった様相を呈するようになった．すなわち資本主義がかつて経験したことのないような様々な諸問題の発生である．このように資本主義は，大きな恐慌を四度経験しているが，その周期はおおよそ50年となっている．いわば資本主義は約50年を周期として大きな恐慌を経験し，その度に生産，流通，消費の形態を変えてきた[3]．それは主として産業構造の転換として生じたのであり，独占の誕生や，国家の経済過程への積極介入であった．ところが1974-75年恐慌は，従来の大きな恐慌とは異なった状況がある．すなわちこれまでは恐慌を契機として問題の累積を一定程度克服してきたのであるが，今次の恐慌はその解決策が見いだせないまま今日まで至っているのである．それだけ資本主義社会の混迷が続き，同時にその解決策を示すことができない経済学・政治学などの社会科学の混迷も続いているのである．

　豊かさを経済的な指標のみで捉えようとする資本主義観は，今日の諸問題を

解決する見方ではなくなってきている．すべての発展途上諸国があるいはロシア，東欧，中国などが欧米的資本主義経済システムを採用するということになれば，すなわちアメリカ，日本，ドイツなどと同じ生産力水準の経済発展，所得を目指すことになったならば，あるいはアジア，アフリカ，ラテン・アメリカの諸国が先進国並の経済発展，所得水準を目指すならば，いったい我々の住む地球規模の問題を解決することが可能なのか．例えばそれは水質・大気などの環境問題，発展途上国の人口増大の問題，自然と土地の制約が課せられたときの食糧問題，化石燃料に依存することによるエネルギーの絶対的不足問題，さらに物質文明の進展は伝統的な文化や生活習慣までも破壊していくといった問題である．20世紀末から顕著になった環境問題や食糧問題は，資本主義システムの構造的問題を提起している．

　20世紀は，「社会主義」社会の建設という新しいテーマに取り組んだ世紀でもある．しかしこの「社会主義」社会システムは，1991年旧ソ連邦が崩壊し，新たに13の独立共同体として再発足したことにより終焉した．第二次世界戦争後いわゆる「冷戦体制」の一方の極として存在した旧ソ連の解体は，国際関係に新たな衝撃を与えることになった．旧ソ連の解体によって東欧共産党政権は，すべて独裁的政権を放棄したのであった．1989年ベルリンの壁の崩壊は，ポーランド，チェコ・スロヴァキア，ブルガリア，ハンガリー，ルーマニアなどの共産党政権による中央指令的・独裁的・官僚的・利権的体制の崩壊を促した．東欧諸国は永らく「社会主義社会」という体制にあったという認識が政治学，経済学でも半ば常識化されていた．しかしこの「社会主義社会」体制の崩壊により，果たして「社会主義」とはいかなる社会形態であるのかという問題が改めて問われるようになったのである．教科書的にいえば「社会主義社会」の所有形態は，全社会的所有あるいは共同体的所有であり，資本主義社会とは異なって無計画的ではなく計画的な経済建設が行われる「搾取」のない社会である．したがって「社会主義社会」は，人類が究極的に求める社会であり，「理想」の社会形態である，と一部の人々から支持されてきた．旧ソ連・東欧諸国の変革は，労働運動の終着点は資本主義体制の打破であり，新しい社会の建設であ

るという思想も瓦解した．「社会主義」社会建設という「理想」が潰えた今，労働運動をはじめとした運動は何を目標とし，さらにどのような社会を建設するのかという目的すら見失ったかのように見える．そこで旧ソ連・東欧諸国の解体は何を原因としていたのか，あるいは「理想」の社会とどのように乖離していたのか，が今日明らかにされなければならない課題である．何が原因で解体前の旧ソ連・東欧諸国は，西ヨーロッパ諸国よりも経済成長が鈍化したのか，なぜ人々の暮らしが改善されなかったのか，なぜ共産党政権は維持できたのか，民主主義は浸透していたのか，など様々な問題を考慮しなければならない．1960年代までの旧ソ連は，軍事部門あるいは宇宙開発部門など一部でアメリカを凌駕していた．それが1970年代に入るとすべての産業部門および軍事部門は，アメリカよりも劣っていることが明らかになった．この時期には，発展途上諸国でも「計画的生産」体制から資本主義生産システムの導入への移行が進展するようになった．ましてやソ連・東欧諸国の軍事も含めた援助は，量的拡大はもちろんのこと質的にも先進資本主義のそれに劣っており，発展途上諸国は西側の援助を求めるようになった．とくに1970年代二度にわたる石油危機は，東欧諸国の国際収支を悪化させ，東欧諸国はふたたび旧ソ連との経済的関係を強化しなければならなくなった．二度の石油危機を克服した日本の経済発展，EUとして経済統合を目指す西ヨーロッパ，国際通貨ドルをもつアメリカ，そして韓国，台湾，ASEANの経済発展は，少なくとも「社会主義社会」体制よりも経済発展・経済成長の優位性を発揮したということができる．したがってゴルバチョフの「ペレストロイカ」などの提案にもかかわらず，その体制は崩壊するという事態になったのである．20世紀末に「社会主義社会」は，20世紀の遺物なのかあるいは再生することが可能なシステムなのかという新たな問題が提起されたのであった．

　発展途上諸国における資本主義システムの採用と旧ソ連・東欧諸国の崩壊は，国際的な経済システムの転換と密接な関連がある．1960年代からの国際通貨危機・ドル危機は，1971年のNEPによって加速的に進行した．アメリカ・ドルは，国際通貨の地位からの後退ではなく，逆に国際通貨としてますます浸透す

るようになった．しかし国際通貨・金融体制は，恒常的に動揺し，依然として安定的な国際通貨体制の構築が困難な状況が続いている．今日でもアメリカ・ドルは不安定ながら国際通貨としての地位は維持している．同時に巨大規模でのドル過剰資金は国際間で流動し，一部は国際的投機資金として，1997年アジア通貨危機を引き起こしたのであった．またニューヨーク，ロンドン，フランクフルト，アムステルダムなどの国際金融市場は肥大化し，多国籍企業の資金調達を可能にするだけでなく，投機資金を調達する市場としても拡大しているのである．資本主義にとって安定的な国際金融体制．外国為替相場を維持するということは至上命令であり，それは安定的な貿易，投資などの資本移動を促す基礎である．IMFは何よりも安定的な国際金融体制．外国為替相場の確立を目指したのであった．しかし1973年以降の外国為替変動相場制の採用は，安定的な国際金融体制の確立ではなく，不安定な国際金融体制の中で資本移動，為替投機などを誘発することになった．すなわち不安定な国際通貨体制のもとでの巨大な資本移動は多国籍企業の活動を増大させ，新たな金融システムの構築を望むようになったのである．今日の不安定な国際通貨体制は，EUのようにアメリカ・ドルから遊離する独自の通貨圏を作り出すことにもつながった．またラテン・アメリカ発展途上国の一部では，アメリカ・ドル体制に一層依存するようになっている．さらにEUの共通通貨EUROの発行あるいは日本「円」通貨圏構想などは，アメリカ・ドル支配から複数基軸通貨体制への移行を示している．

　資本主義的なシステムが優位性を確保していく中での象徴的な存在が多国籍企業である．多国籍企業は20世紀に急速に進展した企業形態であり，同時に新たな国際経済関係を作り出す主体として存在するようになった国際的寡占企業形態である．多国籍企業は，今日のグローバル化経済の主体としても位置づけられる．資本金，売上高，従業員数などによってそれぞれの企業の大きさは異なるが，共通しているのは複数国で生産を行っていることである．多国籍企業のグローバル展開は，生産・流通の網の目を世界的な規模で行っている．もちろん多国籍企業は，世界のありとあらゆる国・地域に進出するのではなく，

国・地域の差別と選別をしている．その意味ではグローバルではなく，地域的，個別的展開というべき内容である．しかし多国籍企業は，国境を越えて生産活動を行う上で，国民経済を母胎としながら自国国民経済と対立し，さらには進出した国民経済とも対立することもある．同時に多国籍企業は，進出した国・地域を自国と同様な市場に変えていこうとする．これはいわば世界各地における多国籍企業経済化・グローバル化の進展であり，一部にはアメリカナイゼーションとも呼ばれる現象である．したがって多国籍企業は，いわゆる世界的な規模での商品，生産，技術などの標準化・共通化を志向し，単一世界市場・資本主義市場の形成を目指す企業形態であり，同時に国籍を有するすなわち国民経済の枠組みを利用する企業形態である．

　1970年代後半からの世界は，発展途上国あるいは旧ソ連・東欧，中国においても多国籍企業をどのようにして受け入れるかが課題になってきた．多国籍企業が進出しない国・地域は，経済発展が遅々として進まないという状況が顕著になったからである．発展途上国の運動の変化，とくにNIEO運動の停滞は，多国籍企業の進展と無関係ではない．また1990年代になって国境を越えての資本提携，技術提携あるいは合併・買収という活動が活発になった．いまや現代国際経済は多国籍企業による市場，技術，あるいは価格支配を目指した国際的寡占体制の構築という段階に突入しているのである．多国籍企業の進出拡大によりアジアとくに東アジア，東南アジア，中国は多国籍企業の国際分業体制に巻き込まれた生産基地としての役割を担いつつある．

　多国籍企業の海外進出の増大は，一国の経済・政治主権の確立も脅かすような事態が生じるかもしれない．したがって発展途上諸国が自立的国民経済を形成していこうとすれば，多国籍企業を受け入れながら多国籍企業の活動を規制していく方向性が提起できるかどうかが課題になる．こうした多国籍企業の進出に対してどのように対処していくかは，発展途上諸国だけでなく先進諸国においても同様の課題であり，21世紀の国際経済関係においても重要な課題となっている．

　多国籍企業の世界大での活動は，いまや現代国際経済を特徴づける最も重要

な契機である．1960年代にアメリカの企業がヨーロッパ，カナダ，ラテン・アメリカでの生産展開をはじめて以来，多国籍企業的展開はヨーロッパ，日本あるいは韓国，中国などの企業にも拡大しており，国際経済の新たな構造を形成する主体になりつつある．多国籍企業はかつてのようなアメリカ企業のみによる世界市場の占有から，ヨーロッパ，日本などの先進資本主義諸国，アジアNIEsまでを含む巨大企業の世界市場への新しい進出形態としても位置づけられる．この多国籍企業は国際経済再編の担い手となりつつある．多国籍企業の活動は先進国市場から発展途上国，さらには東欧・中国などにも及んできている．アメリカ企業の多国籍企業的展開を可能にしたのは，IMF・GATT体制のもとでアメリカに似せた世界市場を形成してきたからであり，巨大な生産力・技術優位・資本力があったからである．それはアメリカ主体の国際分業＝外国貿易体制の構築であり，ドルを国際通貨として流通させることである．アメリカ企業の国際的展開を支えた基礎は，援助あるいは貿易などを通じた資本輸出条件の形成である．外国貿易体制においては，貿易自由化の推進，各種貿易制限の撤去，さらには関税率の引き下げなど自由貿易体制の構築であった．ヨーロッパ，日本，ラテン・アメリカなどでは，アメリカに似せた市場の整備が進展した．さらにアメリカ主導の世界市場の形成は，アメリカ企業をして海外進出を促す契機ともなっていった．こうしたアメリカ企業による多国籍企業的展開は，のちにアメリカ企業のみならずヨーロッパ，日本企業の多国籍企業的展開を促すことになる．多国籍企業的展開こそ現代国際経済を形成する主体であり，現代企業形態である，と位置づけることも可能なほどその活動は重要になっている．

　多国籍企業活動の拡大に代表されるような資本主義の優位性の確保，絶えざる戦争の継続，先進資本主義諸国における生産力発展を支えたのは，20世紀に入っての多くの科学技術の発展である．化学・物理の分野では，1905年にアインシュタインによって特殊相対性理論をはじめとする諸理論が提起された．1911年ラザフォードによる原子の構造の解明，1913年ニールス・ボーアによる水素原子のスペクトルの発見，あるいは量子力学の確立は，のちの物理学の

領域での飛躍的発展をもたらしただけでなく，軍事部門にまで応用され化学兵器・核兵器の発明によって戦争形態の大きな転換をもたらした[4]．科学技術の発展は，電機・電子技術の領域では，テレヴィジョンの発明をはじめとして，ビデオテープレコーダー，コンピューターの発明，半導体の応用などが行われ，これらの部門は巨大な産業部門として成長し，巨大企業も生まれた．医薬品・医療機器の領域では，フレミングによるペニシリンの発見をはじめとして，臓器移植技術の確立は腎臓，心臓，肝臓などの移植も可能にした．またクローン技術の確立などの遺伝子操作，ゲノムの解明などは，未知の医学領域にまで及ぶものであった．精密機械技術の発展は，カメラなどの既存分野での発達のみならず，電子顕微鏡などの発展によって他の生産分野にまで大きな影響を及ぼすことになった．そのほか情報機器の発展では，FAXなどの通信手段の発明のみならず，コンピューターを利用したインターネットによる情報革命といわれるような現象を引き起こしている．またエネルギーの分野でも既存の石炭から石油，原子力などに転換し，さらには化石燃料から脱皮し自然エネルギーの応用にまで進展している．こうして20世紀における科学技術の発展は，資本主義の生産形態を転換するだけでなく，物質文明・消費文明を拡大することにつながったのである．

　20世紀は資本主義生産力の発展だけでなく急速な人口の増大をもたらした．地球上の人口は，1600年5億人，1700年6.25億人，1800年9.6億人であったのが，1900年は16億2,500万人となり，1950年25億人，2000年は60億人にまで増大している．20世紀の100年間に人口は約45億人も増大したことになる．とくに20世紀後半の50年間で人口は，35億人も増大している[5]．1900年代最初の半世紀の人口増大地域は，ヨーロッパ，北アメリカであり，1950年代以降はアジア，ラテン・アメリカ，アフリカなどの発展途上諸国である．とくに1950年代以降のこれらの地域での人口増大は，植民地からの独立によって国民国家を形成したこと，アジアなどでの食糧生産が増大したこと，乳児死亡率が低下したことなどが主たる要因である．またこうした人口増大は，資本主義にとっての市場拡大を可能にすることであった．巨大な生産力のもとでの巨大

な人口規模は，二重の意味での資本主義を支えることでもあった．巨大な生産力を支えるための科学技術の発展，生産された商品のための市場の拡大，さらには生産に直接携わる労働力の増大は，資本主義発展の基軸をなしたのである．

20世紀は，移民などを通じた国民国家の多民族化・多人種化が進展した．世界的規模での労働力，移民の増大は，18世紀から拡大した奴隷貿易が主としてアフリカからアメリカ，ブラジル，カリブ海地域への移動であった．とくにアフリカからの黒人の多くは，今日でも南北アメリカ，ヨーロッパ地域で低賃金労働の担い手になっており，生産力発展を促す要因となっている．また19世紀から20世紀にかけては，イギリス，アイルランド，スウェーデン，ノルウェー，フィンランドなどの北欧，ドイツ，オーストリア・ハンガリーなどの中欧，イタリア，スペインなどの南欧からアメリカ，カナダ，メキシコ，キューバ，ブラジル，アルゼンチン，オーストラリアなどへの移民であった．第二次世界戦争後のヨーロッパ諸国は，低賃金労働力不足を南ヨーロッパ，トルコ，アルジェリアなどからの短期出稼ぎ，移民・難民受け入れなどによって補ってきた．こうした人々は，やがてヨーロッパ諸国に定住し，多民族化・多人種化国家を進展させる一因になった．さらに20世紀は，地域戦争・内戦などによる難民の増大という特徴がある．第二次世界戦争後も旧ソ連，東欧諸国を追われたドイツ追放民，旧ソ連などの共産党支配から逃れた難民，さらにはアルジェリアの独立戦争，インド・パキスタン戦争，ナイジェリアでの内戦，ルワンダのツチ族・フツ族による紛争，ボスニア紛争，さらにはアフガニスタンの内戦などによる難民も多数いる．これらの難民は，各国に散らばり多民族・多人種国家を形成する一因になったのである．このように今日の国民国家は，移民・労働力移動，難民受け入れなどの人口構成からもグローバル化が進展しているのである．

20世紀は，交通・運輸輸送手段の発展，情報手段の発展をもたらした世紀でもあった．交通手段の発展は，自動車，航空機の発明，大量輸送手段の開発などがあった．交通手段の発展は商品の移動あるいは労働力の移動を促進する媒

介環となった．また自動車，航空機などの発明は，これらの産業を巨大な生産部門として発展させた．20世紀にアメリカが覇権を獲得したその経済的背景は，フォードに代表される自動車産業などの拡大であった．フォードは単一車種・大量生産方式を採用し，耐久消費財の大量生産・大量消費社会形成の一端を担った．日本においても1960年代以降，自動車産業は鉄鋼に代わって基幹産業部門となり，生産力発展に多大に寄与した．自動車，航空機，船舶などの交通・輸送手段の発展は，軍事部門にも応用され，戦争を拡大する基盤を形成するだけでなく，戦争形態をも変える要因となった．さらに20世紀の情報手段の発展は，労働力移動の拡大・商品貿易の拡大をもたらしたとともに，情報の共有の可能性，情報独占の可能性，情報を媒介とした新たな生産，流通，消費構造の転換の可能性をもたらした．また情報手段の発展は，多国籍企業のグローバル展開と密接に結び付いたものであった．

　生産力の発展，交通・運輸手段などの発展の中で，負の遺産ともいうべき公害・環境問題が新たな課題として登場してきた．化石燃料の大量消費は二酸化窒素，二酸化炭素などの大量排出を伴い，地球温暖化という現象が生じた．また生産力の発展の中で素材産業の拡大は，有限物資である鉱物資源の枯渇にもつながった．さらに人口の爆発的な増大，あるいは消費生活の多様化・西欧化に伴って食生活も変化した．とくに農地の拡大，畜産の拡大などにより，森林伐採が進んだ．海，湖沼，河川などでも，人口増大に伴う汚水あるいは産業汚染物質が大量に流れ込み，いわゆる環境汚染が進行している．資本主義的発展は開発を伴うが，その開発は森林伐採から土壌流失，洪水，干ばつなどを引き起こす原因となる．自然破壊に伴う「自然災害」が各国で多発しているのである．いわばこのような災害は一種の「公害」でもある．公害は20世紀初頭から資本主義発展の課題であったが，今日ほど大量に，構造的に進んではいなかった．環境問題の深刻化は，資本主義発展における桎梏にもなりかねない．すなわち環境問題は，生産力発展あるいは工業化の進展と表裏一体の関係にあるからである．また人口増大も環境悪化を促進している．資本主義発展・生産力発展は，人口増大という前提のもとで可能であった．したがって環境問題の解

決は，生産力発展を停止することあるいは人口増大を抑制することが必要になる．こうした環境問題が全人類的な課題として登場したことによって，環境保全・回復を目指す運動も高揚してきた．反グローバル化を掲げる一部の市民運動，NGO・NPO運動などは，ある意味では生産力発展に対抗するものであり，資本主義的生産体制あるいは市場万能主義を否定するものとなっている．それはいわゆるアメリカ的・西欧的価値観からの離脱であり，現行の社会主義・資本主義体制の批判でもあり，生産力拡大・経済成長を目指したこれまでの経済学の否定でもあり，企業形態を含む商品経済システムの転換でもある．

　20世紀は二度の世界戦争だけでなく地域間・民族戦争が絶え間ない世紀であった．1914年から始まった第一次世界戦争は，東欧諸国とりわけハンガリー・オーストリア帝国の解体，オスマントルコの解体を背景としていた．戦争後の中央・東ヨーロッパは，民族問題を先送りされたかたちでの国民国家形成を余儀なくされた．今日の南スラブ地域での民族紛争は，こうした旧帝国の解体に伴う国境線の設定が背景にある．第二次世界戦争後の植民地の独立過程においても，国境線の画定は必ずしも民族・部族・宗教などを配慮して行われたわけではなかった．何よりも発展途上諸国は植民地として宗主国の支配に属した段階から，民族・部族・宗教などの存在を事実上無視されてきたからである．第二次世界戦争後の旧植民地の独立に伴う民族・宗教問題は，インド・パキスタン問題，カシミール帰属問題などとしてあらわれている．またユダヤ人国家設立に関しては，イギリス，アメリカはアラブ諸国あるいはパレスチナ人の意向とは乖離して，イスラエル・ユダヤ人国家設立をはかり，パレスチナの独立問題は棚上げされたのであった．そのほかアフリカ地域では，各地で民族問題が発生し，今日でも解決できていない国家・地域が数多く存在している．あるいはインドネシアでの民族問題は，最近東チモールの独立は達成したが，解決しえていない多くの課題を抱えている．アジア・中近東においてはスリランカのシンハラとタミールの民族問題，トルコ，イラン，イラク間でのクルド族問題，アフガニスタンの民族・宗教問題，フィリッピンの民族・宗教問題，中国におけるチベット，ウイグル，内モンゴルなどの独立問題，ウズベキスタン，

アゼルバイジャン，キルギスタンなどでの民族・宗教問題などがあり，一部では内戦が継続している．ヨーロッパにおいてもグレートブリテンと北アイルランドの宗教問題の対立，さらにはスコットランド，ウェールズ議会の発足と自立国家体制の構築への階梯などの問題がある．スペインは，バスク，カタロニアの独立問題も存在する．北アメリカではアメリカ，メキシコなどの先住民族問題，あるいはカナダでのケベック独立問題など紛争の種を抱えている．このように第二次世界戦争後は民族・部族・宗教問題などの対立・紛争を閉じこめたままに国境を設定し，国民国家を設立したため，ひとたび国家権力の基盤が弱まればこうした問題が表面に出ざるをえない．そして内戦・紛争が拡大するたびに難民が増大するという悪循環を生んでいる．20世紀になっても19世紀資本主義の領土拡張・帝国主義政策は継続してきたのである．さらに発展途上諸国の独立後も，先進資本主義諸国は発展途上諸国を市場問題解決の基軸として位置づけているがために，内戦，地域間戦争あるいは難民問題などが生じてもその責任を発展途上国に転化するという方策を堅持している．また多国籍企業によるグローバルシステムの拡大は，紛争地域を回避するだけでなく，一部の地域では紛争を引き起こす要因も創り出している．

3．多国籍企業によるグローバル化の進展

20世紀の国際関係は，前述のように資本主義システムにおいて多くの特徴を示してきた．さらに20世紀末の国際関係は，世界市場の枠組み自体を転換するような現象を生んだ．それは1974-75年恐慌以降の構造変化である．もちろん恐慌を契機として国際経済の構造が瞬時に変わったというものではない．国際経済の構造変化は，第1に，アメリカの世界市場支配が崩れてきたということ．第2に，アメリカの世界市場における相対的地位の低下と関連した西ヨーロッパ，日本の生産力発展・国民経済の規模拡大がある．第3に，国際通貨・金融は恒常的に動揺し，安定的な国際通貨体制の構築が困難になっていること．第4に，発展途上国問題の複雑化・多様化が進んでいること．第5に，旧ソ連・

東欧諸国の共産党政権などによる指令的・独裁的・利権的・官僚的体制が崩れ，新たに資本主義的生産方法の確立が迫られていること．第6に，多国籍企業に代表されるように，資本の国際的展開が拡大しつつあること．第7に，国民経済間の経済統合，資本間の国際的統合などの進展があること．これらの特徴は1974-75年世界恐慌以降急速に進展したのであった．世界恐慌はこうした状況を形成する契機となったのか，あるいは世界恐慌は単なる通過点にすぎず，構造変化の要因は他に求めなければならないのか，経済学の重要な論点になっている．もちろん構造変化は世界恐慌を契機としているといっても，第二次世界戦争後の国際経済の運動あるいは各国民経済の運動によって準備されていったのであり，国際経済のみが単独で変化し，それが国民経済の運動に影響を及ぼしたことではない．かつて世界恐慌の勃発は，国際経済・国民経済の運動の軋轢・問題に対して一定の解決を行ってきたのであり，それが新たな国際経済の構造を形成することとなった．しかし今日の国際経済は，これまで経験してきたように資本主義の諸困難を解決していく方向性を探りながら新しい国際関係すなわちグローバル化の進展をはかっている．

　国際経済の構造変化は各国民経済あるいは国際的経済諸関係にどのような影響を及ぼしているかということは，上記の国際経済の構造変化の主要な7つの特徴と関係している．しかし各国民経済，国際的経済諸関係によって特徴のあらわれ方は異なっている．例えばEUに象徴されるような地域経済統合の進展は，資本主義は国民経済を足場にして国民経済を否定する，あるいはその枠を取り払うことができない，という従来の経済原理に適合しない運動である．それは1992年末の経済統合および1999年の通貨統合，2002年のEUROの流通開始によって，一面では国民経済を否定する側面を強くし，「大欧州国家」の誕生のようにも見える．しかしEUの現実は経済統合を促進する勢力・国家と，消極的な勢力・国家の存在である．1990年代後半に行われたデンマークの国民投票，ノルウェーの国民投票，あるいはEUROへのイギリス，スウェーデンなどの未加入に象徴されるように，各国民のEUへの反応は様々である．それでもEUの経済統合は確実に進展していることは，各国民の意識構造とは異なっ

た別の要因が働いていることを示している．その要因は，ドイツ，イギリス，フランスなどの巨大資本による大ヨーロッパ市場の形成と市場分割であろう．いわばヨーロッパを基礎とした多国籍企業的展開がEUの設立を促しているのである．一方ヨーロッパの社民勢力などは，経済統合に積極的である．社民勢力は統合推進のために，社会保障政策の充実を重要な目標に掲げている．社会保障の充実は，そのかぎりにおいてヨーロッパの人々の生活向上あるいは賃金増大などを可能にすることであり，社会の進歩的側面を示すことになる．EU統合の推進は，一面では企業の論理から，あるいは一般大衆・労働者の論理から行われていることになり，国民経済的性格と脱国民経済的性格の両面をあらわすことになる．このEUの運動の中にも国際経済の構造変化と国民経済・国際的経済諸関係との関係の変化が示されている．

　第二次世界戦争後，先進資本主義国のみが経済発展を遂げたのではなく，発展途上国の一部の国・地域も，先進国の介入の中で急速な経済的発展を達成した．それがアジアNIEsでありASEANであった．しかし発展途上国の一部の国・地域の発展は，先進国によるかつてのような支配・被支配＝対立の図式という関係とは異なった側面も生じてきている．一つには先進国にとって発展途上国が，国際分業の担い手であり，市場の拡大が可能になり，同時に過剰資本，過剰設備などを処理することが可能になったことである．二つには発展途上国の生産力発展が，先進国の商品あるいは企業と競合するようになったことである．三つには発展途上国の生産力発展の結果，国際経済秩序を先進国主導で運営できないという状況も生まれたことである．さらに発展途上国の内部においても，非民主主義的な側面を改善しなければ経済発展の可能性が低い，ということが認識されるようになってきている．生産力の発展は，絶対的な貧困状況から抜けだした一部の富裕層，知識層あるいはいわゆる中間層を生み出す．こうした勢力は，国内の反民主主義的な状況を改善することを提起していく主体となりうる．資本主義的生産力発展にとって反民主主義的な状況は生産力発展の桎梏ともなるからである．したがって今日の発展途上国の問題は，1960年代の国際経済の特徴の一つである「南北問題」としてひとくくりにするのではな

く，発展途上国の経済発展の分化の状況と経済発展のそれぞれの過程を分析し，併せて発展途上国の経済発展の道を明らかにしていくことが必要になってきている．その場合，経済発展の方向性は従来の先進国の支配と発展途上国の被支配という視点のみで捉えるという方法論に固執するのではなく，国際経済の特徴，国際通貨体制，多国籍企業の動向，地域統合の進展，発展途上国の置かれた歴史的地位，発展途上国の経済状況あるいは政治体制など総合的な視角から明らかにしていくことが必要である．とりわけ今日のアジアなどの経済発展は，国家主導による外資導入政策の拡大，あるいは多国籍企業による生産配置システムの確立と密接な関連があるからである．

現代国際経済は，先進国支配体制，発展途上諸国の経済的地位の上昇と低下あるいは旧ソ連・東欧諸国に見られる資本主義化，多国籍企業の進展など複雑化している．この国際経済の構造転換は，日本の生産力発展・国際的関係の拡大とも関連している．先進国間の経済摩擦・貿易摩擦が拡大したのは，日本企業の国際競争力の強化・輸出拡大が要因となっている側面もある．またアメリカ経済の相対的地位の後退は，EUの経済統合を推進し，経済摩擦を一層複雑化させている．日本，アジアNIEs，ASEAN間の国際分業化の深化によって，アメリカ，ヨーロッパ諸国はアジア政策の転換あるいは重視を余儀なくされている．

現代国際経済は，1970年代後半以降に大きな構造転換を迎えた．その構造転換の主要な担い手は多国籍企業であろう．アメリカの競争力低下とドルの国際通貨としての地位の低下は，アメリカ企業を含めて日本，ヨーロッパ企業が国境を越えて生産，流通の市場を広げてきたからである．グローバル化と表現されているように，企業は国境を越えて生産，流通の網の目を広げていくことが要請されるようになった．それはかつて19世紀に確立した資本主義の初期段階のように貿易を通じた国際経済の網の目の形成と異なり，貿易，資本移動，技術，労働力移動あるいは国際的経済協力といった国際経済関係全般にわたる活動を求めていくことになる．その主要な担い手が多国籍企業である．この多国籍企業の活動は，国境を越えての生産，流通であるが，その目的は何よりも市場問題の解決にある．ここでの市場問題とは，単に製品の販売市場のみを意味

するのではない．多国籍企業の活動は，投資先における内部市場の拡大，生産拠点の多角化に基づく国際的分業の形成・貿易の拡大，本国への安価な製品輸入による生産コストの削減・販売の促進，発展途上国への投資による市場拡大などの効果をもっている．さらに多国籍企業は，外国為替相場の変動を利用した投資，投機，技術移転による生産力水準の向上，ODAをはじめとした援助の拡大を求めることによる生産拠点の整備，労働力移動などを推進していく．多国籍企業による市場問題の解決は，国際経済関係の諸契機を拡大していく主な要素となっているのである．

　多国籍企業によるグローバル化の歩みは，他方でEU，NAFTAなどの地域主義を進展させていく．EU，NAFTAなどの経済統合は，いわゆる統合市場として多国籍企業に安定した市場を提供することになる．多国籍企業は安定した市場を確立する中で，グローバル展開を進めるのである．しかし統合市場の形成は，保護主義的・閉鎖的な市場としてのみ位置づけられるのではない．統合市場はまた，他の領域から進出する多国籍企業にも門戸を開放しなければならない．そこで統合市場は，閉鎖的な側面と開放的な側面の両面をもつことになる．さらに多国籍企業は，先進国市場のみならず発展途上国市場，旧ソ連・東欧，中国市場の開放を求めていくことになる．新しい市場では，アメリカ，日本，ヨーロッパの多国籍企業の進出をめぐる熾烈な競争が行われる．こうした多国籍企業による市場の拡大の中で依然として取り残されているのが，サハラ以南のアフリカであり，ムスリム勢力の支配する中近東・中央アジアである．しかしこうした地域においてもやがて市場開放化，資本主義的市場確立の波は押し寄せてくることになる．民族・部族対立，宗教対立などによる内戦，民族戦争は，市場を拡大しようとする多国籍企業にとって不必要な事態である．こうした事態を解決することが多国籍企業の活動の場を広げる契機となるのである．また内戦，民族紛争など未解決の状況が続くことは，多国籍企業による発展途上諸国への差別化政策を可能にすることでもある．いわば多国籍企業によるグローバライゼーションの進展は，世界の隅々にまで資本主義的市場システムを移植することであり，他方で宗教，民族問題など旧来とは異なった紛争地域を

拡大していくで過程でもある．

　多国籍企業のグローバル化進展のためには，外国為替相場の安定，国際通貨体制の安定，貿易の自由化などの国際経済環境の設定が必要である．ところが外国為替相場は，アメリカ・ドルの不安定という事態が永く続いた．そこで1985年以来各国は日本，ドイツなどの通貨のドルに対する切り上げ，すなわちドル安の容認によって事実上アメリカ・ドルの国際通貨としての地位を維持することを約束した．さらにEUにおいても共通通貨体制の構築は，一方ではアメリカ・ドルからの離脱を意味するが，他方ではEU通貨を安定させることによってドルとの関係を安定化していく道である．貿易体制においては，1995年にWTOを発足させたことにより自由化への方向性は確保した．さらに発展途上国，旧ソ連・東欧諸国などにおける債務累積の増大に関しては，IMFのコンディショナリティーを強いることによって国際収支の均衡化，為替相場の安定，インフレの抑制，財政の均衡化などを図っていかなければならなくなる．IMFの提起に応えられない諸国は，各国のODAをはじめIBRDの融資やIMFの融資も受けられず，問題だけが累積していくことになる．こうして1970年代後半以降発展途上国の多くが資本主義の道を辿ることが明らかになった．多国籍企業は各国の資本主義化への道を促進したり，場合によっては現状維持のまま関与しないという行動も見られる．

　多国籍企業による国際経済関係の形成は，何よりも世界各地において生産や流通の基盤を形成することによって，大きな利潤の取得を可能にすることである．その際国際通貨体制の動揺や為替相場の不安定は，多国籍企業の取得する利潤量に影響する．そこで進出した国・地域で取得した利潤も，アメリカ・ドルに換算され，さらに価値保蔵，価値交換が可能なような世界的規模でのシステム形成が必要である．それがIMFの維持であり，WTOの貿易体制であり，地域経済統合の推進である．したがって多国籍企業にとっての，IMFの再建とは，現行のドル体制を弱体化しないようにすることと，ドルから離れて地域的通貨体制を構築することである．多国籍企業は，いずれの方向においても利潤の取得においての不利益が生じない体制を構築することを望んでいる．いわば

今日の国際経済関係は，多国籍企業の生産・流通領域を広げるためのシステムを構築する段階であるということもできる．

旧ソ連・東欧諸国では1980年代末から中央指令経済体制からの離脱がはじまった．それは共産党政権の崩壊過程でもあった．中央指令経済からの離脱は市場経済化，すなわち資本主義的生産システムの導入を意味している．しかし旧ソ連は1917年の革命以来の，さらに東欧諸国は第二次世界戦争後から形成された経済システムを急速に転換することは容易でない．それは国有企業に象徴されるような旧い生産設備，技術，過剰労働力の存在，そして何よりも国際競争力の欠如という状況の下で，改革を進展させなければならないからである．そこで各国は市場経済化を促進する基盤を作成するために，一部企業の改革を行う政策を採用した．それは国際競争力の向上を目的として，技術の導入，労働力を削減した新しい生産システムの導入である．しかし既存の企業でこれらの改革を実施することは非常に困難である．したがって外国資本の力を借りる，あるいは外国資本の傘下に入るという選択をすることによって課題を克服しようとしているのである．東欧諸国におけるIMF，WTOへの加盟は，いわゆる外圧によって国民経済政策の大枠をはめることを目的としている．すなわち市場経済化は後戻りできない選択であることを，企業あるいは国民に知らせることであるとともに，外資を導入できる基盤を作ることでもある．ポーランド，チェコ，ハンガリーなどでの市場経済化政策は，多国籍企業を国内に導入することによって市場経済化の促進を図ろうとするものである．しかし多国籍企業の国内への導入は，既存企業との利潤，技術，競争力などの格差を拡大するだけでなく，既存企業の存続それ自体も危うくする．さらにポーランド，チェコ，ハンガリー，ブルガリア，およびリトアニア，ラトビア，エストニアのバルト3国などはEUへの加盟を申請している．EUに加盟することによって，ヨーロッパ企業あるいはアメリカ，日本などの多国籍企業をはじめとした外資導入を拡大しようとする目的をもっている．ポーランド，チェコ，ハンガリーはNATOへの加盟も表明している．NATOへの加盟は，中央指令経済・政治体制に再び戻ることはないことを明らかにしたのであり，また市場経済化＝資本主義化を

短時間で進展させる基軸になるという国内外へのアピールでもある.

　こうした状況は, 東欧諸国だけではなく中国においても同様である. 中国は国有企業の改革が市場経済化の鍵を握るといわれてきた. しかし現実には国有企業改革は進展しているが, 旧来型の国有企業は技術, 競争力, 生産設備などの遅れが一層顕著になっており, 市場経済化進展の足枷にもなっている. 中国は外資系企業, とくに最近では多国籍企業の対中進出が増大している. 多国籍企業は, 中国進出をアジア諸国との国際分業関係の形成の一環として位置づけ, 中国の国民経済政策の動向とは無関係に生産を拡大しようとしている. このように旧中央指令経済社会の改革においても多国籍企業が関与している. さらに多国籍企業の動向が市場経済化を促進する主体としても機能しているのである.

　多国籍企業は21世紀の新しい国際経済関係を形成する主体になりつつある. 日本企業もますます多国籍企業への道を進もうとしていくであろう. しかし日本企業のすべてが多国籍企業化するわけではない. 多国籍企業化する産業・企業は, 一部にすぎない. 多くの産業・企業は多国籍企業化を目指しても成功しないか, あるいは多国籍企業化それ自体を目指すような企業規模, 競争力, 資本調達能力などをもたないのである. その限りでは, 日本企業の中では多国籍企業化が進展する企業とそうでない企業との2極化が進展していくことになる. 同時にすべての産業・企業は, 多国籍企業との関係, すなわち資本, 生産, 流通あるいは技術など相互関連・依存を行わなければならなくなるであろう. 21世紀の経済社会は, 日本企業のみならず, 地球上のすべての国民経済, 産業, 企業が多国籍企業との連関なしに存続することはできないようなシステムが構築されていこうとしているのである.

4. 21世紀の国際政策課題——覇権への挑戦

　20世紀は絶えざる戦争が継続する時代であったが, その戦争は市場獲得をめぐる帝国主義戦争と民族対立・宗教対立などの地域・局地戦争であった. 戦争の継続は, 科学・化学技術発展のもとで可能であったが, 多大な犠牲をはらう

ことであった．20世紀は，資本主義が最も急速に発展し，その優位性を確保した世紀であった．資本主義の優位性は，生産力発展に象徴されるが，発展を促したのは科学技術の発展と爆発的な人口増大があった．資本主義生産力発展の基盤を人口増大に依存することによって市場問題を解決してきたのである．資本主義生産力発展は，他方で発展できないあるいは発展途上の地域・国を生み出すことでもあった．こうして国際関係は，富める国と貧しい国との両極を作ることになった．また20世紀には，「社会主義」社会という人類が理想とする社会体制が創られ，新たな発展が期待されたが，1991年のソ連邦解体によって，その社会形態そのものの再検討が必要になった．

20世紀の国際関係は，科学技術の発展，「社会主義」体制の建設，地域統合，国際機関の創設など，いわばこれまでの世紀にない「創出」が行われた世紀であった．他方で戦争により政治・経済体制は破壊され，さらに戦争は民族・部族分断だけでなく，文化，歴史，伝統などの社会生活も破壊していく．こうした諸特徴から20世紀は「創出と破壊」の世紀として特徴づけることができる．したがって21世紀は，市場万能主義から生じる「創出と破壊」から，生活，文化，歴史，伝統など人間を主体とした「再生と回復」の世紀にしていくことが求められる．当然のことながら資本主義グローバルシステムの進展は，生産力発展あるいは市場万能主義＝善という思想の浸透を意味している．したがってグローバルシステムに対するアンチテーゼの思想もありうることになる．それはWTOに象徴されるようなグローバルシステムから，地域社会，伝統，文化などを重視したシステムへの転換の思想である．すなわち今日のような多国籍企業によるグローバルシステム，あるいは「覇権」システムの構築は，少なくとも20世紀に累積した経済的諸課題を解決することはできないということであり，したがって新しいシステムの構築が必要なことを意味している．それは少なくとも経済成長・生産力発展を前提とした国民経済政策・国際関係の構築を意味するものではない．先進資本主義諸国は状況によっては，マイナスの成長政策の受け入れも容認しなければならないであろう．またアメリカあるいは多国籍企業による「覇権」維持・拡大は，むしろ20世紀の諸問題をより複雑化

し，多様化していくことになるであろう．それは多国籍企業による生産配置や新しい国際関係の形成を期待するよりも，「覇権」のない国際関係を形成することこそ新しい経済社会の建設であるという視角をもつ必要性を意味しているのである．その限りで「覇権」への挑戦は，「覇権」の存在がない国際関係の形成であるということになり，グローバル化の進展に対して一定の規制を施すことが必要であるということになる．

1) 宮崎犀一・奥村茂次・森田桐郎編『近代国際経済要覧』東京大学出版会，1986年，および『日本経済を中心とする国際比較統計』日本銀行各年版を参照．
2) 同上書，参照．
3) Goldstein, Joshua S. *Long Cycles* Yale Univ. Press, 1988. 『世界システムと長期波動』岡田光正訳，世界書院，1997年，参照．
4) 樺山紘一・坂部 恵・古井由吉・山田慶兒・養老猛司・米沢富美子編『20世紀の定義』第1巻『20世紀への問い』「2. ホモ・ファベルの文明史と20世紀，3. 物理学史の中の20世紀」岩波書店，2000年，を参照．
5) 前掲書，宮崎他編『近代国際経済要覧』を参照．

参考文献

Amoroso B. (1998) *On Globalisation* Palgrave.

Anderson E., Gutmanis I. and L. Anderson (2000) *Economic Power in a Changing International System* Cassell.

アントニー・D. スミス『ナショナリズムの生命力』高柳先男訳，晶文社，1998年．

芦田文夫・高木彰・岩田勝雄編『進化・複雑・制度の経済学』新評論，2000年．

Aulakh, P and M. G. Schechter (2000) *Rethinking Globalization International Political Economy Series*, Macmillan Press.

ブレトンウッズ委員会報告『21世紀の国際通貨システム』金融財政政策事情研究会，1995年．

Cohen, B. J. and C. Lipson (1999) *Issues and Agents in International Political Economy* The MIT Press.

デビッド・コーテン『グローバリズムという怪物』西川 潤監訳，シュプリンガー東京，1997年．

Gilpin, R. G. (1987) *The Political Economy of International Relations* Princeton Univ. Press.

Goldsmith, E. and J. Mander (2001) *The Case Against Global Economy* Earthscan

Publication Ltd.

原 洋之助『アジアダイナミックス』NTT出版, 1996年.

Hobsbawm, E. (1994) *Age of Extremes* Michael Joseph, London.『極端な時代』河合秀和訳, 上下, 三省堂, 1996年.

堀中 浩編『グローバリゼーションと東アジア経済』大月書店, 2001年.

五十嵐武士『覇権国アメリカの再編』東京大学出版会, 2001年.

岩田勝雄『反成長政策への転換』新評論, 1998年.

岩田勝雄『現代国際経済の構造』新評論, 2002年.

J. S. ゴールドスティン『世界システムと長期波動論争』岡田光正訳, 世界書院, 1997年.

カール・ポラニー『大転換』吉沢英成・野口建彦・長尾史郎・杉村芳美訳, 東洋経済新報社, 1975年.

樺山紘一, 坂部 恵, 古井由吉, 山田慶兒, 養老孟司, 米沢富美子編,『20世紀の定義』第1巻,『20世紀への問い』岩波書店, 2000年.

Keohane, R. O. (1984) *After Hegemony : Cooperation and Discord in the World Political Economy*.

コーリン・クラウチ, ウォルフガング・ストリーク『現代の資本主義制度』山田鋭夫訳, NTT出版, 2001年.

Leys, C. (1996) *The Rise and Fall of Development Theory*. Indiana Univ. Press.

Maddison, A. (1995) *Monitoring The World Economy 1820-1992 Organisation for Economic Co-operation and Development*, Paris.『世界経済の成長史』金森久雄監訳, 東洋経済新報社, 2000年.

マイロン・ウェイナー『移民と難民の国際政治学』内藤嘉昭訳, 明石書店, 1999年.

宮崎犀一, 奥村茂次, 森田桐郎編『近代国際経済要覧』東京大学出版会, 1981年.

宮崎義一『現代資本主義と多国籍企業』岩波書店, 1979年.

Morrissey O. and I. Filatochev (2001) *Globalisation and Trade* Frank Cass.

村岡俊三『世界経済論』有斐閣, 1987年.

中兼和津次編,『現代中国の構造変動』『2経済』田中恭子編,『8国際関係』東京大学出版会, 2001年.

中尾茂夫『円とドルの存亡』三田出版会, 1996年.

P. J. ケイン・A. G. ホプキンズ『ジェントルマン資本主義の帝国Ⅰ』竹内幸雄・秋田茂訳, 名古屋大学出版会, 1997年.『ジェントルマン資本主義の帝国Ⅱ』木畑洋一・旦 祐介訳, 名古屋大学出版会, 1997年.

ポール・エキンズ編『生命系の経済学』石見 尚・中村尚司・丸山茂樹・森田邦彦訳, お茶の水書房, 1987年.

ロバート・ギルピン『世界システムの政治経済学』佐藤・竹内監修, 東洋経済, 1990

年.

ロバート・ウェード『東アジア資本主義の政治経済学』長尾伸一・畑島宏之・藤縄徹・藤縄純子訳,同文舘,2000年.
Schumacher, E. F. (1973) *Small is Beautiful* Blond & Briggs.
S. ハイマー『多国籍企業論』宮崎義一訳,岩波書店,1979年.
Smith, B. C. (1996) *Understanding Third World Politics* Macmillan Press.
末廣 昭『キャッチアップ型工業化論』名古屋大学出版会,2000年.
T. ランゲ・C. ハインズ『自由貿易神話への挑戦』三輪昌男訳,家の光協会,1995年.
東京大学社会科学研究所編『20世紀システム』第4巻『開発主義』東京大学出版会,1998年.
Trive, K. (1995) *Strategies of Economic Order* Cambridge Univ. Press.『経済学のストラテジー』小林純・手塚真・枡田大知彦訳,ミネルヴァ書房,1998年.
辻 忠夫『世界市場と長期波動』お茶の水書房,1995年.
鶴見和子『内発的発展論の展開』筑摩書房,1996年.
内田勝敏・清水貞俊編『EU経済論』ミネルヴァ書房,2001年.
UNHCR『世界難民白書』時事通信社,2001年.
八木紀一郎編『歴史学派の世界』日本経済評論社,1998年.

第3章　経済のグローバル化と投資銀行業の多国籍的展開
―― 世界の金融再編成とウォール街の経済ヘゲモニー ――

1．問題の提起と限定

　本章の目的は，グローバリゼーションにともなう現代的な新しい経済問題について，おもに世界の金融経済領域で発生している金融産業の再編成の動向に着目して，その背景や特徴を探求し，その経済的意味を解明することにある．

　20世紀末期，各種の規制が緩和・撤廃され，国境を越えた資本の自由移動の時代が訪れた．情報通信技術（IT＝information technology）の発展に支えられ，地球的な規模で設置されたコンピュータのネットワークが，あらゆるビジネスで利用されるようになった．地球的な規模での経済活動が活発化し，経済のグローバル化ないしグローバリゼーション（globalization）[1]が進展してきた．

　経済活動のIT化とグローバル化は，とりわけ，銀行・証券などの金融産業のビジネス展開に，飛躍的な発展と劇的な変化をもたらした．数百億円単位の大口のマネーが，時間と空間の制限を飛び越え，ロンドン・ニューヨーク・東京の順でオープンする24時間眠らないマーケットで，リアルタイムで取り引きされるようになったからである．

　こうした経済基調の転換を反映して，金融産業やビジネスのあり方も激変し，世界中で，「金融大改革」（いわゆる「ビッグバン，Big Bang」）が繰り返されてきた．ビッグバンの内実は，株価と証券ビジネス，高利回りと市場原理を最優先させるアングロ・アメリカン型のビジネス・スタンダードを，グローバル・スタンダードとして定着させるものとなった．

　すなわち，従来の伝統的な銀行業における預金・貸付業務に替わって，証券

業（投資銀行業）にビジネスがシフトさせられ，金融の証券化が進展し，また相場変動を先読みする金融投機・為替投機が活発化し，デリバティブや為替取引高の極端な肥大化をもたらした[2]．換言すれば，マネーが，国民経済やモノづくりから乖離し，グローバル化した市場での高利回りの運用を最優先する傾向が支配的になった．

こうした傾向が支配的になるにつれ，大口の金融取引の成功や失敗が，金融産業の経営問題の次元を超えて，一国の経済危機を誘発し，さらには連鎖する世界的な通貨危機・経済危機を誘発する，といった新しい深刻な問題を発生させるようになった．このような事態はまた，ハイリスク＝ハイリターン型取引を促進させた金融ビッグバンの負の帰結でもあるようだ．

2．不安定化するグローバル経済
―― 「21世紀型経済危機」の発生 ――

(1) グローバルな金融投機と連鎖的な経済危機の発生

グローバル化した現代経済において発生した新しい問題――アメリカの『ビジネス・ウィーク』誌によれば，「長い間観察してきたものとは異なる危機」であり，「その激烈さやスピードに経済の専門家達が皆驚いてしまった」[3]ような新しい経済問題――について，まず概略を示しておこう．

周知のように，1997-98年にかけて，タイ・バーツの通貨投機に端を発して，マレーシア，インドネシア，韓国などの東南アジア諸国，次いでロシア・東欧諸国，そしてブラジル，メキシコ，ペルーなどの中南米諸国が，相次いで連鎖的な通貨危機・経済危機に陥り，その後，これらの諸国はIMFの管理下に入るなどして，困難な経済再建を余儀なくされた．

通貨危機・経済危機の原因については，それぞれの国内経済事情，すなわち，外貨へ過剰に依存した経済開発，株や不動産投機の活発化で膨張しきったバブル経済，経常赤字の拡大，などの要因が指摘され，対外的には，ヘッジファンドなどによる大規模通貨投機，などの要因が指摘された．

第3章 経済のグローバル化と投資銀行業の多国籍的展開 51

たしかに、通貨危機・経済危機の原因は、それぞれの国々の個別的な要因が複雑にからみ合った結果といえるが、ここで重要なのは、こうした個別的な危機が、グローバルに、連鎖的に、かつ急激に、誘発されることになった大局的な背景についてである．

それは、1997年1月から1998年3月にかけて、アメリカを起点として、短期間のうちに、巨額の資本・マネーが、各国経済圏に流入し、流出していった不安定でグローバルなマネーフロー（図3-1），に示されている．

図3-1　マネーのグローバルな大移動

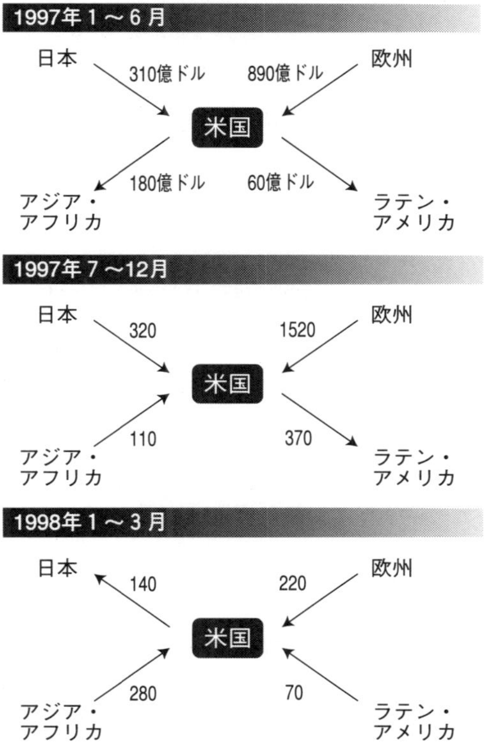

1997年1～6月
- 日本 → 米国：310億ドル
- 欧州 → 米国：890億ドル
- 米国 → アジア・アフリカ：180億ドル
- 米国 → ラテン・アメリカ：60億ドル

1997年7～12月
- 日本 → 米国：320
- 欧州 → 米国：1520
- アジア・アフリカ → 米国：110
- 米国 → ラテン・アメリカ：370

1998年1～3月
- 米国 → 日本：140
- 欧州 → 米国：220
- アジア・アフリカ → 米国：280
- ラテン・アメリカ → 米国：70

出所）『朝日新聞』，1998年10月9日．

みられるように，アメリカは，日本，ヨーロッパ，アジア，ラテン・アメリカなど，地球上の主要経済圏からグローバルな範囲で資金を集め，またこの資金をグローバルに運用する舞台になっている．

1997年の7-12月は，タイ・バーツの大規模通貨投機をきっかけにして，東南アジア諸国の通貨危機・経済危機が表面化した時期であるが，この時期には，それまでアメリカからアジア・アフリカ圏に流入していた180億ドルものマネーが，逆転して，一挙に110億ドルも流出していっている．さらに，つづけて1998年1-3月期に，280億ドルものマネーが，アメリカに向かって流出した．また1998年1-3月期には，中南米の通貨不安や経済混乱から，ラテン・アメリカ地域から70億ドルのマネーが流出し，アメリカに逃避しはじめたことが示されている．

これほど巨額のマネーの一方的な国外逃避にさらされると，それまで外資に依存して経済開発をつづけてきた東南アジア諸国の国内経済は，一挙に混乱と崩壊の危機に直面する．短期的な資本・マネーの国境を越えた無政府的な大移動が，一国経済の破壊や連鎖的な世界経済危機を発生させるような「21世紀型危機」[4]の時代が訪れたことになる．

1970年代以降の主要資本主義諸国の低成長経済への移行の下で，なお高収益を得ようとする資本は，低迷をつづけるモノづくりの経済活動よりも，バブル経済の膨張に象徴される投機的な財テク・マネーゲームを活発化させてきた．いわば，経済の金融化・証券化といった事態が進展してきた．

主要資本主義国の企業や金融機関の下に蓄積された過剰貨幣資本と経常収支の大幅赤字によってアメリカから散布される過剰ドルとが，グローバルな範囲で利殖を求める過剰な資本・マネーの主役となり，経済の金融化・証券化を進展させる原動力となる．

各種の経済・金融諸規制の緩和・撤廃は，アングロ・アメリカン型の金融システムを手本にした新しい金融商品市場や取引手法をつぎつぎに創出することを通じて，利殖を求める過剰な資本・マネーに，グローバルな規模での利殖活動の舞台を用意した．それはまた，世界経済の不安定性・無政府性を一層増幅

させることにもなった.

こうして20世紀末において,全世界の1年間の貿易額が7兆ドルなのに,ほとんどモノの裏付けのない外国為替市場での1日あたりの為替の売買高は,1兆5,000億ドルにも達するという事態(1998年4月現在)が発生するにいたった.外国為替市場は,投機組織のヘッジファンドや各国の大手金融機関,機関投資家,各種の国際投機資本にとって,各国通貨,各種金利などを取引対象にした先物や為替スワップといったデリバティブ取引の大舞台になり,「グローバル・カジノ」[5]といわれる大口の投機市場になった.

その結果,「21世紀型危機」といわれる世界の連鎖的な通貨危機・経済危機が発生した.したがって,「1997-98年アジア危機やその後のロシアやブラジルへの伝染は,ものづくりで汗水垂らして働くグループの成果を,金融グローバル化の錬金術が瞬時にして奪っていく破壊力の大きさを示す象徴的な出来事であった」[6],ともいえるであろう.

(2) 金融ビジネスの情報化とグローバル化

利殖を求めるマネーが,リアルタイムで地球を駆けめぐるようになったのは,資本の自由移動を制限していた国境の法律上の壁が緩和・撤廃され,また情報通信技術の発展の成果が,ビジネスに導入されたことによる.

地球の自転にあわせて,ロンドン・ニューヨーク・東京と順次オープンする主要国際金融市場は,コンピュータのネットワークやインターネットによって相互に連結され,24時間眠ることなく稼働しつづけている.東京市場が閉鎖されても,夕方の6時には老舗のロンドン市場がオープンになり,夜の11時にはマネーの中心地のニューヨーク市場がオープンし,各種の取引はそのまま継続する.

世界の大手金融機関は,ロンドン・ニューヨーク・東京といった国際金融センターを拠点として,自行・自社のコンピュータのネットワークで地球をまるごと包み込み,地球上のどこにいても,リアルタイムでビジネスを遂行することができるようになった.

地球の裏側との取引であっても，一瞬にして成立する．とりわけ，マネーや各種の金融商品を扱う金融産業は，グローバルに設置したコンピュータのネットワークの恩恵を最大限引き出すことができる．というのも，マネーや金融商品は，特定の地理的・空間的・物的な実体に制約される自動車などのモノづくり産業の各種商品とは違い，「質的には無差別で，量的にのみ異なる独特の商品であって，コンピュータ上の情報処理には最適のもの」[7]であるため，電子的な情報の形で，コンピュータのネットワークのなかで取引が遂行できるからである．

　むしろ，鶴田満彦氏の指摘するように，「金融資本のもっとも現代的な形態は，産業独占との融合・癒着によってよりも，グローバルな外国為替・金融・証券市場の価格変動をめぐる投機をつうじて短期・最大限の利潤をあげることをめざしている」[8]，といえるからである．

　情報化され，グローバル化された現代の金融ビジネスは，時間の制限も，空間の制限も超越し，コンピュータの画面上のスクリーン・マーケット，サイバー・マーケットにおいて，100億円単位の取引がリアルタイムで遂行され，一瞬にして数千万円のキャピタルゲインを取得する．もっとも相場を読み違えれば，一瞬で数千万円のキャピタルロスを被り，場合によっては，経営破綻に陥ってしまうようなハイリスク＝ハイリターン型のビジネス展開を余儀なくされる．

　アメリカのマネーセンターバンクは，グローバル化された現代の金融ビジネスを継続していくために，世紀末に，年間20-30億ドルという巨額のIT投資を先行させている．ちなみに日本の大手銀行の場合，年間10億ドルのIT投資を実施している銀行はほとんどない．これだけのIT投資が継続できるかどうかが，アングロ・アメリカン型の金融産業として，グローバルなサバイバル競争に勝ち残っていく分水嶺となっているようである．

　そのため，1行で巨額のIT投資が不可能なら，金融機関が互いにM＆Aを繰り返し，合従連衡によって，一層大規模で強大な金融産業を実現していくことになる．銀行・証券・保険といった金融産業の歴史は，規模拡大のための再

編・統合の歴史でもあった．

　再編・統合を繰り返し，グローバル化された現代の金融ビジネスに邁進しようとするとき，強大な金融産業のビジネスの内容は，伝統的な銀行業の預金業務や貸付業務ではなく，証券ビジネスにシフトする．

　この点について，銀行内部からも，次のような指摘がある．長銀総合研究所副理事長（当時）であり，著名なエコノミストでもある吉冨　勝氏は，「金融のグローバリゼーションは，わかりやすく言えば，証券資本主義の世界的な貫徹ということだ．マルクスは『市場経済は人間の良心まで商品化し，売買の対象にする』という趣旨のことを書いたが，証券資本主義は何でも証券化する．銀行のローンのほか，社長の懐はストックオプションで，年金や保険は投資信託の形で証券化する．」[9]，とグローバル化された現代の金融ビジネスの業務内容について，端的に指摘している．

3．世界の金融産業の再編成とウォール街

(1) 金融の証券化（セキュリタイゼーション）と投資銀行業

　おもに1980年代以降において，アメリカを中心にして，各種の資産を担保にした証券（asset backed securities：ABS）が発行され，市場で売買されるといった事態（金融の証券化・セキュリタイゼーション）が急速に進展し，その後，ヨーロッパ，さらに遅れて1990年代の後半以降，日本においても，同様な事態が展開する．

　一般に，金融の証券化（securitization・セキュリタイゼーション）とは，「資金調達や運用に際し証券形態による取引が優勢化する現象であり，証券・証書形式での金融手段により市場を通じて金融取引が広く行われる状況」[10]，といえよう．

　セキュリタイゼーションの進展は，① 複雑化し，大規模化した経済活動のなかで発生する各種のリスク．（価格変動・金利変動・債務不履行など）について，そのリスクを抱えた資産（保有不動産・証券，貸付金など）を担保にして，新しい

証券化金融商品を組成し，② 証券市場を介して，広範囲の投資家に販売することを通じて，企業や金融機関は，資産をバランス・シートの外に移すことで資産を圧縮しながら，市場から新規に資金を調達でき，あわせて各種のリスクを他者に分散・転嫁することができる．③ 投資家サイドにすれば，ハイリスク＝ハイリターン型の証券化金融商品が，新たな投資物件として登場したことになる．④ こうした新しい証券化金融商品市場が造出されることで，証券市場も拡大・多様化し，それに応じて証券会社や投資銀行関連業務のビジネス機会も，拡大していく．

アメリカでは，住宅貸付を担保にしたモーゲージ担保証券の発行によって，「従来は地方の貯蓄金融機関や商業銀行の領分であった住宅金融の仕事をウォールストリートにまで持ち込むことになった」[11]，とも評価され，本来無関係にみえた住宅金融市場が，証券市場と接続し，アメリカの証券市場の範囲を拡大させる要因になっていた．

日本では，銀行の不良債権処理対策から，住宅や不動産担保ローンなどの銀行資産や土地担保資産の流動化・証券化のための体制が整備され，近年，証券化金融商品市場が新たに造出されてきた（図3-2）．

例えば，不動産の資産担保証券のケースとして，整理回収機構（RCC）は，

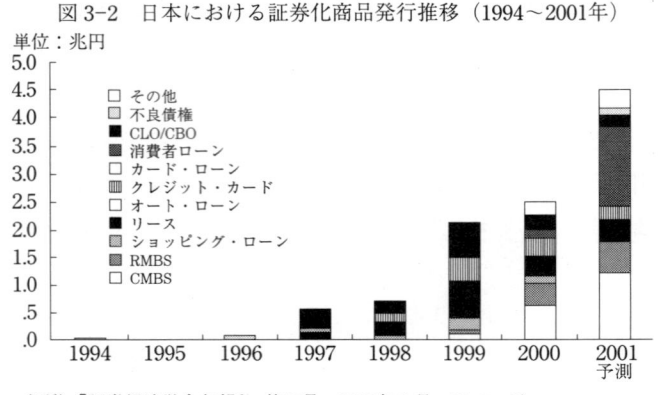

図3-2 日本における証券化商品発行推移（1994〜2001年）
単位：兆円

出所）『証券経済学会年報』，第37号，2002年5月，97ページ．

不良債権の担保にしていた旧日本債券信用銀行（現あおぞら銀行）本店や福岡市のビルなどの不動産を証券化して，約400億円で売却した．NECの43階建ての高層本社ビルは，土地ごと証券化され，約900億円で売却された．ほかに，ローンでは，三菱オートクレジットが，企業や個人顧客に対する新車のローン債権を担保に267億円の資産担保証券を発行し，日産クレジットも208億円を発行，などのケースがみられる[12]．

「証券資本主義」との指摘にもあるように，従来の銀行を中心にした金融システムのあり方を転換して，証券市場を中心にした金融システムへ，したがって金融産業のあり方も，預金・貸出を扱う商業銀行から，各種の証券化関連金融商品を扱う証券会社（欧米では，投資銀行）を支配的な金融産業に位置づけようとする大改革（いわゆる金融ビッグバン，Financial Big Bang）が実施されてきた[13]．

金融相の私的研究会「日本型金融システムと行政のビジョン懇話会」も，2002年7月，わが国の金融の将来ビジョン（「金融システムと行政の将来ビジョン」）[14]を公表したが，そこでは，今後，一層，金融の証券化を推進し，証券化関連金融商品市場の育成と発展，預金・貸出業務といった伝統的な銀行業務からの脱却，アメリカ型の市場中心の金融モデル・投資銀行業の確立・普及，などを提言している．

近年注目を浴びたアメリカの投資銀行の主な業務とは，企業のM＆A（合併・買収）関連業務，金融機関の貸付債権・リース債権，事業会社の受取債権や不動産といった各種資産の証券化・流動化，株式・債券の新規公開（IPO）や引受，複雑な金融取引やデリバティブの組成，内外の証券・為替市場での自己勘定での売買（トレーディング），企業財務・組織のリストラクチャリング関連業務，など[15]である．

このような法人向けの証券ビジネスは，欧米，とくにアメリカで投資銀行業務（investment banking）と呼ばれ，アメリカ系では，大手投資銀行のゴールドマン・サックス，メリルリンチ，モルガン・スタンレー・ディーン・ウイッター，ソロモン・スミスバーニー，さらにグラス・スティーガル法の撤廃によって銀行系の金融コングロマリットのシティグループやJPモルガン・チェース

も，証券ビジネスにおいて，グローバルな支配の強化を目指している．イギリスの『エコノミスト』誌によれば，ウォール街の大手投資銀行のグローバル化の動機は、投資資本の拡大，国内景気循環の回避，ユーロ市場の重視，などにある[16]．ヨーロッパ系では，ドイツ銀行，クレディ・スイス・ファースト・ボストン，UBSウォーバーグ，などであり，いずれも，アングロ・アメリカン型の投資銀行業務に傾注している[17]．

リスクを商品化し，絶えず変動する証券，金利，為替などの金融商品を扱う投資銀行業は，金融市場の乱高下やバブルの膨張と崩壊，景気循環などの影響を受けやすい業務でもあるため，経営危機に陥ると，従業員・役員の大幅削減，内外の支店の撤退，部門売却など，投資銀行業自身のリストラが頻繁に実施される．

代表的な投資銀行業務である企業のグローバルなM＆A（合併・買収）取引は，アメリカの株式バブルの崩壊がはじまるとともに，3兆4590億ドル（2000年）から，1兆7440億ドル（2001年）へと激減した[18]．また，破産したアメリカの大企業25社の経営者・役員は，2001年1月以来，ほぼ10万人の従業員の職を奪い，従業員や一般株主・投資家に巨額の損失を押しつける一方で，インサイダー取引などによって，倒産前に，大量の自社株を高値で売り抜け，自らは33億ドル（ほぼ4000億円）の利益を得ていた[19]．バブル崩壊後に表面化した，こうした事態は，株価と証券ビジネス，高利回りと市場原理を最優先させるアングロ・アメリカン型のビジネス・スタンダードに対する国際的な不信を呼び起こした[20]．

(2) 進展する世界の金融産業の再編成——銀行の投資銀行化——

グローバリゼーションの進展した20世紀末，世界の企業や金融機関は，系列，業界，国境の壁を越えた合併・買収（M＆A）を繰り返し，金融業界では，巨大な金融コングロマリットが相次いで誕生している（図3-3）．世界の金融業界は，世紀単位の再編過程にあるといってよいが，イギリスの『フィナンシアル・タイムズ』（Financial Times）紙によれば，1世紀前にもブームとなった企業の

M＆Aと業界再編の目的は，国内経済圏における経済支配の実現にあったが，現代では，その目的が地球的な規模での支配（「global domination」）にある，と指摘している[21]．たしかに，一国の生産能力を上回る巨大な産業企業が近年の合併・買収によって誕生しており，これらの事業会社のグローバルで多面的な金融ニーズに対応する形でも，金融業界のグローバルな再編成が行われている，ともいえる．

図3-3から明らかのように，20世紀末のわずか10年間を取り上げてみても，世界の金融業界では，系列，業界，国境の壁を越えた大型の合併・買収がすすみ，多様な金融業務を一社で提供する巨大な金融コングロマリットが相次いで誕生している．

アメリカでは，まず，大手商業銀行のシティバンクを傘下におく金融持株会社シティコープが，1998年4月，投資銀行業務に強いトラベラーズ・グループを合併・買収することで，当時で最大の金融コングロマリットのシティグループが誕生する[22]．さらに，注目されたのは，2000年9月のJPモルガン・チェースの誕生であった．それぞれがアメリカの金融界を代表する大手商業銀行のチェース・マンハッタンによる投資銀行の名門J.P.モルガンの合併・買収は，1930年代以来，銀行業務と証券業務の兼営を禁止してきたグラス＝スティーガル法の歴史的な撤廃（1999年11月）[23]を，自ら体現しているかのような衝撃を与えるものとなった．

チェース・マンハッタンによるJ.P.モルガンの合併・買収について特集を組んだ『フィナンシアル・タイムズ』[24]紙によれば，投資銀行ビッグスリーへの食い込みをねらう強力な中位行が出現したこと，この銀行の地域別収益基盤は，52％が北米だが，ヨーロッパからも30％，アジアから12％，中南米から6％の収益をあげており，すでにグローバルなビジネスを展開していること，部門別の収益基盤としては，ほぼ360億ドルの収益のうち，最大は，狭義の投資銀行業務からの収益であり，ほぼ160億ドル（全体の45％）に達していること，買収金額は，かなり高い350億ドルだったこと，などを伝えている．

ヨーロッパでは，ドイツ銀行[25]が，「欧州で1番の投資銀行となり世界のリ

図3-3　米欧グローバル銀行の「国境を越える合併」
(米巨大銀行の金融スーパーマーケット化)

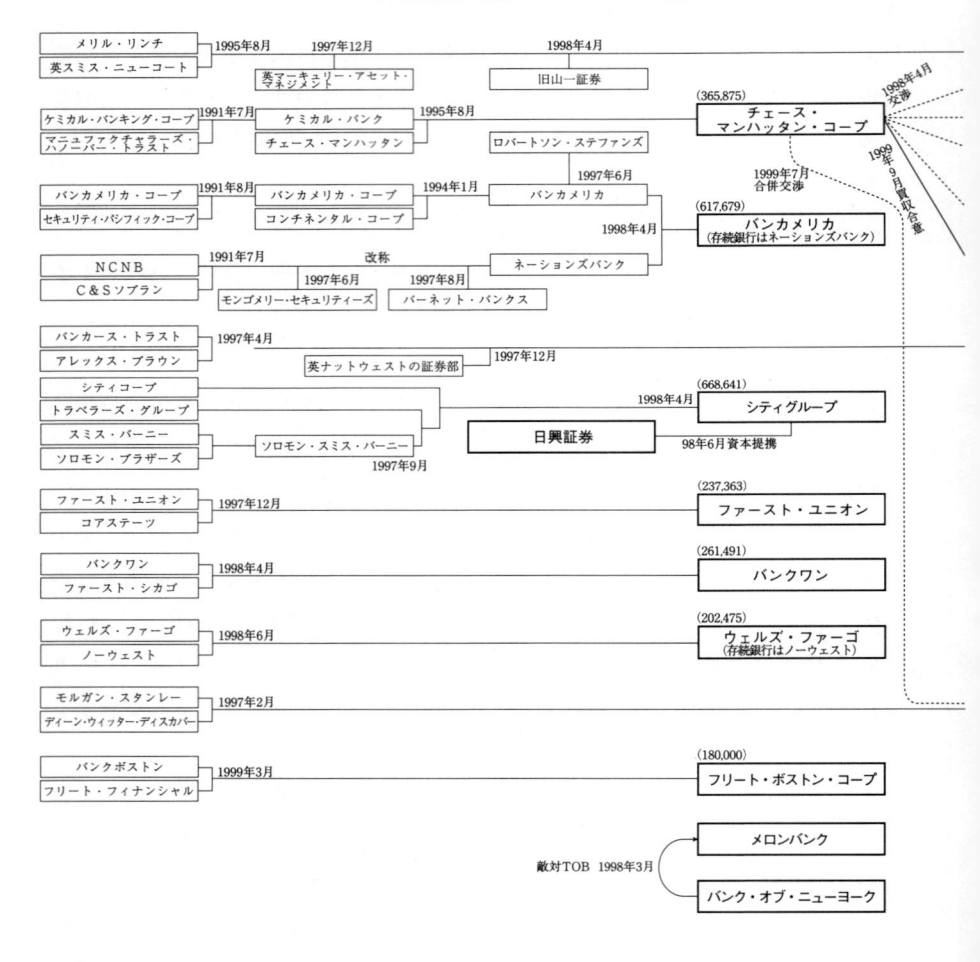

統合前	時期	中間統合	時期	さらに	時期	最終統合(総資産)
メリル・リンチ／英スミス・ニューコート	1995年8月		1997年12月 葵マーキュリー・アセット・マネジメント		1998年4月 旧山一証券	
ケミカル・バンキング・コープ／マニュファクチャラーズ・ハノーバー・トラスト	1991年7月	ケミカル・バンク／チェース・マンハッタン	1995年8月	ロバートソン・ステファンズ		(365,875) チェース・マンハッタン・コープ
バンカメリカ・コープ／セキュリティ・パシフィック・コープ	1991年8月	バンカメリカ・コープ／コンチネンタル・コープ	1994年1月	バンカメリカ	1997年6月	1999年7月合併交渉
NCNB／C&Sソブラン	1991年7月	改称 モンゴメリー・セキュリティーズ	1997年6月	ネーションズバンク／バーネット・バンクス	1997年8月	1998年4月 (617,679) バンカメリカ (存続銀行はネーションズバンク)
バンカース・トラスト／アレックス・ブラウン	1997年4月	英ナットウェストの証券部	1997年12月			
シティコープ／トラベラーズ・グループ／スミス・バーニー／ソロモン・ブラザーズ		ソロモン・スミス・バーニー	1997年9月	日興証券		(668,641) 1998年4月 シティグループ 98年6月資本提携
ファースト・ユニオン／コアステーツ	1997年12月					(237,363) ファースト・ユニオン
バンクワン／ファースト・シカゴ	1998年4月					(261,491) バンクワン
ウェルズ・ファーゴ／ノーウェスト	1998年6月					(202,475) ウェルズ・ファーゴ (存続銀行はノーウェスト)
モルガン・スタンレー／ディーン・ウィッター・ディスカバー	1997年2月					
バンクボストン／フリート・フィナンシャル	1999年3月					(180,000) フリート・ボストン・コープ
			敵対TOB 1998年3月			メロンバンク／バンク・オブ・ニューヨーク

（注記：チェース・マンハッタン・コープは1998年4月交渉、1999年9月買収合意）

―――― M&A（資本提携）完了　　……… M&A交渉ないし打診　　（ ）内の数字は総資産(98年末、単位：百万ドル)

出所)『エコノミスト』，1999年11月29日号，64-65ページ．

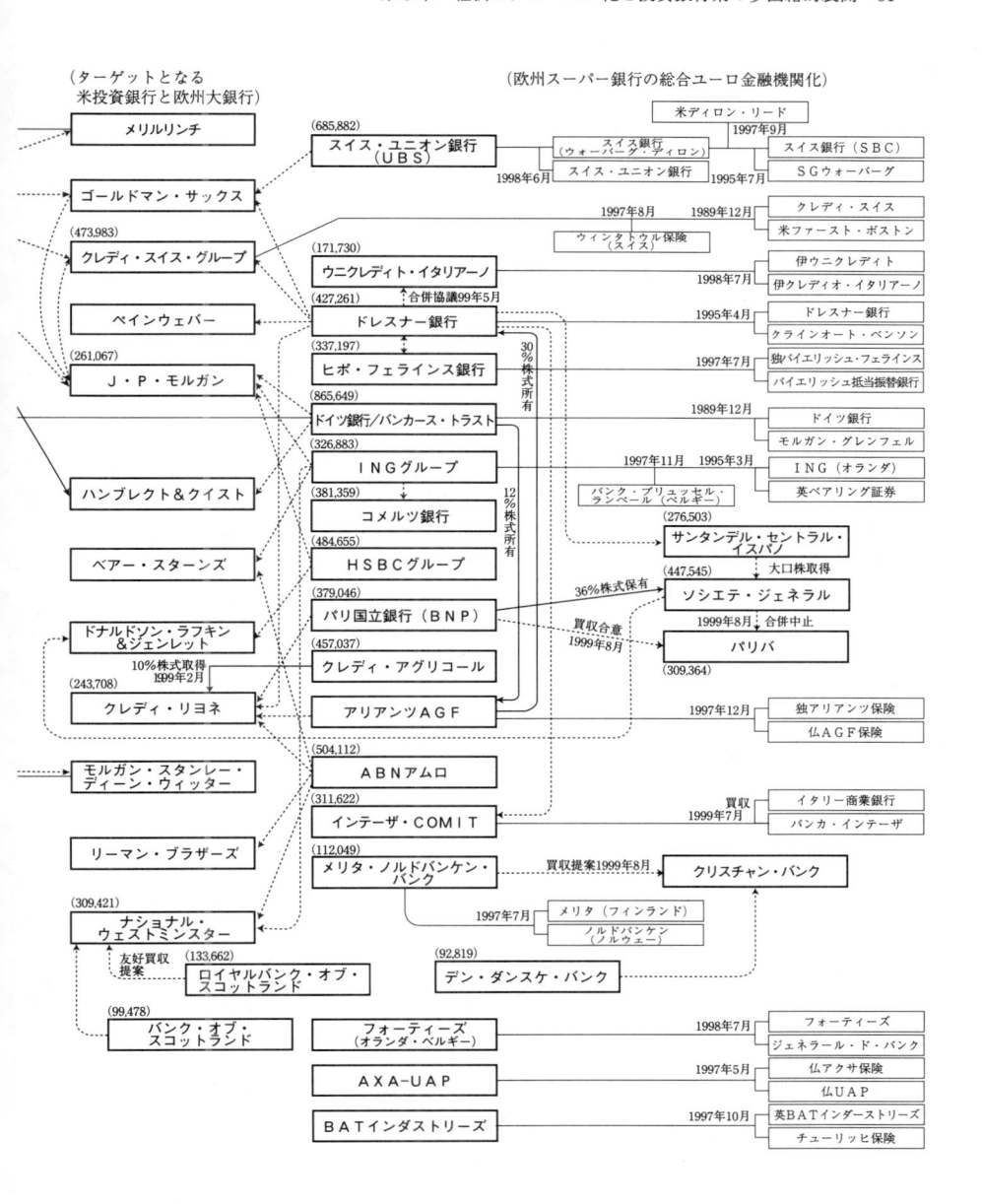

第3章　経済のグローバル化と投資銀行業の多国籍的展開　61

（ターゲットとなる　　　　　　　　　　　　　　　　　　　　（欧州スーパー銀行の総合ユーロ金融機関化）
　米投資銀行と欧州大銀行）

米投資銀行・欧州大銀行	欧州側	統合・提携の動き
メリルリンチ		
ゴールドマン・サックス	スイス・ユニオン銀行（UBS）(685,882)	米ディロン・リード 1997年9月／スイス銀行（ウォーバーグ・ディロン）／スイス・ユニオン銀行 1998年6月／スイス銀行（SBC）／SGウォーバーグ 1995年7月
クレディ・スイス・グループ (473,983)		1997年8月 ウィンタトゥル保険（スイス） 1989年12月 クレディ・スイス／米ファースト・ボストン
ペインウェバー	ウニクレディト・イタリアーノ (171,730)	1998年7月 伊ウニクレディト／伊クレディオ・イタリアーノ（合併協議99年5月）
J・P・モルガン (261,067)	ドレスナー銀行 (427,261)	1995年4月 ドレスナー銀行／クラインオート・ベンソン
	ヒポ・フェラインス銀行 (337,197)	30%株式所有　1997年7月 独バイエリッシュ・フェラインス／バイエリッシュ抵当振替銀行
ハンブレクト＆クイスト	ドイツ銀行／バンカース・トラスト (865,649)	1989年12月 ドイツ銀行／モルガン・グレンフェル
	INGグループ (326,883)	1997年11月 バンク・ブリュッセル・ランベール（ベルギー）／1995年3月 ING（オランダ）／英ベアリング証券
ベアー・スターンズ	コメルツ銀行 (381,359)	12%株式所有
	HSBCグループ (484,655)	(276,503) サンタンデル・セントラル・イスパノ
ドナルドソン・ラフキン＆ジェンレット	パリ国立銀行（BNP） (379,046)	36%株式保有　大口株取得 (447,545) ソシエテ・ジェネラル／1999年8月 合併中止／買収合意1999年8月 パリバ (309,364)
クレディ・リヨネ (243,708)	クレディ・アグリコール (457,037)	10%株式取得 1999年2月
モルガン・スタンレー・ディーン・ウィッター	アリアンツAGF	1997年12月 独アリアンツ保険／仏AGF保険
	ABNアムロ (504,112)	
リーマン・ブラザーズ	インテーザ・COMIT (311,622)	買収 1999年7月 イタリー商業銀行／バンカ・インテーザ
ナショナル・ウェストミンスター (309,421)	メリタ・ノルドバンケン・バンク (112,049)	買収提案1999年8月 クリスチャン・バンク／1997年7月 メリタ（フィンランド）／ノルドバンケン（ノルウェー）
バンク・オブ・スコットランド (99,478)	ロイヤルバンク・オブ・スコットランド (133,662)	友好買収提案／デン・ダンスケ・バンク (92,819)
	フォーティーズ（オランダ・ベルギー）	1998年7月 フォーティーズ／ジェネラール・ド・バンク
	AXA-UAP	1997年5月 仏アクサ保険／仏UAP
	BATインダストリーズ	1997年10月 英BATインダストリーズ／チューリッヒ保険

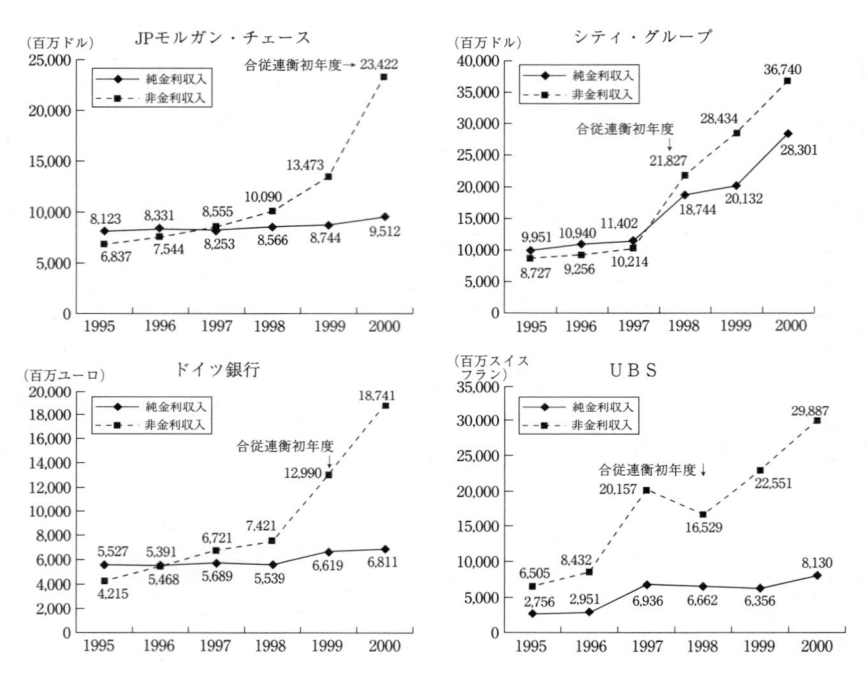

図3-4 純金利収支と非金利収支の推移

JPモルガン・チェース（百万ドル）

年	純金利収入	非金利収入
1995	8,123	6,837
1996	8,331	7,544
1997	8,555	8,253
1998	10,090	8,566
1999	8,744	13,473
2000	9,512	23,422（合従連衡初年度）

シティ・グループ（百万ドル）

年	純金利収入	非金利収入
1995	9,951	8,727
1996	10,940	9,256
1997	11,402	10,214
1998	18,744	21,827（合従連衡初年度）
1999	20,132	28,434
2000	28,301	36,740

ドイツ銀行（百万ユーロ）

年	純金利収入	非金利収入
1995	5,527	4,215
1996	5,391	5,468
1997	6,721	5,689
1998	7,421	5,539
1999	6,619	12,990（合従連衡初年度）
2000	6,811	18,741

UBS（百万スイスフラン）

年	純金利収入	非金利収入
1995	2,756	6,505
1996	2,951	8,432
1997	6,936	20,157
1998	6,662	16,529（合従連衡初年度）
1999	6,356	22,551
2000	8,130	29,887

出所）『第一勧銀総研レビュー』，2001年3号，2001年7月，66-67ページ．

ーダーに追いつくこと」[26]を目的に，国境を越えて，1989年にイギリスのモルガン・グレンフェルを買収し，さらに1998年にアメリカの投資銀行バンカース・トラストを買収し，欧米を足場にした投資銀行業務に強いヨーロッパの金融コングロマリットとして登場してきた[27]．スイス3大銀行のうち2行も，スイス銀行とスイス・ユニオンの合併で，2000年7月，アメリカにも足場をおいた大手金融コングロマリットのUBSが誕生した．

　後段で検討するように，わが国でも，この時期，みずほ，三井住友，三菱東京，UFJ，などの4大金融コングロマリットが誕生している．

　金融機関が規模を拡大し，ますます巨大化してきた理由は，その業務内容における変化からも伺い知ることができる．大手金融機関の業務は，預貸金利ざ

やを追求する伝統的な銀行業から，各種の手数料や売買差益を追求する投資銀行業務へとシフトしてきた．ちなみに，「欧米の主力銀行では，総資産のうちの貸出資産は，40％程度であるのに対して，邦銀は60-70％で，それが不良債権化している」[28]，と評価されている．こうした金融産業の投資銀行化を反映して，その業務収益の構成（図3-4）も，金利収入よりも非金利収入が大きな比重を占めるようになった．

金利収入の減退と投資銀行業務関連から生み出される非金利収入の増大は，銀行にとって，大きなメリットがある．というのも，貸付によって金利収入が増大しても，銀行にとっては，資産も増大することになる．だが，各種手数料のような非金利収入の場合には，収益は増えても，総資産は増大しない．したがって，BIS規制をクリアーし，総資産利益率や自己資本比率を上昇させるためには，金利収入よりも，非金利収入を増大させることが，銀行にとって大きなメリットとなるからである．

こうした背景の下で，合併・買収を繰り返し，新たに誕生した世界の大手銀行系金融コングロマリットは，企業のM＆A関連業務といった時代の焦点となっているような投資銀行業務においても，アメリカの大手投資銀行にも匹敵するほどの勢力となって台頭してきた[29]（図3-5）．

なお，世紀末に企業・金融機関の世界的な合併・買収が進んだ結果，世界主要1,000社の資産合計のうち，上位25社の占める割合は，1990年代平均の約30％から39％へと短期間のうちに上昇し，資産の上位社への集中・独占化が進み，アメリカの消費者団体からは，「寡占によりサービス価格の上昇を招く」，「金融機関の合併・買収は失業者を大幅に増やしている」，との警告が発せられている[30]．実際，ITバブルの崩壊が表面化した2001年を取り上げても，世界の上位15大手銀行は，合計2万5,430人の人員削減を断行している[31]．

図 3-5 増大する M & A と取引ランキング

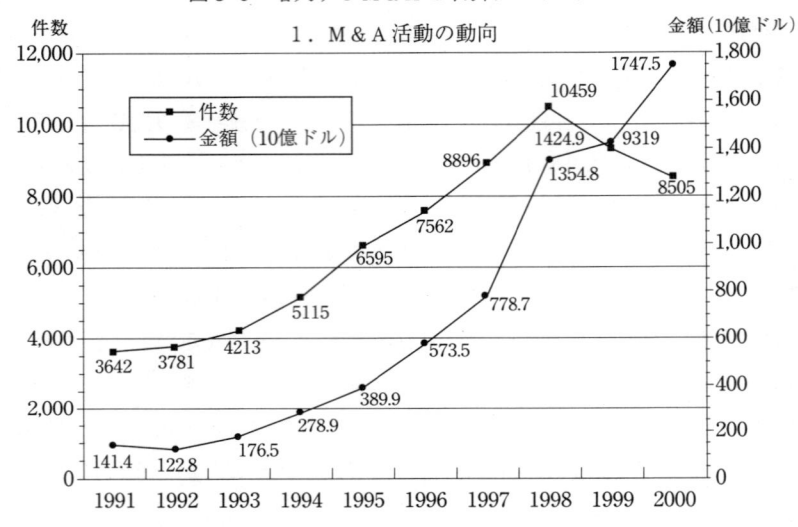

1．M & A 活動の動向

年	件数	金額(10億ドル)
1991	3642	141.4
1992	3781	122.8
1993	4213	176.5
1994	5115	278.9
1995	6595	389.9
1996	7562	573.5
1997	8896	778.7
1998	10459	1354.8
1999	9319	1424.9
2000	8505	1747.5

2．M & Aアドバイザー手数料のランキング，1991-2000年

アドバイザー	手数料（100万ドル）
ゴールドマン・サックス	2,257.3
● CS ファースト・ボストン	1,753.8
モルガンスタンレー・ディーンウィッター	1,591.8
メリルリンチ	1,367.7
● ソロモン・スミスバーニー	1,305.6
● JP モルガン・チェース	619.3
ベア・スターンズ	587.5
リーマン・ブラザース	557.8
● UBS ウォーバーグ	514.7
ラザール・フレール	496.2
● ドイチェ・バンク	438.0
ワッサアースタイン・ペレラ	237.3
● BOA セキュリティーズ	155.5
● フリートボストン・ファイナンシャル	126.8
プルーデンシャル・セキュリティーズ	113.4
キーフ・ブルーイェット・ウッズ	110.4
● ソシエテジェネラル	107.7
サンドラ・オニール・パートナーズ	95.4
アレン	93.2
CIBC ワールド・マーケッツ	88.8

注）●は銀行系．
出所）日本証券経済研究所『アメリカの証券市場2002年度版』，2002年5月，215ページ．

(3)「ウォール街・財務省複合体」の経済ヘゲモニー

　無政府的でグローバルな短期資本の自由移動は,「21世紀型危機」ともいえる世界の連鎖的な通貨危機・経済危機をもたらしたが，資本の自由移動の体制整備とは，アメリカのウォール街を中心にした金融グローバル化の体制を整備することでもあった．

　そして，この体制の整備を主張し，実施してきた「資本移動自由化論者の中心をなすのは，ウォール街，財務省，国務省，IMF，世界銀行に張り巡らされたネットワークだ．自由な資本移動のリスクが顕在化している今，ウォール街-財務省複合体などの資本移動自由化の擁護論者の責任が問われる時がきた．」[32]——コロンビア大学のジュグディシュ・バグワティは,「21世紀型危機」発生の直後に，このような「ウォール街・財務省複合体」における人的ネットワークで動いてきた人々の責任について，著名な『フォーリン・アフェアーズ』[33]誌で展開した．

　金融グローバル化を推進した当時のクリントン政権の財務長官ロバート・ルービンは，ウォール街を代表する大手投資銀行のゴールドマン・サックスの会長であり，また長官退任後は，アメリカ最大のマネーセンターバンクを有するシティグループの共同会長に就任している．クリントン政権の内外の経済政策には，ウォール街の意思が反映されていたことになる．

　したがって,「金融グローバル化がもたらした……結果は，アメリカの大手金融機関の世界的な覇権（ヘゲモニー）が強化されたこと，および，これと関連して，金融システムと金融機関経営における『アメリカンスタンダード』が国際的に普及したことである．」[34]との指摘は，正鵠を射る．

　ロシア・東欧の通貨危機・経済危機に深く関係し，破綻した著名なヘッジファンドLTCM（Long Term Capital Management）のような投機組織すら,「ウォール街・財務省複合体」のネットワークのなかにあった．LTCMの創設者のジョン・メリウェザーは，大手投資銀行のソロモン・ブラザーズの副会長であり，後に世界銀行総裁となるジェームズ・ウォルフェンソーンとパートナーであった．LTCMの役員は，元米連邦準備銀行理事会副議長のデヴィッド・マリンズ,

さらにノーベル経済学賞を受賞したマイロン・ショールズ（スタンフォード大教授），ロバート・マートン（ハーバード大教授），などである．またヘッジファンドへの資金提供者は，ウォール街の金融機関，なかでもマネーセンターバンクが大口の資金を提供していた．

　1980年代の後半以降，世界各国は，国営企業の民営化に踏み出し，巨額の民営化株が，グローバルな規模で発行された．「地球的な経済革命」[35]ともいわれた世界各国の民営化は，アメリカの「ウォール街・財務省複合体」の経済ヘゲモニーをグローバルに定着化させる橋渡し役にもなった．世界銀行，IMF，米大手投資銀行や会計事務所，ニューヨーク証券取引所（NYSE）など，アメリカの「ウォール街・財務省複合体」のネットワークは，世界の国営企業の民営化と民営化株の新規公開業務にも，密接に関係していたからである．

　というのも，石油・銀行・通信など，各国の巨大国営企業の民営化は，つぎつぎに巨大株式会社を誕生させることになったが，新しく誕生するにあたって新規に公開される大量の株式は，とても自国のマーケットで吸収できないため，ウォール街をはじめ，世界に向かってグローバル・オファリングされることになる．

　この一連の民営化のプロセスでは，まず，「IMFが国営企業の民営化をアドバイスし，大手投資銀行がその株式公開業務を担い，市場開設者であるNYSEが上場賦課金を手にするという，＜分業体制＞ができ」[36]ていたので，世界各国の大口の民営化は，「ウォール街・財務省複合体」のネットワークのなかで取り組まれ，アメリカの証券業界に大きなビジネスチャンスを提供し，ウォール街の経済ヘゲモニーを一層強化することにもなった[37]，といえよう．

4．経済のグローバル化と日本の金融再編成

(1) 日本版金融ビッグバンと4大金融コングロマリット

　そもそも，わが国の金融の自由化・国際化，その後の金融ビッグバンは，当初から，わが国の金融市場の開放を目的にしたアメリカの対日開国圧力の下で

計画され（「日米円・ドル委員会報告書」(1984年), 日米金融協議 (1989年), 日米構造協議 (1990年), など), 実施されてきた. つまり, わが国では, 各種の金融・経済システムの改革は, はじめから, ウォール街の強い経済ヘゲモニーの下で行われてきた, といってよい[38].

そのため, 金融ビッグバンが徹底されるほど, わが国の金融システムは, 預金・貸出といった従来の銀行中心のシステムから, 株価と証券ビジネス, 高利回りと市場原理を最優先させるアングロ・アメリカン型の金融システムへと改革されることになる. アメリカの金融機関や投資家にとっては, 取引手法や金融商品の開発・販売などで, 自国のシステムに即した利用ができるので, 対日進出も一段と加速する結果をもたらす.

ただ, 日本版金融ビッグバン[39]に欠落した重要な問題は, 情報開示や投資家保護, 金融犯罪・企業犯罪への処罰など, 公正な取引を担保する強力な監督システム[40]が, 欧米に比較して十分に機能していないことであり, この点は, 欧米の金融機関も, 「日本政府に対して, ビッグバン改革の重要部分である監督システムを, 早急に改善するように訴え」[41]ていた.

とまれ, わが国の銀行, 証券, 保険といった金融機関は, アングロ・アメリカン型の金融システムを受け入れながらも, グローバル化した金融ビジネスのサバイバル競争に積極的に参加してきた.

先に指摘したように, 「質的には無差別で, 量的にのみ異なる独特の商品であって, コンピュータ上の情報処理には最適の」マネーや金融商品を扱う金融機関にとって, グローバル化した大競争に参加する前提条件は, 欧米の大手金融機関に匹敵する規模に到達し, 年間で20-30億ドルもの巨額のIT投資をつづけていくことである. そのために, 欧米同様, 業界・系列・国境を越えて, 大手金融機関の合併・買収が繰り返されてきた.

こうして現在 (2002年) では, 4大銀行[42]を核にする, アングロ・アメリカン型の金融（銀行）持株会社の形態をとった, みずほホールディングス[43], 三井住友フィナンシャルグループ, 三菱東京フィナンシャルグループ, UFJホールディングス, という4大金融コングロマリット（図3-6）が誕生した.

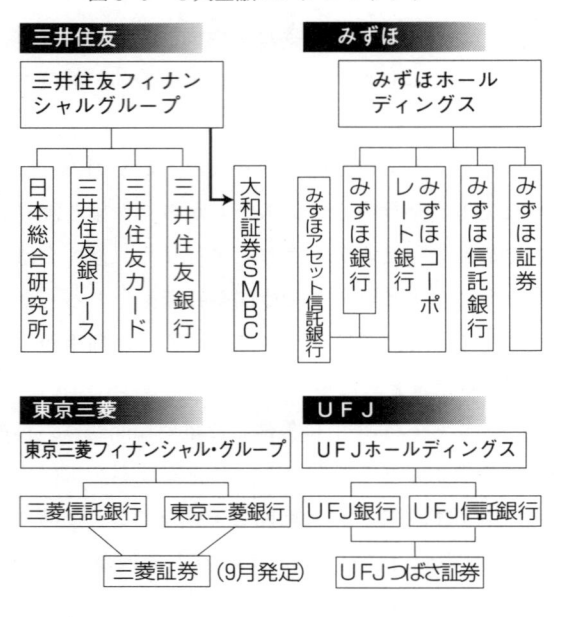

図3-6　4大金融コングロマリット

三井住友
- 三井住友フィナンシャルグループ
  - 日本総合研究所
  - 三井住友リース
  - 三井住友カード
  - 三井住友銀行
  - 大和証券SMBC

みずほ
- みずほホールディングス
  - みずほアセット信託銀行
  - みずほ銀行
  - みずほコーポレート銀行
  - みずほ信託銀行
  - みずほ証券

東京三菱
- 東京三菱フィナンシャル・グループ
  - 三菱信託銀行
  - 東京三菱銀行
  - 三菱証券（9月発足）

UFJ
- UFJホールディングス
  - UFJ銀行
  - UFJ信託銀行
  - UFJつばさ証券

出所）『日本経済新聞』，2002年7月31日．

　4大金融コングロマリットが注力しているのは，証券業務であり，なかでも，株式や社債の引受業務と企業の合併・買収（M＆A）の仲介業務という2つの業務，つまりアングロ・アメリカン型の投資銀行業務にほかならない[44]．「我々は投資銀行を目指す．」[45]と，新たに誕生したみずほコーポレート銀行の新頭取は明言する．そして，三菱東京フィナンシャルグループが傘下の4つの証券会社を統合して三菱証券を誕生させたように[46]，4大金融コングロマリットは，従来の証券業界の地図を塗り替える大手証券会社（投資銀行）を誕生させてきた．

　このように，わが国でも，近年，金融産業の大規模な再編成と集中が進展し，さらに業務内容から言えば，証券ビジネスにシフトし，銀行の投資銀行化といった事態―換言すれば，株価と証券ビジネス，高利回りと市場原理を最優先させるアングロ・アメリカン型の金融システムと金融ビジネスが，急展開を見せ

てきた，といってよい．

(2) 東京市場のウィンブルドン化——外国証券会社のシェア拡大——

周知のように，1986年10月，イギリスのビッグバンが実施に移されて以後，1990年代において，ロンドン・シティの自国金融業は，進出してきた欧米の強力な金融機関によって，つぎつぎに合併・買収される．イギリスの4大銀行のうち2行は外国勢に買収され，とくに投資銀行業務（イギリスではマーチャント・バンキング）から自ら撤退するか，ほとんど外国勢に買収されるなど，シティで活躍する主要プレーヤーは，外国勢によって占められ，テニスの世界大会同様，シティのウィンブルドン化が進行した[47]．

ウィンブルドン化したロンドン・シティの姿は，ビッグバン後発組の明日の東京の姿を暗示していた．東京でビッグバンが開始されるのと前後して，ウォール街の大手投資銀行は，対日進出を強化し，かつての4大証券会社の一角を占めた山一証券は，メリルリンチによって買収される．アメリカのシティグループのトラベラーズと三菱東京グループの日興証券とが業務を提携したとき，『フィナンシアル・タイムズ』紙は，アメリカの金融機関による「一種のアジアの植民地化がはじまった」[48]，とも論評した．

外国証券会社のわが国証券市場における全体的なウエイトを概観すると，証券会社数300社のうち59社（約20％），従業員数では9万1,000人のうち9,156人（約10％），であるが，大口の投資銀行業務で見ると，引受手数料については，35.41％，その他手数料（M＆Aアドバイスの手数料を含む）では42.7％，と高いシェアを占めている．さらに個別的に見ると，外国証券会社の東京市場での影響力は格段に強まっている．まず，従来，日系証券会社が主幹事を独占していた円建て外債では，59.9％が外国勢によって占められた．M＆A業務となると，ウォール街の大手投資銀行の独壇場となっている（表3-1）．

このようなウィンブルドン化を反映し，証券取引所での外国人投資家の株式売買シェアは，5割台（ちなみにロンドンでは6割前後）にも達し，また上場株式に占める外国人の保有比率も2割近くに達している（図3-7）[49]．東京株式市場

表 3-1　日本市場でウエイト増やす外国証券会社

1　外国証券会社（東証会員）の手数料収入

（百万円）

		外国証券会社		東証会員業者全体に占めるシェア			（参考）国内証券会社	
		1999年3月期	2000年3月期	1992年3月期	1999年3月期	2000年3月期	1999年3月期	2000年3月期
受け入れ手数料		399,145	524,937	10.70%	26.68%	19.87%	1,096,652	2,116,904
内訳	委託手数料	182,263	217,019	11.17%	26.72%	15.00%	499,858	1,229,485
	(うち株券現物)	140,893	183,779	5.90%	24.01%	13.43%	445,797	1,184,677
	引受手数料	27,038	88,495	5.99%	17.73%	35.41%	125,478	161,385
	募集手数料	7,242	1,510	1.37%	3.13%	0.35%	224,332	433,844
	その他手数料	182,602	217,913	16.51%	42.51%	42.72%	246,984	292,191

2　外国証券会社主幹事案件（普通社債，円建て外債）

（単位：億円）

	2000年(4月～7月)		1999年度		1998年度	
普通社債	1,700	(500)	6,650	(1,900)	6,900	(2,450)
シェア	10.0%		8.5%		6.6%	
円建て外債	5,650	(2,150)	3,350	(3,350)	300	(300)
シェア	59.9%		36.2%		29.0%	

注）右側（　）内は単独主幹事

3　国内 M&A アドバイザリーランキング（公表案件・取引金額ベース）

	2000年（1～6月）			1999年（1～12月）		
アドバイザー	順位	取引金額(百万ドル)	案件数	順位	取引金額(百万ドル)	案件数
メリルリンチ	1	15,623	9	2	105,068	20
ソロモンスミスバーニー	2	10,736	11	4	16,884	7
ドイッチェ銀行	3	6,974	4	8	4,297	6
興　銀	4	5,931	19	7	5,720	21
ゴールドマンサックス	5	5,905	7	1	111,167	24
JP モルガン	6	5,176	9	6	9,318	12
日興証券	7	5,103	39	—	—	—
KPMG	8	5,019	8	—	—	—
野村グループ	9	4,987	34	10	3,445	33
モーガンスタンレー DW	10	4,729	7	5	14,594	23

出所）『証研レポート』, No. 1586, 2000年9月, 2-5ページ.

第3章 経済のグローバル化と投資銀行業の多国籍的展開 71

図3-7 株式市場のウィンブルドン化

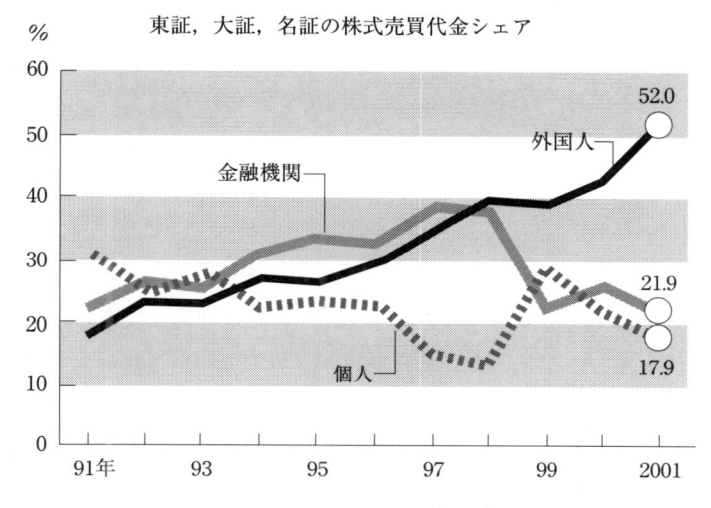

東証, 大証, 名証の株式売買代金シェア

外国人 52.0
金融機関 21.9
個人 17.9

注）委託注文に占める比率．金融機関は生損保，都長銀・地銀，信託銀などの合計．2001年は12月第2週まで．

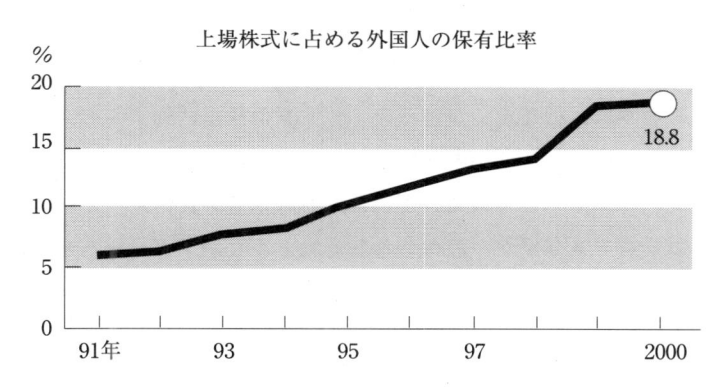

上場株式に占める外国人の保有比率

18.8

注）金額ベース，全国証券取引所協議会調べ．
出所）『日本経済新聞』，2001年12月29日．

でのウィンブルドン化は，本場のロンドンなみになってきた，ともいえる．

　経済のグローバル化と金融のグローバル化が進展するにつれて，3大国際金融センターのうちのロンドンと東京は，ますますニューヨーク・ウォール街の経済ヘゲモニーの下におかれつつある，といってよいであろう．

5. 結　語

　20世紀末期，各種の規制が緩和・撤廃され，国境を越えた資本の自由移動が可能になった．情報通信技術(IT)の発展に支えられ，地球的な規模で設置されたコンピュータ・ネットワークが，あらゆるビジネスで利用されるようになった．

　マネーや各種の金融商品を扱う金融産業は，情報通信技術の恩恵を最大限引き出すことができた．国民経済やモノづくり経済から乖離したマネーの運用が盛んになり，相場変動を先読みするグローバルな金融投機・為替投機も活発化し，「21世紀型危機」ともいわれる世界の連鎖的な通貨危機・経済危機が発生した．

　1970年代以降の主要資本主義諸国の低成長経済への移行の下で，なお高収益を得ようとする資本は，低迷をつづけるモノづくりの経済活動よりも，バブル経済の膨張に象徴される投機的な財テク・マネーゲームを活発化させてきた．

　主要資本主義国の企業や金融機関の下に蓄積された過剰貨幣資本と経常収支の大幅赤字によってアメリカから散布される過剰ドルとが，グローバルな範囲で利殖を求める過剰な資本・マネーの主役となり，経済の金融化・金融の証券化を進展させる原動力となった．

　地球的な規模での経済活動が行われる経済のグローバル化とは，結局，株価と証券ビジネス，高利回りと市場原理を最優先させるアングロ・アメリカン型のビジネス・スタンダードがグローバル・スタンダードとして定着するプロセスであり，そこでは，伝統的な預金・貸出に依存した銀行業務よりも，ハイリスク＝ハイリターン型の証券ビジネスや投資銀行業務が支配的な金融ビジネス

として位置づけられていた．銀行の投資銀行化を反映して，その業務収益の構成も，金利収入よりも非金利収入が大きな比重を占めるようになった．

　世紀末期に展開された世界の金融産業のM＆Aは，「ウォール街・財務省複合体」の主導するアングロ・アメリカン型のビジネスモデルのグローバルな確立と内外の金融ビジネスにおけるシェア拡大を目指した金融再編成でもあった．

　経済のグローバル化と金融のグローバル化が進展するにつれて，3大国際金融センターのうちのロンドンと東京は，いずれもウィンブルドン化が進展し，アメリカ系の巨大金融コングロマリット，ニューヨーク・ウォール街の経済ヘゲモニーの下におかれつつある，といってよいであろう．

　他方，巨大マネーの瞬間的な移動で経済危機に陥る国民経済，オフィス・工場の海外移転で空洞化する地域経済は，そこで生活する人々の暮らしや地域社会をますます困難な状態に陥れてきた．そのため，アングロ・アメリカン型のグローバル経済のあり方は，安定を望む各国の市民生活に対して，ますます軋轢を強め，緊張関係におかれる時代が訪れている，といえるであろう．

1) 多様な意味をもつこのキーワードの定義については，鶴田満彦「グローバリゼーションと国際秩序」，『日本の科学者』，Vol. 37 No. 8，2002年8月，5-7ページ，を参照．
2) こうした経済基調は，1990年代のアメリカ経済に象徴されるが，その特徴は，「実体経済の金融化と証券化」であり，「オフ・バランスシート化の金融工学が利益と株価の吊り上げの必須の手段となった」経済である，と指摘するのは，Bruce Nussbaum, "Can you trust anybody anymore?" Special Report The Enron scandal, *Business Week*, 28 January, 2002, p. 40, である．
3) Bruce Nussbaum, "Time to act" Cover Story The Global Crisis, *Business Week*, 14 September, 1998, p. 24. 他に, "The world economy on the edge", *The Economist*, 5 September, 1998, pp. 17-19.
4) 「21世紀型危機」との命名は，「世界を翻弄する21世紀型危機―過剰なマネーこそが混乱の元凶．その発生源は，米国の強大な経常赤字にある―」，『週刊東洋経済』，1998年9月26日号，46-47ページ，による．
5) こうした事態を前に，ヨーロッパの政府高官は，「為替市場は，グローバル・カジノになった．相場変動を抑える仕組みが必要だ」（ラフォンテーヌ次期独蔵相―当時・引用者，『朝日新聞』，1998年10月27日），と指摘する．ほかに，J.L. イート

ウェル／L. J. テイラー，岩本武和／伊豆 久訳『金融のグローバル化の危機―国際金融規制の経済学―』，岩波書店，2001年（原書，John Eatwell and Lance Tyalor, *Global Finance at Risk : The Case for International Regulation*, US, The New Press, 2000）

6) 毛利良一『グローバリゼーションとIMF・世界銀行』，大月書店，2001年，13ページ．
7) 鶴田満彦「グローバリゼーションと国民経済」，『経済』，No. 61, 2000年，30ページ．
8) 鶴田満彦，同上書（上掲論文），30ページ．
9) 朝日新聞経済部『経済危機―21世紀システムへの道―』，朝日新聞社，1998年，146ページ．
10) (財)日本証券経済研究所編『新版 現代証券事典』，日本経済新聞社，1992年，10ページ．
11) 松井和夫「セキュリタイゼーション―金融の証券化―」，東洋経済新報社，1986年，21ページ．
12) 『日本経済新聞』，2002年8月18日および1999年9月3日，『朝日新聞』，2000年4月14日．
13) 「証券資本主義」のトップランナーのアメリカは，2001年からのバブル崩壊，企業危機を経験することで，投資銀行よりも，現金を扱う商業銀行に再び注目が集まっている．Peter Martin, "Bankers regain their powers", *Financial Times*, London, 9 July, 2002.
14) 金融庁ホームページ（http://www.fsa.go.jp/newaj/13/singi/f-20020712-1.pdf），を参照．
15) 渡部 亮「米系投資銀行発展の軌跡と今後の課題―上・中・下―」，『金融財政事情』，2002年2月18日，同2月25日，3月4日に詳しい．
16) "A Survey of Wall Street Other people's money", *The Economist*, 15 April, 1995, pp. 23-24. 欧米の大手投資銀行やマネーセンターバンクの再編動向については，松井和夫「米国金融界の再編成」，『大阪経大論集』，第49巻3号，1998年，および奥村皓一「世界金融合併地図 新段階へ進む欧米銀行大合併ブーム」，『エコノミスト』，1999年11月29日号，を参照．
17) Juliana Ratner, "Deutsche learns well from UK, US models" Financial Times Survey Germany : Banking & Finance, *Financial Times*, London, 15 October, 2001. および Charles Pretzlik, "Different stars under the same sun" Financial Times Survey Switzerland : Banking & Finance, *Financial Times*, London, 16 November, 2001.
18) Lina Saigol, "Dealmakers prepare for long and slow year" Financial Times Survey

第3章　経済のグローバル化と投資銀行業の多国籍的展開　75

Global Investment Banking, *Financial Times*, London, 22 February, 2002.
19) Len Chen, "Survivors who laughed all the way to the bank", *Financial Times*, London, 31 July, 2002, および "Insider who managed to get out just in time", *Financial Times*, London, 1 August, 2002. 他に, Lisa Saigol, Charles Pretzlik, William Hall "Ailing Credit Suisse outs chief", "Out of credit", "A business pioneer who broke the mould", *Financial Times*, London 20 September, 2002, "Investment banks set to axe equity analysts", *Financial Times*, London, 28-29 September 2002, などを参照.
20) "Special Report, How corrupt is Wall Street?", *Business Week*, 13 May, 2002, 一ノ瀬秀文「90年代米国型『株式資本主義』の大きな曲がり角」,『経済』, 2002年9月号.
21) *Financial Times*, London, 27 December, 1998, を参照.
22) なお, この合併には,「大きくなること以外に何らの理由もなく, 消費者にはなにも新しいものをもたらさない」といった批判もある. 例えば, Richard Wolffe, "Consumers concerned by mega-mergers", *Financial Times*, London, 14 April, 1998.
23) 詳しくは, 坂本 正「アメリカの金融制度改革と金融統合」,『信用理論研究』, 第19号, 2001年, 1-15ページ.
24) *Financial Times*, London, 14 September, 2000.
25) Tony Major, "Profile Deutsche Bank US-style new guard takes control" Financial Times Survey Germany : Banking, Finance & Investment, *Financial Times*, London, 12 June, 2002.
26) 徳永隆史「ドイツ3大銀行の経営動向について」,『第一勧銀総研レビュー』, 1997年1号, 1997年7月, 80ページ.
27) 周知のように, ドイツでは, 銀行・証券・保険といった金融業務のすべてを同一の金融機関で兼営できるユニバーサル・バンキングの下にあり, ドイツ銀行は, この制度の頂点に立ち, あらゆる金融業務を営んできたが, 金融グローバル化のなかで, 業務内容のリストラを進め, 小口金融のリテール業務を子会社に移し, 本体では, ユーロ経済圏における最大の投資銀行を目指し, またアメリカの投資銀行バンカース・トラストを買収することによって, アメリカ経済圏での投資銀行業務を展開してきている. 詳しくは, 相沢幸悦「欧州通貨統合とドイツの巨大銀行」,『信用理論研究』, 第19号, 2001年, 64-65ページ.
28) 『朝日新聞』, 2000年8月19日.
29) 他方で, 商業銀行系との競争から, 逆に貸出を増加させる大手投資銀行もある, Charles Pretzlik, Gary Silverman, "Morgan Stanley to boost lending", *Financial Times*, London, 16 August, 2001. Gary Silverman, "Goldman considers commercial banking", *Financial Times*, London, 9 August, 2002.

30) 『朝日新聞』，2000年8月19日．ほかに，"How mergers go wrong", *The Economist*, 22-28 July, 2000, p. 15, pp. 73-74. "Special Report, The Global 1000", *Business Week*, 15 July, 2002, p. 37 は，アメリカの企業が世界の1000社で引き続き優位を占めている，と指摘する．
31) Charles Pretzlik, Gary Silverman, "Investment bank job cuts reach 25,000", *Financial Times*, London, 13 August, 2001.
32) ジュグディシュ・バグワティ「資本の神（抄訳）」，『エコノミスト』，1998年10月13日，64ページ．同誌では，特集「＜分析＞返り血浴びる『ウォール街財務省複合体』」が，56-65ページに掲載されている．なおウォール街の国際投機人脈については，広瀬 隆『アメリカの経済支配者たち』，集英社新書，1999年，も参考になる．
33) Jagdish Bhagwaiti, "The Capital Myth", *Foreign Affairs*, May/June, 1998.
34) 高田太久吉『金融グローバル化を読み解く』，新日本出版社，2000年，147ページ．
35) "The greatest assets ever sold", *The Economist*, 21 August, 1993, p. 9. 山田博文「各国政府の国有資産売却と証券流動化」，『八戸大学紀要』，第14号，1995年，も参照されたい．
36) 伊豆 久「大手投資銀行とIPO」，『証研レポート』，No. 1573, 1999年，27ページ，および William L. Megginson and Jeffry R. Netter, "From State to Market : A Survey of Empirical Studies on Privatization", *NYSE Working Paper*, 98-05, Dec. 1998.
37) Leah Nathans Spiro, Phillip L. Zweig "Wall Street's global power", *Business Week*, 1 November, 1993.
38) 詳しくは，山田博文『金融自由化の経済学』第1章および第5章，大月書店，1993年，を参照されたい．
39) 詳しくは，山田博文「経済のグローバル化と金融ビッグバン」，『群馬大学教育学部紀要 人文・社会科学編』，第50巻，2001年3月，90-114ページ，他に，"Japan's Financial Revoślutiom", *Financial Times*, London, 26 March, 1998, を参照されたい．
40) 例えば，アメリカの証券取引委員会・SEC（Securities and Exchange Commission）と日本版SEC（証券取引等監視委員会）の陣容を比較しても，一方は3000名を超え，規則制定権や審決をする準司法的機関なのに，他方は，240名ほどであり，しかも監視が目的の検査機関でしかない．例えば，日本経済新聞社編『米国証券市場の番人 SECの素顔』，日本経済新聞社，1989年，参照．
41) Gillian Tett, "Tokyo urged to boost system of regulation under Big Bang", *Financial Times*, London, 15 April, 1998.
42) 4大銀行の経済力について，詳しくは，「特別調査 データが示す4メガバンクの

実像」,『金融ビジネス』,Jun. 2001, 54-63ページ, を参照.
43) 巨大合併により世界一の金融持株会社として成立したが, クリーンアップする仕事が膨大にある, と指摘するのは, Brian Bremner, "Japan's banks", *Business Week*, 6 September, 1999, pp. 21-23, である.
44) 『日本経済新聞』, 2002年8月2日.
45) 『朝日新聞』, 2002年2月13日.
46) 『日本経済新聞』, 2002年7月30日.
47) Stanley Reed, "The deal machine", *Business Week*, 1 November, 1999, pp. 24-30, 斉藤美彦「1990年代のイギリス四大銀行」,『証券経済研究』, 第28号, 2000年10月, 13-17ページ.
48) Gillian Tett, "Braced for invasion", *Financial Times*, London, 2 June, 1998.
49) 『日本経済新聞』, 2001年12月29日.

付記：本稿は, 拙稿「経済のグローバル化と世界の金融再編成」,『群馬大学教育学部紀要　人文・社会科学編』, 第52巻, 2003年3月, を加筆訂正したものである.

第4章　グローバル競争下の企業集団

はじめに

1990年代後半以降，グローバル競争をテコに大規模な産業再編と銀行・金融再編が進展した．なお渦中にあるとはいえ，しだいにその輪郭も浮かび上がってきた．

まず，銀行・金融分野の再編についてみると，1997年に11の都市銀行の一角を占めていた北海道拓殖銀行が破綻し，それを契機に，6大都市銀行が4つの大手都市銀行・金融機関グループに再編された．4大都市銀行グループに加わらなかった他の都市銀行2行も経営統合し，第5番目の都市銀行グループを形成することになった．

他の銀行・金融分野の再編は，多かれ少なかれ，大手都市銀行の再編に主導され，6大都市銀行の4大都市銀行・金融グループへの再編に連動している．長期金融専門の金融機関として設立された3つの長期信用銀行のうち2行は経営破綻して売却され，残る1行は4大都市銀行グループの再編に加わって姿を消した．長銀とともに戦後の長期資金供給を担ってきた7つの信託銀行のうち，2行が合併し，2行が大手都市銀行の子会社に組み入れられ，2行が大手都市銀行の再編に合流した．1行はなお去就を明確にしていない．

都市銀行，長期信用銀行，信託銀行とともに，戦後の長期金融に大きな役割を演じてきた生命保険，損害保険も，一面で都市銀行の再編に連携し，他面で，都市銀行の再編とは異なる方向で，いくつかのグループに再編されつつある．証券業界も再編の外側にあるわけではない．1997年，山一證券の経営破綻によって4大証券体制は崩壊し，日興證券は外資と提携し，大和證券は三井住友銀

行と銀行・証券連合を形成した．4大都市銀行グループの証券戦略が証券業界の再編を左右する形勢にある．

次に，産業諸分野の再編について見てみると，基幹産業の少なくない分野で，2-3社（グループ）の巨大企業が誕生するという共通の傾向がみられる．高度成長期に確立して後，長期にわたって保持されてきた産業諸分野の寡占体制，すなわち5-6社あるいはそれ以上の大手企業が並存して「過当競争」する体制はほぼ崩壊することになった．主要な産業分野において成立するこうした事態は，6大企業集団体制の金融的中核をなす6大都市銀行が4大銀行・金融グループに再編されたことと深く関っている．6大都市銀行が4大銀行・金融グループに再編されることによって，6大企業集団体制のもとで可能となっていた産業諸分野の体制が崩壊することになったのである．

もっとも，大手都市銀行の再編が産業再編に深く関るとしても，産業再編の行方を根本において規定するのは当該部門に固有の事情であって大手都市銀行の再編ではない．産業再編の行方を左右するもう1つの事情として，グローバル競争が重要な意味をもつことになる．国内市場が国際的な関係から遮断される条件下では，主要な産業分野に5-6社が並存して「過当競争」する体制が保持されえたが，内外市場を遮断する障壁が除去され，文字通り「世界市場」を舞台とする競争が現実化する段階では，このような関係はもはや保持できない．いずれの分野でも，世界市場での競争力を要求されるからである．国内市場を世界市場に連結した途端，世界市場で競争する能力をもつ企業は2-3社に限定されることが明らかになったのである．

こうして，1990年代後半以降，産業の大再編と銀行・金融分野の大再編が並行して進展し，諸分野の力関係が大きく転換することになった．問題は，力関係を転換した産業諸分野の巨大企業と巨大銀行の間に，6大企業集団体制のもとで保持されていた金融的な結合はなお保持されるのかということである．この点について言えば，4大都市銀行・金融機関グループと巨大産業企業との金融的な結合が再編される方向はなお定まっているとはいえない．さしあたり言えるのは，再編された4大都市銀行グループが金融的な中核となり，再編され

た産業諸分野の巨大企業との間のメインバンク関係を軸とした金融的な依存関係を創り上げてゆくことになるのであろうということである．

本章では，以上のような見通しのもとに，4大都市銀行・金融グループと産業諸分野の巨大企業との金融的結合（＝企業集団）の行方について考えてみることにする[1]．

1. 大企業の「過当競争」から巨大企業の覇権確立へ

はじめに，産業再編の現状について概観する．素材・エネルギー産業，組立加工産業，流通・サービス産業の3つの分野を取り上げ，それぞれの分野で再編がどのように進展し，どのような到達段階にあるのかを概観する．素材・エネルギー産業からは，繊維産業，紙・パルプ産業，セメント産業，石油産業，石油化学産業，鉄鋼産業の6分野を，加工組立産業からは，自動車産業，電機・電子産業，造船・重機械産業の3分野を，そして流通・サービス産業からは，海運業，情報通信産業の2分野を取り上げることにする．なお，企業名の後ろのカッコ内は，所属する旧6大企業集団名である．

(1) 素材・エネルギー産業における再編の現状

繊 維 産 業

製品分野ごとに対抗関係は異なるが，合繊では首位の東レ（三井）とそれを追撃する帝人（三和）の対抗を軸に，再編が進展した．

1999年10月，帝人（三和）は，紡績大手日清紡（芙蓉）の傘下にある合繊中堅の東邦レーヨン（芙蓉）の経営権を取得して傘下に組み入れることを発表した．東邦レーヨンの得意とする炭素繊維をグループに取り込み，炭素繊維で世界トップのシェアを占める東レ（三井）を追撃する体制を確立しようとするものである[2]．東レ（三井）の世界戦略に遅れをとった帝人（三和）の対抗戦略であり，一方，東邦レーヨン（芙蓉）は帝人（三和）の販売拠点と結びついて競争力を強化しようとする思惑がある．

ポリエステル事業では，東レ（三井）が日米欧とアジアで6拠点を確保する世界最大規模のメーカーであり，米デュポンと拮抗する関係にあるが，ここでも，1999年2月，帝人（三和）が米デュポンと全面統合し，東レ（三井）に対抗しようとしている．さらに帝人（三和）は旭化成（一勧）とともにナイロン，ポリエステルに代わる新素材の生産・販売を目的に合弁会社「ソロテック」を設立した．新素材の用途の開拓を早め，合繊首位の東レ（三井）に先行しようとするものである[3]．

紙・パルプ産業

製紙業界では，1990年代の再編をへて，王子製紙と日本ユニパック・ホールディングの2強の覇権が確立した（図4-1）．1993年，山陽国策パルプ（芙蓉）と十條製紙（三井）の合併によって日本製紙（芙蓉・三井）が誕生し，王子製紙（三井・一勧）を抜いて業界首位企業になった．一方，王子製紙（三井・一勧）は1993年に神崎製紙と合併して新王子製紙と改称し，1996年には本州製紙（一勧）と合併して社名も王子製紙（三井・一勧）に復し，再び首位の座を奪還した．

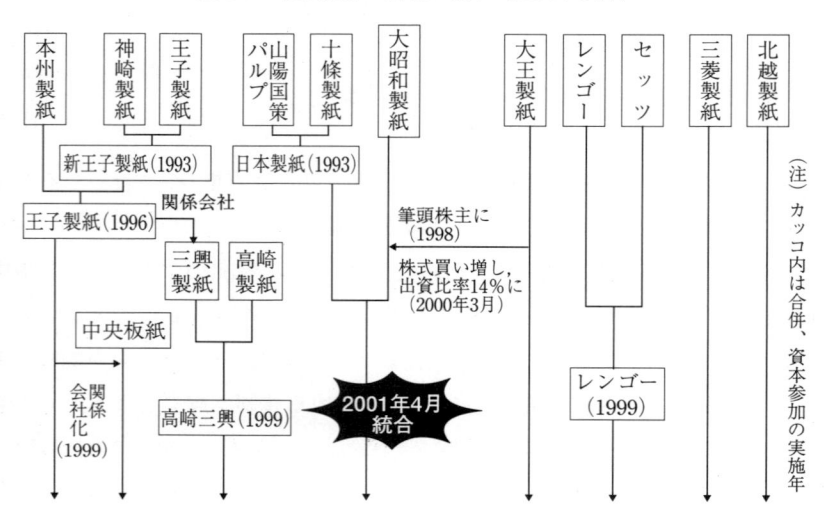

図4-1　製紙業界の再編の流れ（1990年以降）

（注）カッコ内は合併，資本参加の実施年

出所）『日本経済新聞』2000年3月25日．

第 4 章　グローバル競争下の企業集団　83

　2001 年 4 月，日本製紙（三井・芙蓉）は業界 4 位の大昭和製紙と共同持ち株会社（日本ユニパック・ホールディング）を設立して経営統合し，再び業界首位を奪還した．対抗上，王子製紙（三井）は中越パルプ・中央板紙との連携強化を目指している．

セメント

　1990 年代，国内需要の急減と海外大手企業のアジア市場進出を背景に[4]，セメント業界の再編が加速し，業界は事実上 3 社（グループ）に集約された（図 4-2）．
　1994 年，業界最大手の小野田セメント（三井）と秩父セメント（一勧）が合併して秩父小野田セメント（三井・一勧）が誕生し，同年にはまた住友セメント（住友）と大阪セメント（三和）が合併して住友大阪セメント（住友・三和）が誕生した．1998 年には，秩父小野田（三井・一勧）と日本セメント（芙蓉）が合併して太平洋セメント（三井・一勧・芙蓉）が誕生し，業界首位の位置を固めた．98 年，第三グループの三菱マテリアル（三菱）と宇部興産（三和）が，セメント事業の販売・物流部門を統合し，「宇部三菱セメント」を設立した．国内市

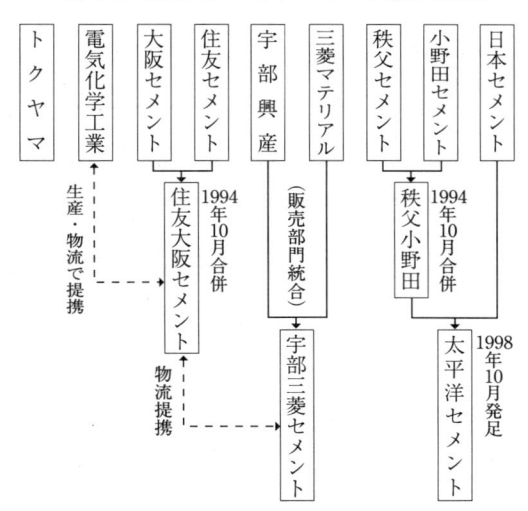

図 4-2　主なセメントメーカーの再編の経緯

出所）『日本経済新聞』1999 年 12 月 15 日．

場シェアは太平洋セメントに次いで2位となる．1999年には，2位の宇部三菱セメントと3位の住友大阪セメント（住友）がセメントの物流で提携し，太平洋セメントに対抗すべく布陣した．

石 油 産 業

石油業界の再編は1980年代に始まっているが，ここでは1990年代以降の再編に限定して概観しておくことにする（図4-3）．1990年代以降の石油再編を加速させる契機となったのは，欧米石油スーパーメジャーの誕生である．1999年12月，昭和シェル（一勧）とJエナジーが精製事業等3事業の統合を発表した．2000年7月には，エクソン・モービル傘下4社（エッソ石油，モービル石油，ゼ

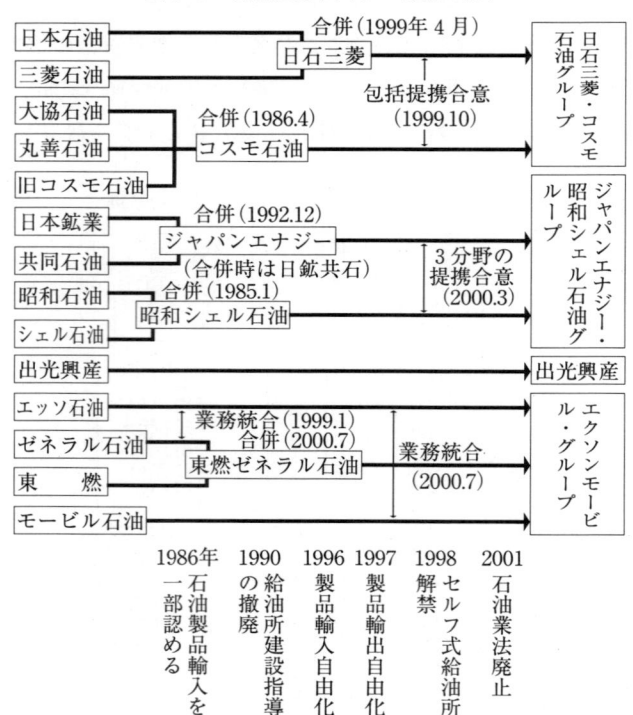

図4-3　石油元売り大手の再編の流れ

```
日本石油 ─────── 合併（1999年4月）────┐  日石三菱・コスモ石油グループ
三菱石油 ───────┘ 日石三菱          │
                       包括提携合意  │
                       （1999.10）   │
大協石油 ─┐ 合併（1986.4）          │
丸善石油 ─┤ コスモ石油 ─────────────┤
旧コスモ石油─┘                      │

日本鉱業 ─┐ 合併（1992.12）         ┐ ジャパンエナジー・昭和シェル石油グループ
共同石油 ─┤ ジャパンエナジー        │
          （合併時は日鉱共石）       │ 3分野の
                                    │ 提携合意
昭和石油 ─┐ 合併（1985.1）          │ （2000.3）
シェル石油─┘ 昭和シェル石油         ┘

出光興産 ──────────────────── 出光興産

エッソ石油 ─┐ 業務統合（1999.1）    ┐ エクソンモービル・グループ
ゼネラル石油─┤ 合併（2000.7）       │
東燃     ─┘ 東燃ゼネラル石油       │ 業務統合
                                    │ （2000.7）
モービル石油 ───────────────────────┘
```

1986年　石油製品輸入を一部認める
1990　の撤廃
1996　給油所建設指導
1997　製品輸入自由化
1998　製品輸出自由化
2001　セルフ式給油所解禁
　　　石油業法廃止

出所）『朝日新聞』2001年2月1日．

ネラル石油，東燃）の業務統合と，グループの販売・管理業務の新会社への機能移管が発表され，続いて東燃（芙蓉）とゼネラル石油の合併（東燃ゼネラル石油）も発表された．

外資系企業のこうした動きに対抗し，1999年4月，業界最大手の日本石油と三菱石油（三菱）が合併し，日石三菱（三菱）が誕生した．日石三菱（三菱）は，1999年7月，興亜石油を買収して傘下に収め，同年10月にはコスモ石油（三和）と原油の調達・精製・物流にまたがる全面提携を発表した．2000年，日石三菱（三菱）はコスモ石油（三和）との提携範囲を拡大（原油輸送の統合，タンカーの共同利用）し，さらに帝国石油を傘下に収めた．日本の石油元売業界は日石三菱・コスモ石油グループ，エクソンモービル・グループ，昭和シェル・Jエナジー石油グループ，出光興産の4つのグループに集約されることになった[5]．

石油化学産業

1994年，三菱化成（三菱）と三菱油化（三菱）が合併し，オール三菱の化学会社である三菱化学（三菱）が誕生した．1997年には，三井東圧（三井）と三井石油化学（三井）が合併し三井化学（三井）が誕生した．こうした再編の延長上で，化学業界2位の住友化学（住友）と3位の三井化学（三井）が経営統合に合意した．2000年10月，住友化学と三井化学は，2001年10月に石油化学事業の主力汎用樹脂（ポリオレフィン）事業を統合し，2003年10月に共同持ち株会社方式で経営全体を統合することで合意した[6]．

三井化学（三井）・住友化学（住友）の経営統合によって国内最強の石油化学コンビナートが誕生することになるが，これは化学業界の新たな再編を誘発することになった．三菱化学は，対抗上，三菱化学（三菱）・昭和電工（芙蓉）・東燃化学・日本石油化学の4社によるポリエチレン事業の統合を主導した．統合に合意すれば，ポリエチレン事業で，2001年10月に発足する住友化学・三井化学の合弁を抜いて国内トップとなる．ポリエチレン業界は，10社が競合する現状から，一気に2大グループ（三井化学＋住友化学，三菱化学＋昭和電工＋東燃化学＋日本石油化学）に集約されることになる[7]．

ポリプロピレン事業でも，三菱化学の主導のもとに，三菱化学と東燃化学の

共同出資会社「日本ポリケム」とチッソが，ポリプロピレンの製造・販売会社を設立することで合意した．実現すれば，同社が三井化学・住友化学連合を抜いて業界首位になる．ポリプロピレン業界も，三菱化学・チッソ・東燃化学グループと三井化学・住友化学連合の2大グループに集約されることになった[8]．

鉄鋼産業

鉄鋼産業では1970年代以降維持されてきた高炉5社体制が再編され，2つのグループに集約されることになった（図4-4）．

1999年以降，新日鉄と住友金属工業は，3大赤字製品であるH型鋼，ステンレス，シームレスパイプの生産をめぐって提携した．2001年になると，新日鉄は国内5位の神戸製鋼所と包括提携で合意した．これにより，新日鉄を軸に住金（住友）と神鋼（三和・一勧）が提携する緩やかな連合が形成されることになった．

こうして，新日鉄と住友金属工業（住友），神戸製鋼所（三和・一勧）の連合が形成されると，それとの対抗上，川崎製鉄（一勧）とNKK（芙蓉）が提携を

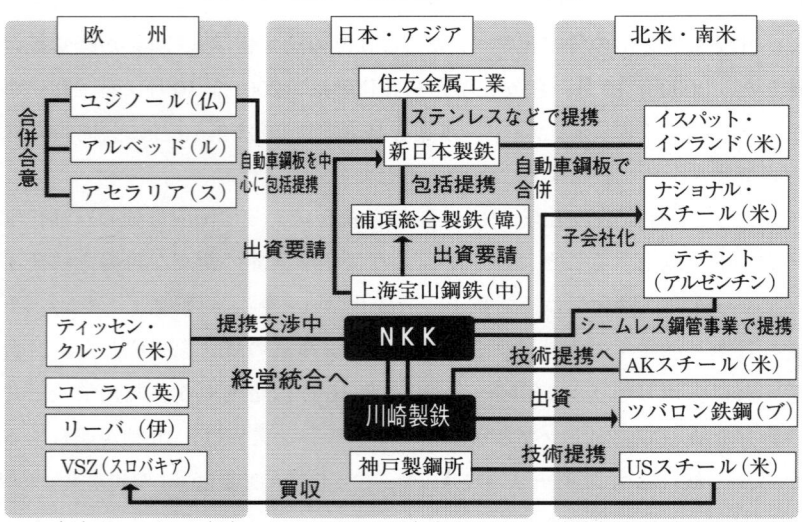

図4-4 世界の主要鉄鋼メーカーの関係

※ （ス）はスペイン，（ル）はルクセンブルク，（ブ）はブラジル，（韓）は韓国，（中）は中国

出所）『日本経済新聞』2001年4月14日．

強化した．NKK（芙蓉）と川鉄（一勧）は，2000年4月，経営統合を視野に入れ，主要製鉄所間の物流・購買・補修の3分野での協力を開始した．2001年4月，両社は2002年10月に共同持ち株会社を設立して経営統合することで合意した．グループ全体（NKKの米国子会社ナショナル・スチールを含む）の粗鋼生産量は，新日鉄を抜いて国内第1位となり，世界でも第2位の鉄鋼メーカーが誕生することになる．

(2) 加工組立産業における再編の現状

自動車産業

1990年代後半，米欧メーカーの主導する世界規模の自動車再編に連動し，日本の自動車産業もその相貌を大きく変えることになった．最大の変化は，国内の乗用車メーカー6グループ（トヨタ・ダイハツ，日産，ホンダ，三菱自工，いすゞ・スズキ・富士重工，マツダ）のうち，トヨタ，ホンダを除く4社（グループ）が事実上外資系に転換することになったことである（図4-5）．

まず，国内トップメーカーのトヨタ（三井）は国内メーカーを支配下に収めて車種の補完体制を強化する一方，次世代技術で異業種企業との提携を強化するなど，世界の六大グループの1つとして独自の戦略を展開しようとしている[9]．ダイハツ工業を子会社化し，ヤマハ発動機に資本参加し，日野自動車の経営権を取得する等，グループ力の強化によって国際再編に対応しようとするトヨタの戦略は明瞭である．

他方，トヨタ，ホンダ以外の日本メーカーは，いずれも欧米メーカーとの提携によって生き残りを図ろうとしている．なによりも，トヨタに次ぐナンバー2企業として戦後日本の自動車市場を2分してきた日産（芙蓉）が仏ルノーの傘下に入り，ルノー・日産グループとして生き残りを図ることになった．

いすゞ，スズキ，富士重工はGMとの提携によって生き残りを図ろうとしている．いすゞは，1971年以来GMの出資を受け入れているが，1998年GMの出資比率は37.5％から49％に引き上げられ，いすゞは事実上GMの完全子会社となった．GMは，1981年に資本提携したスズキに対する持ち株比率を3.3％か

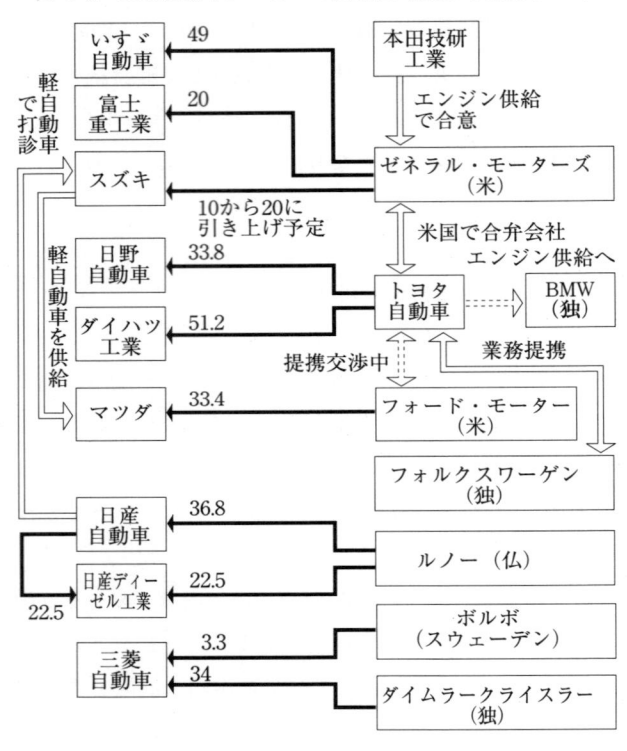

図 4-5　主な自動車メーカーの関係図（数値は出資比率・%）

出所）『朝日新聞』2000年12月16日.

ら 10 %に引き上げた．スズキは，国際再編のなかで GM との関係を強化することによって生き残りを図ろうとし，GM は成長が予測されるアジア市場でスズキの小型車を活用してアジア戦略を展開しようとするものである．2001年，GM はアジア戦略を強化すべく，スズキへの出資比率を 10 %から 20 %に引き上げ，事実上傘下に収めた．

　富士重工は日産から 4.1 %の出資を受け入れてきたが，日産のルノー傘下入りを契機に，GM と提携して生き残りを図ることになった．1999年末，GM と

富士重工は包括提携で合意した．GMとの資本提携を契機に，富士重工とスズキが株式相互持ち合いによる資本提携で合意した．三菱自動車はダイムラー・クライスラーとの資本提携を選択することになった．

半導体産業

1990年代以降，世界の半導体市場における競争の構図は大きく転換した（図4-6）．まず，DRAM市場についてみると，1980年代に圧倒的な競争力を誇った日本のメーカーはほぼ競争力を失い，韓国・米のメーカーが覇権を確立した．DRAM市場は世界シェアの1, 2, 3位を占める米韓の3社（サムスン電子，マイクロン，ハイニックス）に掌握されることになり，日本メーカーはDRAM事業からの撤退を余儀なくされている[10]．そのなかにあって，DRAMの技術開発で常に先行してきた日立（一勧・芙蓉・三和）とNEC（住友）はDRAM事業を統合し，DRAMの世界市場で巻き返す戦略を選択した．

次に，日本企業が主戦場と位置づけるシステムLSI分野での再編の現状についてである．1998年末，松下電器と三菱電機（三菱）がシステムLSIの共同開

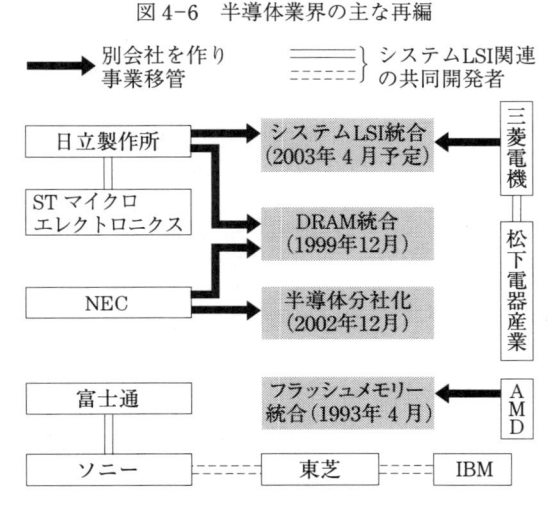

図4-6　半導体業界の主な再編

出所）『朝日新聞』2002年5月7日．

発に向けて提携し，ソニーと富士通（一勧）もシステムLSIの共同開発・生産で合意した．2002年に入り，日立（一勧・芙蓉・三和）と三菱電機（三菱）がシステムLSI事業を統合することで合意した．続いて，東芝（三井）と富士通（一勧）がシステムLSI（大規模集積回路）の共同開発で提携した．

システムLSI分野での再編が始まったということは，日本の半導体メーカーの再編がDRAMを中心とした半導体メモリーの再編を終え，生き残りをかけた再編第2幕をあけたことを意味する．弱体化する日本半導体産業の復活に向け，経済産業省が主導する次世代半導体基礎技術の共同開発が開始されることになった．国内電気大手7社（NEC，東芝，富士通，日立製作所，三菱電機，ソニー，松下電器）が設立母体として名乗りをあげることになった[11]．

重　電

電力自由化が先行した欧米では，1990年代後半以降重電メーカーの再編が先行し，ABB，独ジーメンス，英仏アルストム3社に集約された．日本では，国内重電市場でトップを競う東芝（三井）と三菱電機（三菱）が，産業用大型モーターの開発・製造，変圧器，遮断機，変電機器事業等を統合することで合意した．世界の重電市場では，ABB（スイス・スウェーデン），英仏アルストム，独ジーメンスといった欧州3強に次ぐ4位グループを占めることになる．対抗上，2000年7月，日立（一勧・三和・芙蓉）・明電舎・富士電機（一勧）の3社が発電機等の開発部門の統合で合意した．

原子力関連事業の分野では，2000年1月，GEが日立（一勧・三和・芙蓉）・東芝（三井）と核燃料事業の統合で合意した．三菱電機（三菱）は英核燃料会社（BNFL）の傘下に入った米WHと共同で核燃料の開発を推進することになる．

造船・重機械

図4-7は，2000年以降に加速する造船・重機械大手7社の再編の到達段階を示している．2000年5月，NKK（芙蓉）と日立造船（三和）は互いの造船部門を分社化したうえで統合することに合意した．2002年10月，日立造船（三和）とNKK（芙蓉）の共同出資会社「ユニバーサル造船」が発足する．三菱重工（三菱）に次ぐ国内2位の造船メーカーの誕生である．

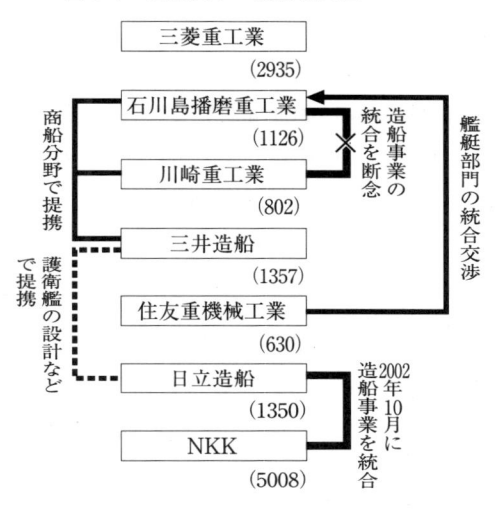

図4-7 造船大手の提携相関図

```
                    ┌─────────────┐
                    │  三菱重工業   │
                    │   (2935)    │
                    └─────────────┘
    ┌─ ┌─────────────┐ ←──── 造 ────┐
    │  │石川島播磨重工業│       船    │
  商│  │   (1126)    │       事 ×  │艦
  船│  ├─────────────┤       業    │艇
  分│  │  川崎重工業   │       の    │部
  野│  │   (802)     │       統    │門
  で│  └─────────────┘       合    │の
  提│                         を    │統
  携│  ┌─────────────┐       断    │合
    │  │  三井造船    │       念    │交
    │  │   (1357)    │             │渉
  護└─ ├─────────────┤             │
  衛   │ 住友重機械工業 │←────────────┘
  艦   │   (630)     │
  の ┈ └─────────────┘
  設
  計   ┌─────────────┐ ┐
  な   │  日立造船    │ │造 2
  ど└┈ │   (1350)    │ │船 0
  で   ├─────────────┤ │事 0
  提   │    NKK      │ │業 2
  携   │   (5008)    │ │を 年
       └─────────────┘ │統 10
                        ┘合 月
                            に
```

注）カッコ内は2000年度の船舶関連売上高（億円）．
出所）『日経産業新聞』2001年9月20日．

　2000年5月，石川島播磨（一勧・三井），川崎重工（一勧），三井造船（三井）の3社は，造船事業の統合に向けて提携交渉を開始したが，この3社連合構想は，2001年9月，石川島播磨（三井・一勧）と川崎重工（一勧）との造船統合交渉の打ち切りで破談となった．石川島播磨（三井・一勧）は住友重機械（住友）と防衛庁向け護衛艦生産事業の統合を決定した．2002年10月，石川島播磨（三井・一勧）と住友重機械（住友）が艦艇部門を統合した造船会社「マリン・ユナイテッド」に商船を含む船舶・海洋部門を分割統合した「IHIマリン・ユナイテッド」が発足する．

　航空宇宙ビジネスの分野で，石川島播磨（一勧・三井）は日産（芙蓉）のロケット部門を買収した．NEC（住友）と東芝（三井）が衛星の受注・開発分野での事業統合に合意した．製鉄機械事業で，三菱重工（三菱）と日立（一勧・三和・芙蓉）が事業を統合した．

(3) 流通・サービス産業における再編の実態

海 運 業

1998年10月，日本郵船（三菱）と昭和海運（芙蓉）が合併した．日本郵船による事実上の救済合併である．1999年4月には，商船三井（三井）とナビックスライン（三和）が合併した．1960年代の海運集約以来の大再編であり，日本の海運業界は，川崎汽船を加えた3社体制に集約されることになった．

通 信 業

国内通信業界は，2001年9月，英ボーダーフォンが日本テレコムにTOB実施して傘下に収めた結果，NTT（持ち株会社を核にグループ経営を強化），KDDIグループ（DDI＋KDD＋IDO）[12]，日本テレコム（英ボーダーフォン傘下）の3グループに集約された．ところが，2002年7月，東京電力系通信会社のTTNetとIIJ（インターネット接続最大手）が経営統合することで合意した．これによって，さしあたり国内通信業界は4つのグループが競合することになった（図4-8）.

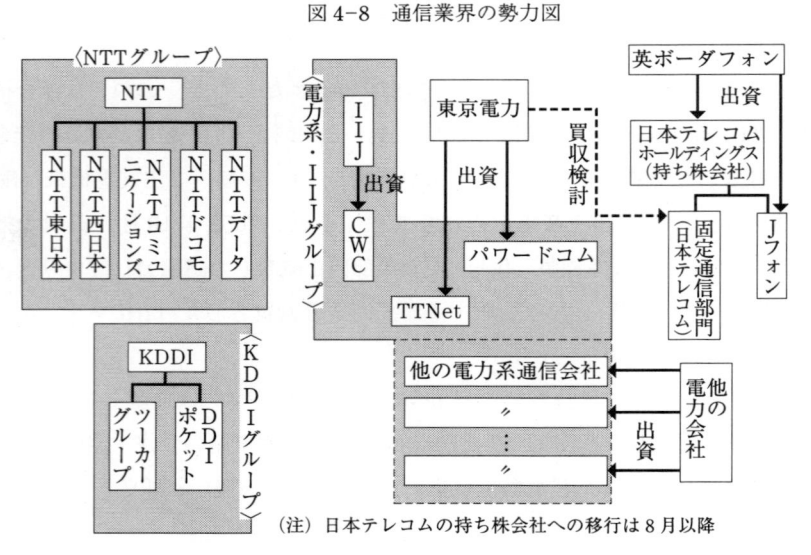

図4-8 通信業界の勢力図

（注）日本テレコムの持ち株会社への移行は8月以降

出所）『日本経済新聞』2002年7月18日．

(4) 小　括――産業再編と外国資本の対日進出――

　以上，基幹的な産業諸分野で加速する再編の現状を概観した．いずれの分野でも，2-3の巨大企業（グループ）に支配が集中し，そうでない場合にも，せいぜい4-5の企業（グループ）が支配的な地位を掌握しつつあることを確認できた．

　こうした産業再編の急速な進展が，世界規模の産業再編と深く連なっているというのが，もう1つの特徴である．このことは，対日進出している外国資本が基幹産業の諸分野で進展する産業再編の当事者として登場していることに端的に示されている．表4-1は，その一端を列挙したものである．国境を越える

表4-1　1990年代後半以降の主な外資の対日進出

	業　種	外　資	日本企業	備　考
1997年	自動車部品	ボッシュ	ゼクセル	16.9％の筆頭株主（いすずが譲渡）
1998年	自動車	GM	いすず	持ち株比率を37.5％から49％に
1998年	自動車	GM	スズキ	持ち株比率を3.3％から10％に
1999年	自動車	ルノー	日産	38.6％の株式所有で傘下に
1999年	自動車	ルノー	日産ディーゼル	22.5％の株式所有
1999年	自動車	GM	富士重工	20.0％の株式所有
1999年	自動車部品	デルフォイ	曙ブレーキ	5.85％の株式取得
1999年	エンジニアリング	米ケロッグ	千代田化工	三菱商事と合計で19％の株主
2000年	自動車	ダイムラークライスラー	三菱自工	34.0％の株式所有
2000年	自動車部品	仏ヴァレオ	市光	20％の筆頭株主（日産が譲渡）
2000年	自動車部品	米JCI	池田物産	TOB
2001年	セメント	仏ラファージュ	麻生	40％出資
2001年	建設	米サーベラス	ダイア建設	4位株主（5.96％）
2001年	通信	英ボーダフォン	日本テレコム	TOBで，45％から66.7％に
2001年	自動車	GM	スズキ	持ち株比率を10％から20％に
2002年	自動車	ルノー	日産	38.6％から44.4％に
2002年	小売業	ウォルマート	西友	6.1％取得，2007年までに66.7％取得

出所）新聞雑誌記事より．

競争をテコに，グローバルな再編が常態化している現状を垣間見ることができる．

2．大企業体制の中枢に位置する銀行・金融分野の再編

本節では，大企業体制の金融的中枢に位置する銀行・金融諸分野の再編について概観することにする．図4-9は，1990年代金融恐慌の渦中で生き残りをか

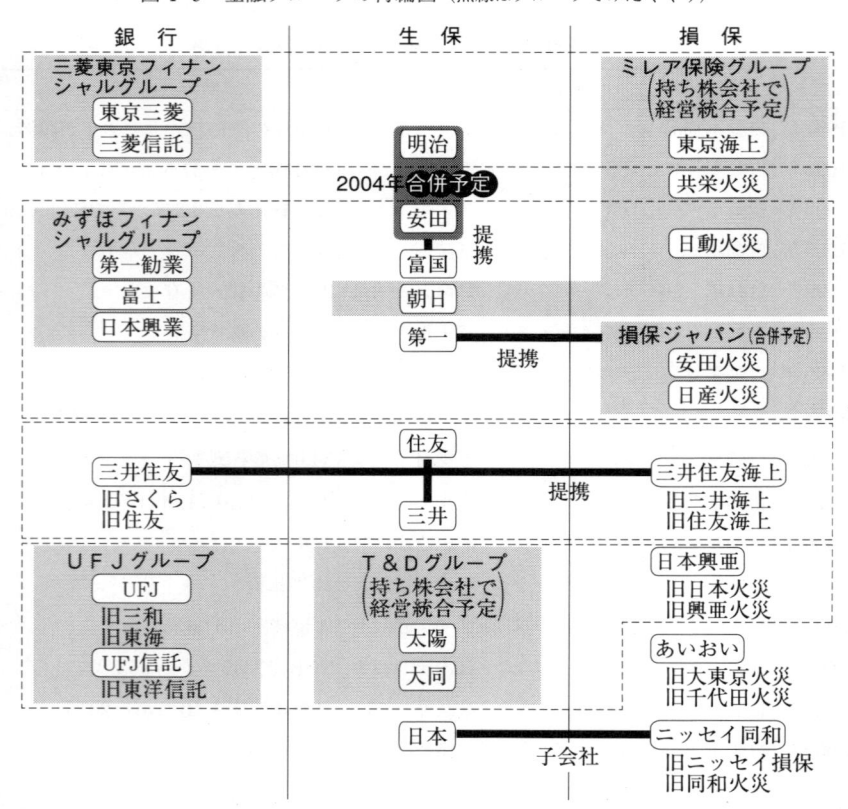

図4-9　金融グループの再編図（点線はグループでみたくくり）

銀　行	生　保	損　保
三菱東京フィナンシャルグループ 東京三菱／三菱信託	明治／安田（2004年合併予定）	ミレア保険グループ（持ち株会社で経営統合予定） 東京海上／共栄火災
みずほフィナンシャルグループ 第一勧業／富士／日本興業	富国／朝日／第一（提携）	日動火災 損保ジャパン（合併予定） 安田火災／日産火災
三井住友 旧さくら／旧住友	住友／三井（提携）	三井住友海上 旧三井海上／旧住友海上
UFJグループ UFJ／旧三和／旧東海／UFJ信託／旧東洋信託	T&Dグループ（持ち株会社で経営統合予定） 太陽／大同	日本興亜 旧日本火災／旧興亜火災 あいおい 旧大東京火災／旧千代田火災
	日本（子会社）	ニッセイ同和 旧ニッセイ損保／旧同和火災

出所）『朝日新聞』2002年1月15日．

けて進められた都市銀行・その他金融諸分野における再編によって成立した4大都市銀行・金融機関グループの概念図である．

(1) 都市銀行・長期信用銀行の再編

1997年11月，北海道拓殖銀行が経営破綻した．都市銀行の一角を占める同行の経営破綻のもつ意味は深刻である．バブル時に堆積された不良債権の深刻さを改めて示すだけでなく，大手銀行といえども経営に行き詰まり破綻することを回避し得ないことが明らかになったからである．それは経営に行き詰まった銀行を他の銀行に吸収合併させて救済させる，大蔵省の護送船団行政の終焉を意味するものでもあった．

北海道拓殖銀行の経営破綻を境に，大手都市銀行・長期信用銀行の再編が一気に加速することになった．1998年11月から1999年1月にかけて，日本債券信用銀行と日本長期信用銀行が事実上の経営破綻を宣告され，特別公的管理のもとにおかれた．1952年，戦後間接金融システムのなかに長期金融専門の金融機関として改組・設立された長銀3行のうち2行が，不良資産の堆積を原因として経営破綻することになった．過剰貨幣資本の蓄積を背景に金融資本市場のグローバルな展開が進むもとで，長期信用銀行という制度そのものが役割を終えたことを宣告されたものである．

両行は公的資金の投入によって不良資産を整理した後，それぞれ売却されることになった．2000年6月，日本長期信用銀行は新生銀行として米国投資ファンドのリップルウッドに売却され，2000年9月，日本債券信用銀行はあおぞら銀行として，ソフトバンク・東京海上火災・オリックスの連合に売却されることになった．

こうして，都市銀行1行，長期信用銀行2行が経営破綻し，なお大手銀行の経営破綻の可能性が取り沙汰されるなかで，1999年8月，富士銀行・第一勧業銀行・日本興業銀行が共同持ち株会社を設立して経営統合することで合意した．資産規模で世界最大の銀行の誕生であるが，この3行統合には，それにはとどまらない画期的な意味がある．富士銀行と第一勧業銀行はどちらも6大都市銀

行のうちの1行であり，したがって6大企業集団の中核都市銀行であること，さらに日本興業銀行は長銀3行のなかで経営破綻を免れた唯一の長銀であることである．

続いて1999年10月，さくら銀行と住友銀行が合併することで合意した．両行は合併して三井住友銀行となり，総資産規模で富士銀行・第一勧業銀行・日本興業銀行に次ぐ世界第2位に位置することになる．両行とも大手都市銀行6行の1つであり，したがって6大企業集団の中核都市銀行でもあり，富士銀行・第一勧業銀行の経営統合とともに，企業集団の再編に直接的な影響を及ぼすことはいうまでもない．それ以上に重要な意味をもつのは，両行とも戦前日本の支配的資本を代表する三井財閥・住友財閥の中核銀行であり，その基礎上に再編された戦後の三井グループと住友グループの中核都市銀行だということである．財閥やその基礎上に組織される企業集団が多かれ少なかれ身に帯びる「非資本の論理」が「資本の論理」によって廃棄されてゆくのは，グローバル競争下の必然とも言えるが，この合併は実態としてこうした非資本の論理を廃棄する過程を加速させることになるという点で，歴史的に画期的な意味をもつと考えられる[13]．

さくら銀行と住友銀行が合併で合意したと同じ時期，1999年10月，東海銀行とあさひ銀行も2000年10月をめどに共同持ち株会社方式で経営を統合することで合意した．2000年3月には，三和銀行が東海銀行・あさひ銀行の連合に参加することが明らかになった．ただ，この3行統合は後に思惑の違いが露呈し，2000年6月，あさひ銀行が3行統合から離脱することを表明し，三和銀行と東海銀行は東洋信託銀行を加えた3行で共同持ち株会社方式による経営統合で合意した．3行は，2001年4月，持ち株会社UFJホールディングスの傘下に入り，2002年1月，UFJ銀行とUFJ信託として発足した．大手都市銀行6行のうち残された東京三菱銀行は，2000年4月，同じ金融グループの三菱信託銀行と共同持ち株会社方式で経営統合する方針を明らかにした．2001年4月，三菱東京ファイナンシャル・グループが発足し，東京三菱銀行の傘下にあった日本信託銀行を吸収した三菱信託銀行とともに，傘下に入った．

こうして，1997年の北海道拓殖銀行の経営破綻から5年の間に，都市銀行1行，長期信用銀行2行が経営破綻し，大手都市銀行6行を含む都市銀行7行と長期信用銀行1行が4つの金融グループに集約されることになった．みずほファイナンシャルグループ，三井住友銀行，三菱東京グループ，UFJグループである．

他の金融諸分野における再編は，4大都市銀行によって設定される枠組みのなかで進められることになる．

(2) 信託銀行の再編

1990年代末，バブル期に堆積された不良債権の重荷に耐え切れずに経営困難に直面する信託銀行が相次いだ．1999年，安田信託銀行は富士銀行の傘下に組み入れられ，同年，東洋信託銀行も三和銀行が筆頭株主になって事実上傘下に組み入れられた．1999年8月，東洋信託銀行は三和銀行の子会社三和信託銀行と合併し，2000年6月には，あさひ銀行に代わって三和銀行と東海銀行の共同持ち株会社方式による経営統合に参加することを表明した．UFJグループへの参加である．

三井グループのなかで，さくら銀行を中核とする金融グループの一角を占めてきた三井信託銀行は中央信託銀行と合併し，2000年4月中央三井信託銀行として発足した．日本信託銀行はすでに1994年に三菱銀行の子会社に組み入れられており，こうして信託銀行7行のうち3行が，大手都市銀行の傘下に組み入れられ，2行が合併による規模の大型化によって生き残りを図ることになった．

信託銀行トップの三菱信託銀行は2000年4月，東京三菱銀行とともに三菱東京ファイナンシャル・グループを形成することで合意した．信託銀行7行のなかで，住友信託銀行だけが再編の外にいて独自の行動を取ろうとしているように見えるが，1999年11月に大和銀行と資産管理業務で提携することを表明した．2000年7月，中央三井信託が住友信託と大和銀行の共同出資による新信託銀行に出資することを明らかにした．住友銀行とさくら銀行の合併によって三井住友銀行が誕生するのをにらんで，同一の金融グループを構成してきた住友信託銀行と中央三井信託銀行を提携させる布石とも考えられる．

1990年代末に加速する信託銀行の再編が，信託業務への展開を戦略的課題の1つと位置づける大手都市銀行の金融戦略によって規定されていることは明らかである．

(3) 生命保険・損害保険の再編

生保業界では1997年の日産生命の経営破綻を境に再編が加速した（表4-2）．みずほファイナンシャル・グループの発足にともなって，富士銀行グループの安田生命は富国生命と全面提携した．三和・東海グループでも，大同生命と太陽生命が経営を統合することで合意した．2002年1月，明治生命と安田生命は2004年をめどに合併することで合意した．日本生命，第一生命に次ぐ業界第3位の生保の誕生である．この合併は生保業界内部の合併として著しい特徴をもっている．所属する企業集団の枠組み，大手都市銀行の再編の枠組みとは異な

表4-2 保険業界の再編の動き

1997年4月		日産生命保険破たん
	6月	東邦生命保険破たん
2000年5月		第百生命保険破たん
	10月	千代田生命保険破たん
	〃	協栄生命保険破たん
2001年3月		東京生命保険破たん
	4月	大東京火災海上保険，千代田火災海上保険が合併〈あいおい損害保険〉
	〃	日本火災海上保険，興亜火災海上保険が合併〈日本興亜損害保険〉
	〃	同和火災海上保険，ニッセイ損害保険が合併〈ニッセイ同和損害保険〉
	10月	三井海上火災保険，住友海上火災保険が合併〈三井住友海上火災保険〉
	11月	大成火災海上保険破たん
2002年4月		東京海上火災保険，日動火災海上保険が経営統合〈ミレア保険グループ〉（朝日生命保険，共栄火災海上保険もその後合流予定）
	7月	安田火災海上保険，日産火災海上保険が合併〈損害保険ジャパン〉
2004年4月		明治生命保険，安田生命保険が合併

出所）『朝日新聞』2002年1月25日．

る論理によった合併だと考えられるからである．

　損保業界でも再編が加速したが，ここでは，合併による規模の大型化を追求する動きが顕著である．1999年10月，三井海上火災，日本火災海上，興亜火災海上の損保3社が経営統合で合意したが，さくら銀行と三和銀行を親密銀行とする損保同士の連携という点で，大手都市銀行の合併・統合構想とのねじれ関係にあり，結局三井海上火災が構想から離脱することになった．2000年2月，さくら銀行と住友銀行の合併を前提に，三井海上火災と住友海上火災が合併に合意した．三井海上はさくら銀行との金融的連携から自立して独自に再編構想を実現する力を持ち得ないことが反証された．

　2001年4月，日本火災と興亜火災が合併して日本興亜火災となり，三和銀行・東海銀行グループの損害保険会社として発足することになった．みずほグループの損保3社も統合で合意した．安田火災海上火災，日産火災海上，大成火災海上の3社は2002年4月をめどに経営統合することで合意したが，2001年11月大成火災が経営破綻し，2002年7月，安田火災と日産火災の2社が損保ジャパンとして発足した．第一勧業銀行と富士銀行の経営統合という大手都市銀行の再編が損保再編の方向を左右することがここでも証明された．

　こうした生保・損保の業界内再編と並行し，大手生保・損保の業態を超えた合従連衡が続いている．1999年6月，生保最大手の日本生命の子会社ニッセイ損保と同和火災海上が資本・業務提携の強化で合意し，2000年2月には，両社は合併することで合意した．1999年9月，明治生命は日新火災海上の筆頭株主となった．一方，2000年8月，生保業界第2位の第一生命と損保業界第2位の安田火災海上が全面提携に合意した．第一生命はみずほグループを構成する日本興業銀行と提携関係にあり，この全面提携によってさらにみずほグループのメンバーとしての位置を強化するものと見られる．

　2000年9月，損保トップ企業の東京海上火災と生保第5位の朝日生命，日動火災が全面提携することで合意した．ただ，2001年11月，東京海上火災と朝日生命の経営統合計画は白紙にもどされることとなった．いずれにしろ，三菱東京ファイナンシャル・グループの損保分野に位置する東京海上火災とみずほ

グループ（第一勧業銀行）と親密な朝日生命の提携は，企業集団の枠組みを超えた再編が金融分野でも否応無く進展せざるをえない現状を象徴している．

(4) 証券会社の再編

1997年11月，三洋証券につづいて山一証券が経営破綻した．4大証券会社の一角が崩壊したというだけでなく，メインバンクである富士銀行の側に山一證券を救済する体力が失われていることを曝したという点でも，特筆に価する出来事であった．これを機に，大手証券会社を軸とする証券再編が加速する一方，4大都市銀行グループによる証券戦略が加速した．証券会社の系列化・子会社化の進展である．紙幅の制約もあるので，大手証券会社の動向には触れず，4大都市銀行グループの証券戦略に限定して概観することにしよう（図4-10）．

みずほグループ

第一勧業銀行，富士銀行，日本興業銀行の経営統合により，証券のホールセール分野では，第一勧業証券，富士証券，興銀証券が合併してみずほ証券として発足し，リテール分野では，勧業角丸証券，大東証券，公共証券が合併したみずほインベスターズ証券，興銀傘下の新光証券が配置された．三行は01年に新発足するみずほホールディングスの傘下に，個人銀行部門，法人銀行部門とともに直接金融を担う「インベストメント＆ホールセール証券」を配置する．これは三行の証券子会社の合併会社を核に各行のM＆A部門等の投資銀行部門を統合して発足するものである．直接金融での競争力が決め手となる国際金融資本市場，直接金融への移行が進む国内企業金融において競争するカギはこの部門の成否にかかっているという認識である．みずほグループの証券会社3社（新光証券・みずほインベスターズ証券・みずほ証券）が合併するのは既定路線と考えられている．

三井住友グループ

1999年4月，住友銀行は大和証券と共同出資で「大和SBCM」を立ち上げてホールセール戦略の担い手として位置づけ，リテール分野については証券子会社の明光証券とナショナル証券を合併させて明光ナショナル証券を発足させた．

第4章 グローバル競争下の企業集団　101

図4-10　4大銀行グループの系列証券会社

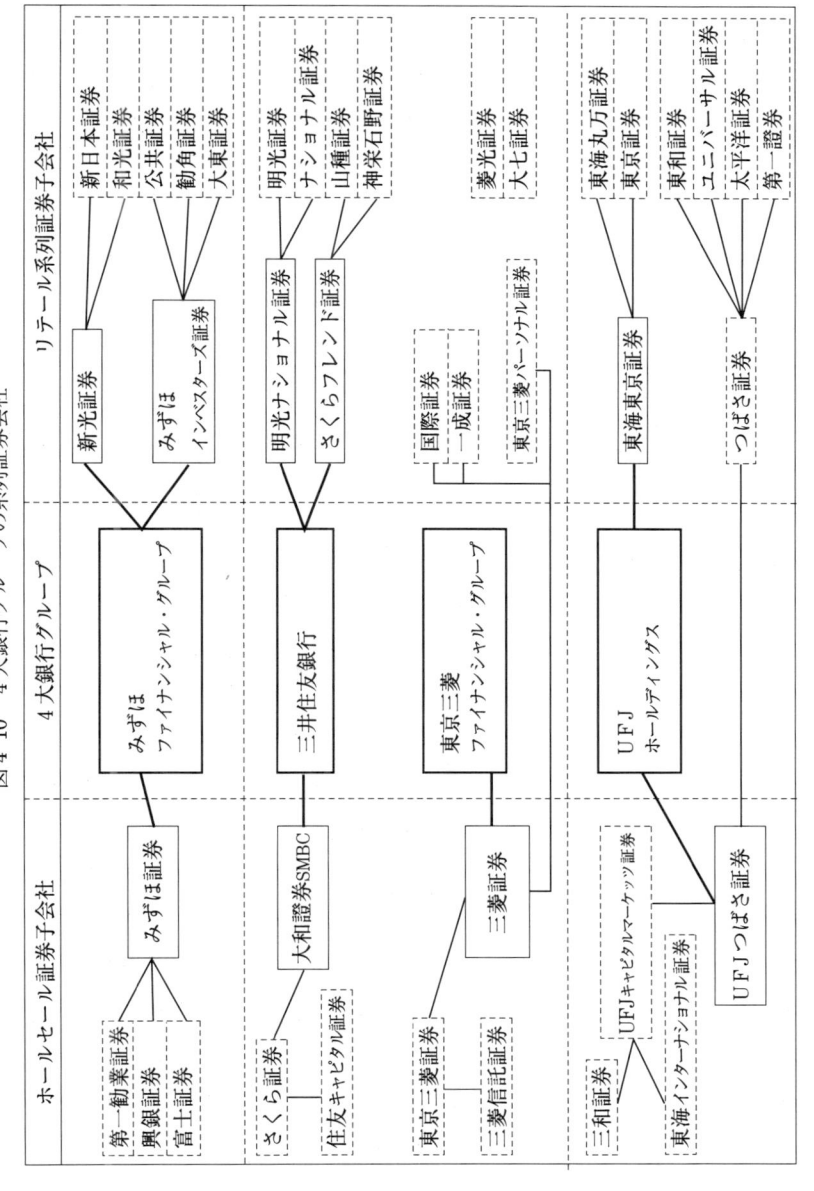

注）点線内は合併して消えた証券会社。実線内が存続証券会社。太実線は4大銀行の所有関係。
出所）『エコノミスト』(2002年3月19日) をもとに加工。

一方，さくら銀行は，リテール部門については，2000年4月，親密な関係にある山種証券と神栄石野証券を合併させてさくらフレンド証券を発足させ，ホールセール部門については，証券子会社さくら証券を立ち上げている．両行は2001年4月三井住友銀行の発足にあわせて，大和SBCMとさくら証券の業務を統合させることで合意している．

三菱東京ファイナンシャルグループ

1998年5月，三菱グループの親密証券と考えられていた日興証券が米トラベラーズ・グループと提携したために，東京三菱銀行は，1999年11月，三菱信託銀行から証券子会社を譲り受け，自らの証券子会社と合併させてホールセール担当の東京三菱証券を発足させ，同じく1999年4月，リテール分野担当の菱光証券と大七証券を合併させて東京三菱パーソナル証券を立ち上げた．ただ，ホールセール，リテール両分野に証券子会社を配置したものの，三菱グループの証券戦略を展開するにはなお弱体であり，それを補完すべく，1999年9月，東京三菱銀行は国際証券の株式を買い増して筆頭株主となり，国際証券を三菱の証券戦略の担い手として位置づけることになった．2000年10月，東京三菱銀行は，野村証券から国際証券の株式を買い増し，事実上傘下に組み入れることになった．2002年9月1日，国際証券，東京三菱証券，東京三菱パーソナル証券，一成証券が合併して三菱証券が誕生することになった．

UFJグループ

東海銀行，東洋信託銀行とともにUFJグループを形成する三和銀行は，ユニバーサル証券（大和証券系），第一証券（長銀系）を傘下に収め，2000年4月に太平洋証券（旧山一証券系），東和証券を合わせた4社の合併で国内第6位の証券会社「つばさ証券」を発足させた．一方東海銀行は，2000年10月，東海丸万証券と内外証券を合併させて東海丸万証券を発足させ，ホールセールの東海インターナショナル証券とともに東海銀行の証券戦略の担い手として位置づけた．2001年7月，三和証券と東海インターナショナル証券は合併してUFJキャピタルマーケッツ証券として発足した．UFJグループのホールセール証券として位置づけられることになる．それに先立って，2000年2月，東海銀行は日興

証券傘下の東京証券の株式を取得して系列化し，2000年10月，東海丸万証券と合併させて東海東京証券を発足させた．2002年6月，UFJグループは，リテールのつばさ証券とUFJキャピタルマーケッツ証券を合併し，UFJつばさ証券が発足した．東海東京証券の合流も既定の方向と考えられる．

3．グローバル競争のもとで再編される企業集団

(1) 再編されるメインバンク関係

　グローバル競争のもとで加速する産業再編と銀行・金融再編の現状を概観し，産業諸分野に少数巨大企業の支配的な地位が確立し，他方，銀行・金融諸分野に4大都市銀行グループの支配的な地位が確立したことを確認した．

　本節では，産業諸分野に支配的な地位を確立する巨大企業と4大都市銀行の間に，どのような結びつきが形成されているのかについて検討する．メインバンク関係を保持してきた6大都市銀行と産業大企業は，1990年代後半以降に加速する再編のもとでなお金融的な結びつきを保持しているのかという問題である[14]．

　1980年代後半以降，製造業大企業を中心に大企業の資金調達が銀行借入から資本市場における調達（株式・社債発行）に大きくシフトしたことを根拠に，メインバンク「崩壊」論が喧伝されてきた[15]．今また，1990年代後半以降に加速する産業再編，銀行再編のもとで，新たな論拠によるメインバンク「崩壊」論が登場している．曰く，コミットメントラインの設定がメインバンク関係を崩壊させる．曰く，シンジケートローンの盛行がメインバンク関係を解消させる．また曰く，プロジェクトファイナンスがメインバンク関係を解消させる．CMSがメインバンク関係を崩壊させる，等々である．

　けれども，これらの議論が従来から繰り返されるメインバンク解消論の焼き直しにすぎないことは，次の一事を見ても明らかである．表4-3は，1990年代末以降に新聞報道されたコミットメントラインの設定による資金調達の事例を一覧したものである．それによると，巨大企業のコミットメントライン設定に際してシンジケートローン（協調融資）を組織する幹事銀行の多くは，従来の

表 4-3　90年代後半以降のシンジケートローン（協調融資）の実績

年 月	主幹事	副幹事・その他銀行	企業	金額
1998年3月	日本興業銀行	第一勧業, 三和, 住友, 東海, 日本興業, 三菱信託	日産	数百億円
9月	東京三菱銀行	都銀6行	三菱商事	総額6,000億円
9月	住友銀行		マツダ	241億円
10月	東京三菱・興銀	東洋信託銀行, 北洋銀行など	新日鉄	1,100億円(コミットメントライン)
12月	三菱銀行		マイカルファイナンス	80億円
1999年1月	住友銀行	地銀3行	オーツタイヤ	40億円
6月	東京三菱銀行		三菱商事	総額6億円(コミットメントライン)
6月	三和銀行	6行, 朝日生命	日商岩井	6億(コミットメントライン)
6月	日本興業銀行・東京三菱銀行		日産	総額5億円(コミットメントライン)
11月	住友銀行・東京三菱銀行		光通信	240億円
2000年2月	米チェース・第一勧業銀行		C&WIDC	総額600億円
3月	富士銀行		丸紅	総額4億円
3月	東京三菱		三菱商事	総額5億円
3月	シティバンク	バークレイズ,パリ国立銀行,ドイツ銀行,コメルツ銀行等9行	住友商事	総額9億ドル(コミットメントライン)
4月	東京三菱銀行	さくら銀行・東京三菱銀行	キョウデン	160億円
4月	東京三菱銀行	三菱信託,南都銀行,武蔵野銀行,大塚信組,大阪信用農業協同組合連合会	マイカル	総額130億円
2001年1月	住友銀行・さくら銀行		グリーンホスピタルサプライ	20億円
2月	さくら銀行		コナミ	750億円
3月	住友銀行	興銀（みずほ）, 東京三菱, 東海 (UFJ)	阪和興業	250億円
4月	富士銀行	中国・カナダの大手銀行	韓国国民銀行東京支店	30億円
4月	JPモルガン		日産	11億ドル
4月	CSFB	邦銀など5行	三菱信販	1,000億円
5月	シティバンク	ドイツ銀行	日産	10億ドル
7月	富士銀行・第一勧業銀行	中央三井信託銀行, 東京三菱, 三和銀行	東京ドーム	500億円
8月	三井住友銀行	興銀, 東京三菱, 三和, 農林中金, 中央金庫	ソニー	1,000億円(コミットメントライン)
8月	三和銀行	第一勧業銀行, 京都銀行	京洛電機	60億円
12月	富士銀行	4行		100億円
2002年2月	三井住友銀行		ホーマック	100億円

注) 金額欄の（コミットメントライン）は, 当該金額のコミットメントライン（融資枠）設定に際して, シンジケートローン（協調融資）による融資方式が採用されていることを示している。
出所) 新聞記事より。

メインバンクであることがわかる．コミットメントラインの設定による資金調達，あるいはシンジケートローンによる資金調達など，新しい資金調達形態とされるものが，実は新しい条件のもとでのメインバンク関係の展開にほかならないことがよくわかる．

メインバンク関係は解消も崩壊もせず，むしろメインバンクによる資金供給が決定的な役割を演じている分野がある．バブル崩壊によって破綻に直面する，ゼネコン・不動産，流通といった分野である．例えば，図4-11は債権放棄を受けたゼネコンとメインバンクの関係を一覧したものであるが，ここには，ゼネコンに対する債権放棄の過程で浮かび上がるゼネコンと大手都市銀行のメインバンク関係が厳然として貫いている現実がある．同じ構図は，流通（小売）業界の再編問題にも妥当する．ダイエー救済の過程で浮かび上がったのは，メインバンクである大手都市銀行の金融的な支援なしに，ダイエーの救済は不可能であるということであった．

産業再編，銀行再編の過程で，巨大企業と4大都市銀行グループの金融的な依存関係は解消しつつあるのではなく，再編されつつあるということである[16]．

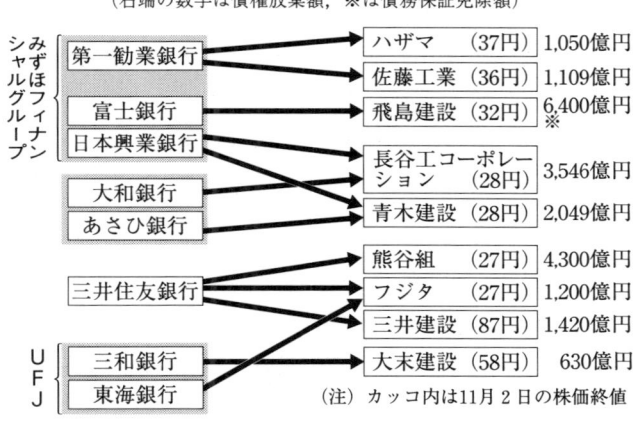

図4-11 主な金融グループと債権放棄を受けたゼネコンの関係図
（右端の数字は債権放棄額，※は債務保証免除額）

グループ	銀行	ゼネコン（株価）	債権放棄額
みずほフィナンシャルグループ	第一勧業銀行	ハザマ（37円）	1,050億円
		佐藤工業（36円）	1,109億円
	富士銀行	飛島建設（32円）	6,400億円※
	日本興業銀行	長谷工コーポレーション（28円）	3,546億円
	大和銀行	青木建設（28円）	2,049億円
	あさひ銀行		
	三井住友銀行	熊谷組（27円）	4,300億円
		フジタ（27円）	1,200億円
		三井建設（87円）	1,420億円
UFJ	三和銀行	大末建設（58円）	630億円
	東海銀行		

（注）カッコ内は11月2日の株価終値

出所）『日経産業新聞』2001年11月15日．

(2) 再編される企業集団体制

　メインバンク関係は崩壊せず，再編された巨大企業と大手都市銀行の間の金融的な結びつきとして再編されるとして，それでは，メインバンクを共通にする大企業の集団として組織されていた6つの企業集団は，4大都市銀行グループを金融的中核とする4大企業集団に編制し直されることになるのであろうか．最後に，この問題を検討しておこう．

　なによりも明瞭なのは，再編されて巨大化した4大都市銀行と産業諸分野の巨大企業は，再編の新たな到達段階に対応する金融的な依存関係に入り込むことになるであろうということである．4大都市銀行の側に産業諸分野の支配的企業を主取引先として囲い込む動機が解消しているわけではなく，産業諸分野の巨大企業の側にも，4大都市銀行との金融的な依存関係を解消しなければならない積極的な理由があるわけでもないからである．ただ，だからといって，6大企業集団体制が4つの企業集団に編制し直されると考えるのはやや単純にすぎる[17]．

　4大都市銀行グループと巨大企業の金融的結合の形態は，2つの要因によって規定される．1つは，巨大企業を主取引先として囲い込もうとする4大都市銀行の衝動であり，もう1つは，4大銀行の思惑とは関りなく，グローバル競争に促されて巨大銀行・金融機関との金融的な結合を選択しようとする巨大企業の思惑である．この2つの要因の絡み合いによって，現実の金融的な依存関係が編制されることになる．

　6大企業集団体制が編制されたのは，6大都市銀行を中核とする6つの金融グループの力関係，産業諸分野に位置する大企業の力関係に大きな格差が存在しないという戦後の特殊な条件下で，フルセット型産業連関を組織しようとする6大都市銀行の思惑と，産業企業の思惑が一致することが多かったからにほかならない．ところが，バブルの崩壊後，不良債権処理に追われる4大都市銀行グループの側に，かつての6大都市銀行時代のように，主取引先企業をフルセット型産業連関を体現するように組織する体力が一様に残されているとは考えられない[18]．産業企業の側にも，内外市場の一体化とグローバル競争が日常

化する条件下で，5-6の大企業が「過当競争」し，親密取引先金融機関との間に金融的な依存関係を作り上げる環境はもはや存在しない．いずれにしろ，巨大銀行と巨大企業の金融的な依存関係は不可避だが，個別の結びつきは，4大都市銀行同士の競争，巨大企業同士の競争，巨大銀行と巨大企業との競争に媒介されて実現されていくのだから，4大都市銀行の力関係の格差に応じ，あるいは巨大企業の力関係の格差に応じて，多様な形態の依存関係が作り出されることになるであろう．

このことを,「三井住友銀行グループ」と「みずほファイナンシャル・グループ」の検討によって確認しておくことにしよう[19]．2つのグループは，6大都市銀行の再編によって誘発される6大企業集団の再編について，互いに異なる2つの方向を示唆していると考えられるからである．

三井住友銀行グループの現状

さくら銀行と住友銀行が合併して三井住友銀行が誕生したが，これによって旧さくら銀行の組織する企業集団（二木会）と旧住友銀行が組織する企業集団（白水会）は，「三井住友銀行グループ」として再編されることになるのであろうか．

図4-12は，三井住友銀行の誕生を契機に，三井グループと住友グループのメンバーの間で進展する三井住友銀行グループへの求心的な傾向と，遠心的な傾向とが錯綜している現状を示している．

まず金融分野について見ると，三井住友銀行の成立を契機に，三井海上と住友海上が合併して三井住友海上火災が誕生し，三井住友銀行グループの損保部門を分担することを明確にした．信託部門では，2000年4月，三井住友銀行の発足に先だって，三井信託が中央信託と合併して中央三井信託として発足した．住友信託との統合の方向は見えていないが，住友信託と大和銀行が共同出資して設立する信託銀行に中央三井も資本参加するなど，長期的には中央三井信託と住友信託の提携・統合も視野に入っていると考えられる．三井生命に関しては，2004年度初めまで，三井生命を株式会社化し，その時点で株式の過半を取得して，三井住友銀行の子会社にすることが決定された[20]．住友生命の思惑は

図 4-12　三井住友銀行グループ（仮称）の再編図

三井グループ	住友グループ	三井住友銀行グループ
さくら銀行	住友銀行	三井住友銀行（2001.4）
中央三井信託	住友信託	
三井海上火災	住友海上火災	三井住友海上（2001.10）
三井生命	住友生命	
三井物産	住友商事	包括提携　（2001.5）
三井鉱山	住友石炭	
三井金属	住友金属鉱山	亜鉛事業統合　（2002.4.1）
	住友軽金属	
	住友電工	
三井建設	住友建設	経営統合　（2002.1発表）
三機工業	住友林業	
日本製粉		
東レ		
三井化学	住友化学	三井住友化学　（2004.3）
電気化学	住友ベークライト	
王子製紙		
日本製紙		大昭和製紙　＊1
日本製鋼所	住友金属工業	新日鉄 ― 神鋼　＊2
太平洋セメント	住友大阪セメント	宇部三菱　＊3
	日本板硝子	
東芝	NEC	衛星事業包括提携
三井造船		
石川島播磨	住友重機械	艦艇部門統合　（2001.11）
トヨタ自動車		
三越		
三井不動産	住友不動産	
商船三井		
三井倉庫	住友倉庫	

注) ① 旧企業集団の社長会メンバーは，公正取引委員会『企業集団の実態について』(1998年10月) による．
② 実線で囲んだのは合併・経営統合によって存続する企業名．点線で囲んだのは合併・経営統合によって消える企業名である．
③ ＊1，＊2，＊3はいずれも，三井住友銀行グループ外の企業との提携である．

第 4 章　グローバル競争下の企業集団　109

　三井住友銀行の思惑とは異なるが，明治生命と安田生命の合併によって業界3位の地位が脅かされることになり[21]，住友生命が三井住友銀行グループの枠組みに立ち返る可能性は大きいかもしれない．このように，「三井住友銀行グループ」の銀行・金融分野で，さしあたり住友生保が独自の動きを示しているが，三井住友銀行の誕生を契機に損保分野の再編が連動し，信託分野でも再編が見通されるなど，三井住友銀行を中核とする金融グループの編制が明瞭になりつつある．

　産業の諸分野では，三井住友銀行の誕生を契機に，三井住友銀行グループへの求心力が発揮され，二木会のメンバー企業と白水会のメンバー企業の合併，提携，事業統合が相次いで発表された．三井金属鉱業と住友金属鉱山は亜鉛事業を統合することで合意し，三井化学と住友化学は2004年をめどに合併することで合意した．三井建設と住友建設は経営統合で合意した．三井物産と住友商事は，2001年5月，包括提携で合意し，一般炭の販売，建設資材，国内肥料販売，フィリピンでの鋼板加工などで，互いの子会社を統合してきた．あるいは，石川島播磨（二木会，三金会）と住友重機械は艦艇部門を分離・統合し，2002年10月「IHIマリンユナイテッド」をスタートさせる．東芝とNECは，衛星事業で包括提携した．

　これらの動きとは逆の，三井住友銀行グループの形成に遠心力を発揮する動きもある．日本製紙は大昭和製紙とともに持ち株会社「日本ユニパック・ホールディングス」を組織してその傘下に入り，王子製紙と業界を2分する地位を確立した．住友金属工業は，新日鉄・神戸製鋼所との提携に生き残りの方向を見出している．セメント部門には，太平洋セメント（二木会，芙蓉会，三金会）と住友大阪セメントがあるが，後者は宇部三菱と物流で提携し，太平洋セメントと対抗する関係にある．

　以上，「三井住友銀行グループ」を展望するなら，三井住友銀行の金融戦略に規定され，グループとして結集する力が相対的に強く作用しているように見える．同じ分野に複数の大企業が存在し，なお再編が進捗していない分野での整理・統合を交えながら，フルセット型産業連関を体現する企業集団が再編制

されていく可能性は大きい．

みずほグループ

「三井住友銀行グループ」と対照的なのが「みずほグループ」である．図4-13は，富士銀行の組織する芙蓉会のメンバーと，第一勧業銀行が組織する三金会のメンバーが，「みずほグループ」の結成に向けて，どのようなスタンスにあるかを一覧したものである[22]．

ただちに明らかなのは，みずほ銀行の成立にもかかわらず，みずほ銀行を中核とする金融グループがなお結成されていないということである．みずほファイナンシャル・グループの成立を契機に，損害保険の分野で安田火災と日産火災が合併して，ようやく損保ジャパンが誕生した[23]．ただ，生保では，富士銀行とともに芙蓉会の金融グループの中核に位置していた安田生命が三菱グループの明治生命と合併することで合意し，みずほグループの金融グループからは離れることになる．三金会で，第一勧業銀行とともに金融的な中核を構成してきた朝日生命も，三菱グループの東京海上火災とともに生損保融合のミレアグループ結成に走るなど，みずほグループでの金融的な役割を分担する位置にはないと考えられる[24]．信託分野では，経営破綻した安田信託が富士銀行の傘下に入ったが，みずほグループの誕生がみずほグループの信託分野を強化したという実態にはない．

みずほグループを組織し，編制すべきみずほの金融グループがなお輪郭を明瞭にしえていないのだから，産業諸分野の大企業の多くはなおみずほグループとの関係が不明瞭なままにとどまっている．みずほグループとしての求心力に即して再編の動きを示しているケースは限られた分野でしか生じていないと言った方が正確である．

みずほ銀行の誕生を契機とする産業諸分野での再編を代表するのは，鉄鋼分野におけるNKK（富士）と川崎製鉄（一勧）の経営統合である．NKKと川崎製鉄は，新日鉄の覇権に対抗すべく，2004年をめどに経営統合することになったが，この統合が鉄鋼分野での固有の事情に規定されつつ，互いのメインバンクである富士銀行と第一勧業銀行の統合に連動するものであることは言うまでも

第4章　グローバル競争下の企業集団　111

ない．セメントの分野で，日本セメント（芙蓉）と秩父小野田セメント（三井，三金会）が合併して太平洋セメントが誕生したが，これは銀行統合に先行するセメント業界に固有の事情によっており，みずほ銀行の誕生に連動するものとはいえない．現に，太平洋セメントは，三井，芙蓉，一勧の3つのグループに属していた．みずほ銀行の誕生に連動するものとして，伊藤忠と丸紅の鉄鋼部門の分離・統合がある．これはNKK（富士）と川鉄（一勧）の経営統合とも連動しており，総合商社の生き残り戦略として具体化されたものである．重電の分野で，日立製作所（芙蓉，一勧，三和）が富士電機（一勧）・明電舎と提携した．これは三菱電機と東芝が発電機部門で統合したことに対抗しようとするものである．

　こうした事例を除くと，みずほグループ（仮称）に属する大手企業群はむしろ，みずほグループからの離脱，あるいはみずほグループとは関りなく産業再編を進めるという特徴を顕著にしているように見える．

　安田生命，朝日生命については，先に触れたとおりである．日清紡の傘下にある東邦レーヨン（芙蓉）は帝人（三和）に売却され，昭和海運（芙蓉）は日本郵船（三菱）に吸収された．ただ，一勧グループの海運会社川崎海運はナビックスライン（三和）を吸収し，3社に集約された海運業界の一角に位置を占めることになった．日産はルノーの傘下に入り，いすずはGMの傘下にあってGMの世界戦略に即してスズキ，富士重工と提携している．世界の自動車メーカーが6つのグループに集約され，その2つの系列を抱えることになったわけである．同じことは，石油部門にも当てはまる．東燃（芙蓉）はゼネラル石油と合併して東燃ゼネラル石油となったが，これはエクソンモービルの戦略に即したものであり，みずほ銀行の誕生に連動しているわけではない．昭和シェル（一勧）はJエナジーと提携してJエナジー・昭和シェルグループを構成した．みずほグループは，石油部門にスーパー・メジャー3社のうちの2系列を抱え込むことになったわけであり，これが保持されるとは考えにくい．日本コロムビア（一勧）はリップルウッドの傘下に入って再建を目指すことになったが，それはすなわち日立が再建を放棄し，売却したということにほかならない．造

図 4-13 みずほグループ（仮称）の現況

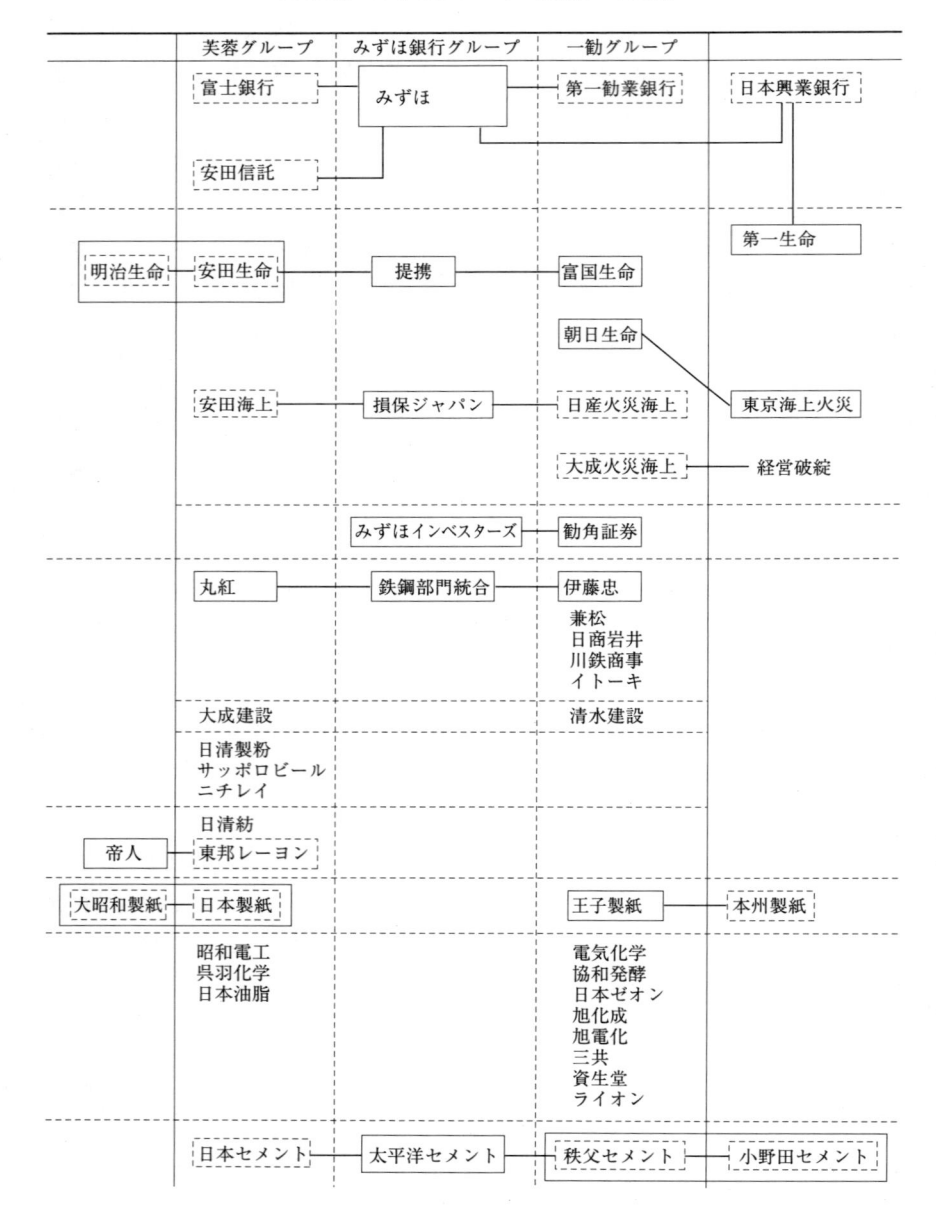

芙蓉グループ	みずほ銀行グループ	一勧グループ	
富士銀行	みずほ	第一勧業銀行	日本興業銀行
安田信託			
			第一生命
明治生命　安田生命	提携	富国生命	
		朝日生命	
安田海上	損保ジャパン	日産火災海上	東京海上火災
		大成火災海上	経営破綻
	みずほインベスターズ	勧角証券	
丸紅	鉄鋼部門統合	伊藤忠	
		兼松	
		日商岩井	
		川鉄商事	
		イトーキ	
大成建設		清水建設	
日清製粉			
サッポロビール			
ニチレイ			
日清紡			
帝人　東邦レーヨン			
大昭和製紙　日本製紙		王子製紙	本州製紙
昭和電工		電気化学	
呉羽化学		協和発酵	
日本油脂		日本ゼオン	
		旭化成	
		旭電化	
		三共	
		資生堂	
		ライオン	
	日本セメント　太平洋セメント	秩父セメント	小野田セメント

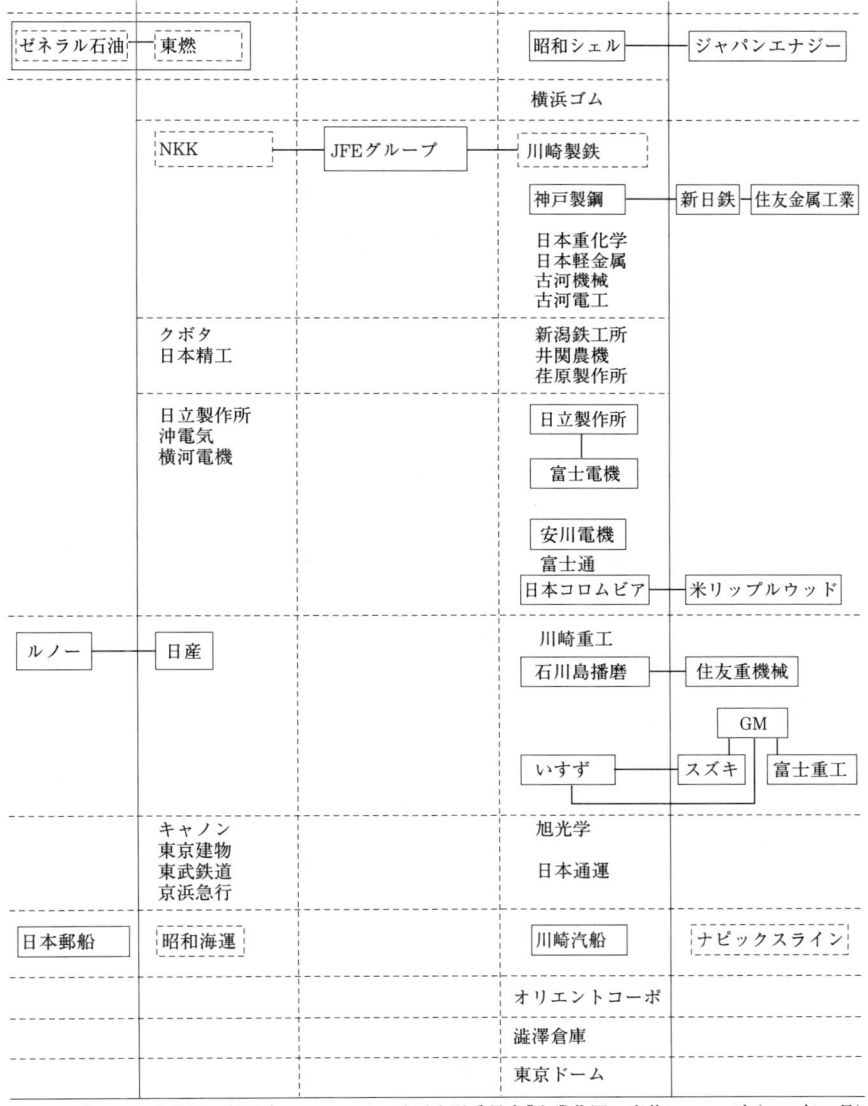

第 4 章　グローバル競争下の企業集団　113

ゼネラル石油 — 東燃			昭和シェル — ジャパンエナジー	
			横浜ゴム	
	NKK — JFEグループ — 川崎製鉄			
			神戸製鋼　新日鉄 — 住友金属工業	
			日本重化学 日本軽金属 古河機械 古河電工	
	クボタ 日本精工		新潟鉄工所 井関農機 荏原製作所	
	日立製作所 沖電気 横河電機		日立製作所 富士電機	
			安川電機 富士通 日本コロムビア — 米リップルウッド	
ルノー — 日産			川崎重工 石川島播磨 — 住友重機械	
			GM いすゞ — スズキ　富士重工	
	キヤノン 東京建物 東武鉄道 京浜急行		旭光学 日本通運	
日本郵船 — 昭和海運			川崎汽船 — ナビックスライン	
			オリエントコーポ	
			澁澤倉庫	
			東京ドーム	

注）① 旧企業集団の社長会メンバーは，公正取引委員会『企業集団の実体について』（1998年10月）による．
②　□で囲ったのは合併・経営統合によって存続する企業名，⌐ ¬で囲ったのは合併・経営統合によって消える企業名である．

船部門で，川崎重工（一勧）と石川島播磨（三井，一勧）の統合が検討されてきたが，結果として統合には至らなかった．NKK（富士）は造船部門を日立造船（三和）と統合し，2002年10月には，「ユニバーサル造船」としてスタートすることになった．

　以上の事態を前提にすると，みずほファイナンシャル・グループの誕生によって，旧富士銀行が組織していた芙蓉会のメンバーと旧第一勧業銀行の組織していた三金会のメンバーが合流し，規模を大きくしたみずほグループが成立するとは考えにくい．そもそも，銀行・金融グループの結集になお成功しえていないように，みずほファイナンシャル・グループの側に，旧グループ企業群を主取引先企業として囲い込み，フルセット型産業連関を体現するみずほグループとして組織する体力が失われているからである[25]．みずほグループが組織されるとして，それは三井住友銀行グループとは異なり，産業再編によって誕生した巨大企業との個別的な関係の集合という性格の強いグループになる可能性が大きい．

　以上，三井住友銀行グループとみずほグループの現状を鳥瞰した．そこで明らかなのは，4つの大手都市銀行が2つの大手都市銀行グループに再編されても，4つの企業集団がただちに2つの企業集団に再編される事情にはないということである．本章では，6大企業集団のうちの他の2つの集団について触れることはできなかったが，旧三菱グループは三井住友銀行グループと，旧三和グループはみずほグループとの共通性をもつように見える．いずれにしろ，4大都市銀行・金融機関グループによる囲い込みへの衝動と，産業諸部門に固有の事情に規定される巨大企業の再編の衝動という2つの力の組み合わせが，企業集団の再編の方向を規定することになると考えられる．

1) 拙稿「大再編下の企業集団」（『経済』No. 67，2001年4月），拙稿「日本の大企業体制の仕組みと再編」（『経済』No. 49，99年10月）なども参照されたい．
2) 『日本経済新聞』1999年9月10日．
3) 『朝日新聞』2002年4月11日．
4) 1997年のアジア通貨・経済危機以降，欧米大手セメントによる東南アジアセメン

トメーカーの支配が加速した．スイスのホルダーバンク，世界2位の仏ラファージュ，世界3位のメキシコのセメックスなどが相次いでアジア進出を果たし，フィリピンの生産能力の89％，インドネシアの65％のシェアを支配するに至っている．仏ラファージュは，00年，韓国の中堅メーカー漢拏を傘下におさめ，01年には，麻生セメントに約4割の資本参加をして日本上陸を果たしている（『朝日新聞』2001年5月4日）．

5) 『日本経済新聞』2001年5月11日．
6) 『日本経済新聞』2000年11月18日．ただ，両者の経営統合は2003年になって破談になっており，化学業界の再編は新しい局面にある（『日本経済新聞』2003年4月30日）．
7) 『朝日新聞』2001年1月20日．
8) 『朝日新聞』2001年2月24日．
9) 1998年，独ダイムラーと米クライスラーの合併を契機に，世界規模の自動車再編が加速することになった．米・欧・日・アジアにまたがる自動車再編の流れはなお最終的に収まったとは言えないが，さしあたり世界の自動車メーカーは市場の8割を支配する六大グループ（GM，フォード，ダイムラー・クライスラー・三菱自動車，トヨタ，ルノー・日産，VW）に集約されることになった．
10) 『朝日新聞』2001年12月4日．
11) 『朝日新聞』2002年4月3日．
12) 京セラ系新電電のDDI，トヨタが大株主のKDD，トヨタ子会社の携帯電話会社IDO（日本移動体通信）が合併し，2001年10月1日付で発足する．京セラが筆頭株主（15.3％）で，トヨタが第2位株主（13.3％）となる．
13) 財閥解体後，旧財閥傘下の大企業と大銀行が金融的結合を再編するとき，「同窓の絆」とか「血は水よりも濃い」といった「論理」が旧同系を再結するテコとして作用したと言われる（E. ハードレー『日本財閥の解体と再編』東洋経済新報社，1975年）．それは独占的結合の論理（＝「資本の論理」）とは異質の論理だが，現実の金融的結合を媒介するテコとして作用したことを鮮明にするために，ここでは「非資本の論理」と呼ぶ．
14) ここでは，銀行融資＝借入の関係に限定して検討する．大企業と大手銀行の金融的結びつきに関するもう1つの論点として株式相互持ち合いの問題がある．けれども，企業集団はなによりも大企業と大銀行の金融的結合として論じられるべきであり，株式相互持ち合いはそれとは論理次元を異にする問題だというのが筆者の見解である．こうした問題の性格上，株式相互持ち合いの問題を本章では取り上げなかった．90年代の株式相互持ち合いの動向について，拙稿「株式相互持ち合いの『解消』について」（『立命館経済学』第48巻第3号，1999年8月）を参照されたい．
15) 個々のメインバンク関係が解消したり，崩壊することを否定しているのではない．

重要なのは，個別のメインバンク関係が解消すれば，他の銀行との間にメインバンク関係が成立するということである．東京三菱銀行による主取引先開拓の事例は，このことをよく示している．東京三菱銀行は，3万社（うち2000社は新規の取引先）の優良企業を対象に新たな借り入れを働きかけ，当該企業における同行の取引順位を高め，千数百社については，主取引銀行になることを目指している．背景には，他の大手銀行が再編・統合に伴って旧行間で重複した取引先への融資を絞るなかで，この肩代わり融資を実行するという事情がある（『日本経済新聞』2002年7月4日）．

16) グループ全体の資金管理を強化し，効率的・合理的な資金運用に注力する企業が増加しているが，こうした企業の要求を充足するのはつまるところ銀行の提供する資金決済機能にほかならない．一方で，巨大企業が資金管理のための取引銀行を絞り込む動きを強め，他方で，4大銀行の側ではCMSの販売によってグループ単位で企業取引を囲い込む動きを強めている．大企業は，取引銀行を大手銀行に絞り込む動きを加速しているのであり，4大銀行グループに集約されることにならざるを得ない（『日経金融新聞』2001年2月14日）．

17) 前掲拙稿．

18) マイカル再建の過程で，マイカル経営陣が第一勧業銀行の思惑とは別に民事再生法の申請を選択したが，この出来事は体力を消耗したメインバンクがマイカルをコントロールできなくなっていることを如実に示すものであった．熊谷組の再建計画を実施する過程で，住友銀行は，債権放棄に反発する地銀の融資分を肩代わりする一方，主要融資先の鹿島に資本提携を要請したが，鹿島の協力は人的支援にとどまった．これもまた，体力を消耗した住友銀行に，ゼネコン業界の再編をリードする能力が失われていることを象徴的に示す出来事であった（『日本経済新聞』2001年9月16日）．

19) ここで，「三井住友銀行グループ」「みずほファイナンシャル・グループ」というのは，あくまでも仮称として用いているにすぎない．前提とされる社長会メンバーは，公正取引委員会『企業集団の実態について―第六次調査報告書―』（1998年10月）によっている．

20) 『日本経済新聞』2002年1月31日．

21) 安田生命と明治生命の合併によって誕生する「明治生命＋安田生命」の順位は3位となり，現在3位に位置する住友生命は4位となる．

22) みずほファイナンシャル・グループには日本興業銀行も加わっているが，興銀の主取引先企業は考慮していない．興銀が6大都市銀行と並ぶ興銀グループを組織していたわけではないからである．

23) 当初，損保ジャパンに合流することになっていた大成火災は，2001年11月，同時多発テロによる巨額の再保険による保険金の払い出しによって経営破綻し，安田

火災と日産火災の2社の統合によってスタートすることになったものである．
24) 朝日生命と東京海上の思惑の不一致により，2002年4月，ミレアグループは東京海上火災，日動火災，共栄火災の損保3社で発足した．ただ，朝日生命のミレアグループへの参加はなお解消したわけではないとされている．
25) 1992年以降，バブルの処理総額は72兆円に達し，銀行のコア業務純益（業務純益）は7年連続不良債権処理額を下回っている．このことは，銀行の体力が失われているといった一般的な状況ではなく，銀行が産業として成立していない現状を示している（『日本経済新聞』2001年9月9日）．

第5章　企業集団的結合の変容
——三菱集団を例に——

はじめに

　1990年代以降の日本経済の停滞は，夥しい数の企業と金融機関の破綻を引き起こすとともに，経済構造そのものの歪みを浮き彫りにしている．停滞はバブルの崩壊に加えて重化学工業を軸に展開してきた経済拡大の行き詰まりを背景に，1990年代以降急激な進展を見せた経済のグローバリズム，規制緩和がもたらす激しい競争さらには失政によって加速された．また情報通信技術（IT）の急速な発達が，一方で生産性の向上をもたらしながらも，他方で生産性格差や雇用問題を深刻化させ停滞に拍車をかけた点も見逃せない．

　ここで重要な点は，今次経済危機は企業と金融機関の淘汰を通じた猛烈な資本集中を伴っているということである．企業と金融機関の巨大化は，直接的にはこれまでの大企業・大銀行を軸にした再生産構造の破綻に対する一時的な対症療法としての性格を持つ．したがって，これを直ちに新たな経済的枠組みへの胎動と見なすわけにはいかない．だが集中を通じて，企業も金融機関も競争条件の確保を積極化している．企業間関係の変化はその一つの現れである．また資本集中を伴う企業間関係の変化は，経済的支配構造の変化と関わっている．そこで以下では，経済的支配構造の変化を意識しながら，日本の企業間関係を特徴づけてきた企業集団，なかでも最強集団とされてきた三菱集団（社長会・金曜会参加28社）を対象にしてその実態について見る．

1. 集団的結合とそれに対する見解

　三菱に代表される企業集団は，発達した資本主義国に共通に見られる大銀行と大企業の結合の日本的形態である．結合は両者の経済的支配力維持，強化を本質としている．結合が集団的になっているのは，戦前財閥の歴史的経緯の他に，主に戦後の過当競争，市場の狭隘性，証券市場の未成熟といった市場の条件による．狭隘な国内市場を背景にした激しい競争は，資金や原材料さらには市場の安定的確保を企業に強制し，銀行も激しい競争の中で多くの取引先を確保するために，乏しい資金を効率的に運用することを余儀なくされた．このような企業と銀行の論理が両者を結合させ，また企業間の特定の関係を生み出した．さらに証券市場の未発達などによる株主構造の不安定性は，取引関係を基礎に銀行を軸にした株式の相互持合を生み出した．そしてこのような諸関係を財閥時代の歴史的経緯が媒介した．こうして，戦後の特殊事情が集団的な結合を生み出したのだが，このことは競争条件が変化すれば結合形態自体が変化せざるをえないことを意味する．

　その後，集団的結合は高度経済成長期を通じて強化された．集団的結合は資金調達，原料資材の取引，技術協力，さらには情報交換などを通じて各企業の競争力を支えた．そこでは，とくに銀行と総合商社が大きな役割を果たした．こうして集団的結合が一旦成立すると，それは財閥の歴史的経緯を超えて個々の企業間結合を媒介するとともに，大企業と大銀行の覇権維持装置の機能を果たすことになる．また成立した集団内では，メインバンク制として特徴づけられる銀行と企業の密接な関係と，商社を軸にした集団内取引が絡み合い，これが集団的結合の軸となる．このような集団を背景にした企業の競争力の強化は，集団と企業の信用を高め，企業の国内外での競争力を一層高める役割を果たす．それゆえ信用の象徴としての商標，商号を守る必要があり，社長会がその役割を担うことになる．また関係安定化や信用維持のためには企業防衛力が示されねばならず，集団的な株式持合がその手段として機能することになる．こうして，社長会や相互持合は集団的結合を象徴的に示すものとなる．

集団的結合は1980年代までは鮮明な姿を見せていたが，1990年代になると取引や株式持合などで結合の弛緩ともとれる現象が現れている．この現象を捉えて，それは企業集団の弛緩ないしは解体であるとする見解が出されている[1]．例えば公正取引委員会は持合比率，集団内取引の低下傾向を指摘し，それをもって集団の結束力低下としている．また解体論の論拠としては，持株比率や取引比率の低下と並んで，メインバンクの地位の低下，金融再編成，集団外との取引関係拡大，総合商社の地位の低下などが挙げられている．確かに，持株比率や集団内取引比率は低下傾向にある．なかでも取引先は事業の統合・合併，事業廃止・縮小，相手企業の破綻，取引先の絞込み，インターネット取引の普及などによって変化を余儀なくされている．さらに都市銀行の再編成も取引先の変化に影響を与える．だが果たして，これらの事実は文字通りの集団の解体を意味するだろうか．

深刻な停滞下で，集団企業は一方で後ろ向きの対応に迫られながらも，他方では新事業への参入を開始した．そこでの企業の動きは集団体制を揺さぶるとともに，集団的な結合を前提にしたものとなった．その結果，日本の企業集団体制は三菱東京フィナンシャルグループ（以下MTFGとする）と三井住友銀行グループの2大集団に集約された感を抱かせる．

集団が解体されつつあるかどうかという議論は，事実の問題だけでなく，集団とは何か，株式持合とは何かといった根本的な問題を投げかけている．この問題に答えるためには，持合や取引関係，メインバンクや商社の役割とその実態，その背景などについて個別企業ごとに，しかも集団と関わらせて検討する必要がある．

2．集団構成企業の動向

三菱集団の特徴は強力な銀行部門と重化学工業部門を軸にし，また他集団と比較して優良企業が多いという点にある．1980年代までの三菱集団は，文字通り日本を代表する集団としてばかりでなく，日本経済の象徴として取り上げら

れてきた．三菱企業の行動は，日本の取引の閉鎖性，日本経済の閉鎖性を示すものとして米国からの集中砲火を浴びた．1989年の三菱地所によるロックフェラー・グループ社の株式の51％取得，1990年の三菱商事，三菱重工業，三菱自動車，三菱電機によるダイムラー・ベンツとの包括的な提携，三菱銀行の支援による三菱商事の米化学アリスティック社の買収，三菱電機による米電機アプリコット社の買収，さらには同じく1990年の三菱鉱業セメントと三菱金属の合併（三菱マテリアルの誕生）といった三菱の行動は米国を刺激し，米国は社長会の議事録公開，商社の取引実態の公開を日本に迫った．これに対して公正取引委員会は，集団内取引実態の調査を約束した．またこの間，三菱は新産業への進出を図り，1985年には商事と電機によって宇宙通信が設立され，翌年には三菱集団企業全社の出資となった他，1989年には電機，商事，仏アルカテルエスパース，米エアロスパシアル，米フォードエアロスペースの5社が人工衛星分野で提携している．

　だが，1990年代に入ると経済状況は一変する．日本経済の深刻な停滞，競争激化は日本企業を疲弊させるとともに，それらに後ろ向きの対応を強制した．とりわけ，電機や化学といった製造業と金融機関の疲弊が著しい．大企業を含む企業破綻が急増する中，企業は不採算事業からの撤退（統廃合，売却，系列企業の再編成），資産売却，人員削減，生産現場の海外移転（とくに1990年代後半以降）を加速させていった．統合は鉄鋼，電機，化学，重機，さらには金融，商事部門で目立っている．また企業合併も大型化を伴って増大していった．そしてこの動きを政府が積極的に後押しした．1997年のM＆A手続きの簡素化，持株会社解禁，1998年の金融持株会社解禁，金融再生法，1999年の株式交換による合併の解禁，産業再生法，2000年の民事再生法，連結財務への移行，2001年の会社分割制度，金庫株の導入，時価会計制度の導入などといった矢継ぎ早の施策がそれである[2]．これらの措置は単なる規制緩和ではなく，明らかに大企業の事業整理支援策であり，いわば救済策である．そしてこれらの集中措置を契機に，膨大な失業者が生み出されたことはいうまでもない．また合併の背景には，規模の拡大によって外資などによる買収を阻止しようという狙いもある．さら

に金融機関も収益低下，巨額の不良債権，保有株価の下落などに苦しむことになる．だがこのような状況の中で企業は電子，情報，通信，宇宙関連，医療，生命科学といった新規事業への進出を図り，内外資本との提携を加速させていった．こうして1990年代なると，企業は大きな転換期を迎えることになった．

三菱集団企業も例外ではない．とくに重機や電機，化学といった装置産業の比重が高い三菱集団では，巨額の投資を必要とする一方で競争激化による利益率の低迷に悩まされ，人員削減，生産の海外移転・委託などを積極化している．また1990年代には三菱企業のいくつかが合併に踏み切った．1990年の三菱金属と三菱鉱業セメントの合併の他，1994年の三菱化成と三菱油化の合併（三菱化学発足），1996年の三菱銀行と東京銀行の合併（東京三菱銀行発足），1999年の日本石油と三菱石油の合併（日石三菱発足・現新日本石油），さらに2001年の三菱自動車のダイムラーの傘下入りがそれである．だがこれらの動きは，必ずしも前向きの対応とは言い切れない．しかも三菱集団企業では従来事業の比重がまだ高く，事業リスクの分散に立ち遅れており，その分経済動向に左右されやすいという体質を持っている．以下では，主に最近に限っての集団企業の動向を見る．

(1) 産業企業の動向

三菱重工業

造船業に代表される重機部門は韓国企業などとの競争に押されて低迷し，各社は人員削減，子会社の売却，事業・工場の統廃合に追い込まれた．三菱重工でも海外子会社の売却，工場の閉鎖，大幅な人員削減を発表している．また石川島播磨重工，川崎重工，三井造船の3社が，日立造船とNKKがそれぞれ造船部門を統合する中，三菱重工は独立路線を堅持しているが，製鉄機械部門では日立製作所，新日鉄と，フォークリフトでは日産，コマツと，発電用タービンではP＆W（プラット・アンド・ホイットニー）とそれぞれ提携している．さらに2000年には，米ボーイング（1997年にマグドネル・ダグラスを合併して世界最大の航空宇宙メーカーになった）と提携し，発電事業から航空宇宙部門へのシフトを図っている[3]．なお2002年5月，政府は国産ロケットH2Aの生産，受注，打

上げを三菱重工に集約する方針を発表している．

　また集団企業のほとんどは，膨大な系列企業を通じて様々な事業を展開している．それらは本体を支える子会社群を形成し，いわば本体と一体化しているといってよい．したがって大企業の考察のさいには，系列企業の考察が不可欠である．重工の系列企業の場合，金曜会メンバーでもある三菱化工機，三菱自工を含めてそのほとんどが重工本体との取引で結ばれており，しかも特筆すべきはその多くが三菱集団企業と関わっているということである．例えば出資は重工を筆頭株主にしている他，有力株主として三菱商事，三菱電機，三菱マテリアル，三菱製鋼などが名を連ね，取引銀行は東京三菱銀行と三菱信託銀行に集中している．また取引先は重工の他，商事，電機，日本郵船，マテリアル，三菱自工，三菱レイヨンなどとなっている．こうして重工系列企業は三菱集団企業と深く結びつくと同時に，銀行の融資系列に組み込まれている．また，重工系列の中には集団的出資によるものも多く存在する．それらは主に重工，商事，電機が中心になって設立されており，重工と電機に供給するとともに商事から仕入れを行っている．これらのことはまた，三菱重工が系列企業を通じて間接的にも三菱集団の有力企業と結合していることを示している[4]．

　三菱重工と集団企業との間では，この他に海外プロジェクトでの協力関係も確認できる．例えば商事とは発電事業で，三菱化学とはプラント建設で，三菱電機とは発電プラントで，それぞれ一体となった事業を展開している．またいずれも大型プロジェクトであることはいうまでもない．こうして重工は直接，間接に集団有力企業と結合している．

三菱化学

　1990年代になると自動車，家電などが海外生産へ移行し，これによる石油化学製品に対する需要減少が日本の石油化学会社を直撃した．さらに，アジアからの石油化学製品輸入増大がこれに追い討ちをかけた．そこで各社とも，大量の人員削減を軸にした大幅な事業再編成に踏み切った．

　三菱化学では1994年の発足後，矢継ぎ早の再編措置を講じている．その背景には，三菱化学では様々な事業を展開しているが，個々の事業自体は比較的規

模が小さく競争力が弱いという事情がある．その後同社は，1996年に東燃化学と合弁で日本最大の合成樹脂メーカーとして日本ポリケムを立ち上げ，またこれを梃子に事業統合を推し進めた．その過程で同社は東燃化学の他，昭和電工，日本石油化学，旭化成，出光石油化学などとも提携し，海外企業の対日進出に対抗した．その後2000年には産業再生法による登録免許税の軽減措置を利用して，三洋化成工業や旭化成と樹脂事業を，また東亞合成とも分社化によって塩ビ事業を統合し，さらに旭化成，日石三菱，ジャパンエナジー（ともに水島地区）と原料・製品の相互融通で提携している．また，2000年以降はCD（コンパクトディスク）の台湾メーカーへの生産委託の増大，鹿島地区の塩ビ原料生産や水島地区のHD（ハードディスク）生産からの撤退，子会社の売却（肥料事業など），事業売却（プラスチックなど），人員削減といった再編策を相次いで実施している．

なお石油化学事業では，企業淘汰などによって汎用樹脂メーカーは大幅に減少し，資本集中が進展している．例えば1994年の三菱化学の発足，1996年の日本ポリケムの発足に対抗して，1997年には三井石油化学と三井東圧化学が合併し，三井化学が誕生している．さらに2003年10月を目途に三井化学と住友化学の合併が予定されたが，この構想は2003年5月に白紙撤回された．いずれにしても，同分野では三井，住友，三菱化学連合（日本ポリケムを軸にした連合）の三大勢力に集約されることになる．だが石油化学事業を巡る状況は思わしくない．

石油化学が苦戦を続ける中，三菱化学は医薬品や情報関連素材などに活路を見出そうとしている．1999年に三菱化学は同社の製薬部門と東京田辺製薬を合併して三菱東京製薬を発足させ，また2001年以降にはゲノム事業で富士通と，生命情報科学で東洋紡と提携した．さらに同年，三菱東京製薬とウエルファイド（旧吉富製薬）を合併させて三菱ウエルファーマを発足させている．ちなみに三菱化学では，連結で売上の半分は石油化学部門が占めているが，営業利益では医薬品部門子会社がその半分を占めている．またナノテクノロジー分野への参入も決めており，2001年には三菱商事と共同でフロンティアカーボンを設立して炭素系新素材のフラーレン生産計画を立ち上げている．このような多角的

な事業展開の結果,三菱化学は2000年度の連結売上高で首位に立っている.

その他の系列企業についてみると,1998年にバーベイタムを売却してFD（フロッピーディスク）事業から撤退し,2000年には三菱アルミニウムの事業整理を行っている.また2001年には,系列の三菱樹脂が積水化学と塩ビ管の生産統括会社を設立している.なお三菱アルミの損失処理にさいしては,同社の第三者割当増資を三菱マテリアル,三菱化学などの三菱集団企業が引き受けている.金曜会メンバーでもある三菱樹脂を含めた系列企業に対しては,化学の他,銀行,信託,明治生命,東京海上火災,商事,マテリアル,旭硝子など三菱集団有力企業が大株主に名を連ねるとともに,有力な取引先となっている.取引銀行は東京三菱,三菱信託をメインとしていることはいうまでもない.

集団企業との関係では,旭硝子と液晶カラーフィルターの生産会社を設立している他,三菱ガス化学との合弁会社の設立,商事系列の電力会社ダイヤモンドパワーとの提携,マテリアルとのセメント共販会社の設立などが挙げられる.系列企業との関係にせよ,集団企業との関係にせよ,化学を巡る企業間結合については,先の三菱重工と三菱集団企業との間に見られた特徴がそのまま当てはまる.またここでは,全面的ではないにせよ集団企業との協力で事業整理,新産業への進出を図っている事実が散見できる.

三菱マテリアル

素材業界も他の分野同様,需要低迷などから業績不振を余儀なくされている.三菱マテリアルは金属精錬,セメント,超硬工具,アルミニウム,さらにはシリコンウエハーなどの電子デバイス,金属加工などまさに素材のデパートとして事業を展開している.だが同社は金属精錬やセメントなど経済動向に左右されやすい分野を多く抱え,収益低迷と株価低迷に苦しんでいる.1990年代後半以降,人員削減,設備休止,事業集約（酸化チタンなど）,資材調達先の見直し（削減）を実施して,他の集団企業同様,ようやく収益を維持している状況にある.1990年の三菱金属と三菱鉱業セメントの合併は,競争力低下を企業規模拡大で一時的にしのぐという性格が強く,その後本格的な事業再編成を余儀なくされた.1999年には,ライバルの住友金属工業と共同でシリコンウエハー開

発・製造会社を設立した他，2000年には神戸製鋼所と伸銅品で提携している．また2001年には住友金属工業とシリコン事業の統合に踏み切った他，ライバルの住友電気工業とも巻線事業を統合している．国内素材会社は，このような生産集中によって競争に耐えているという状況にある．

マテリアルは多くの系列企業を抱えており，なかには三菱アルミニウム，三菱電線工業，三菱伸銅，三菱建設といった金曜会参加企業も含まれている．系列企業の出資者には，マテリアルの他に三菱電線工業，三菱アルミニウム，日本郵船，三菱倉庫，東京海上火災，商事，銀行，信託，化学，電機，明治生命など三菱集団企業のほぼすべてが名を連ねている．これらは取引先でもあり，東京三菱銀行と三菱信託にとっては融資系列をなす．

集団企業との直接的な関係では，三菱電機との取引関係が強い．その他では1998年に，三菱電機系の第一電工をマテリアルが譲り受けたり，2000年にマテリアルの本社ビルを明治生命が東京三菱銀行と共同開発した証券化の仕組みを使って買い取ったり，三菱アルミニウムの第三者割当増資をマテリアルの他に化学と商事が引き受けたり，さらに2002年には三菱建設の資本増強にマテリアルとともに銀行と信託が応じるなどの動きが見られる．ここでも，集団企業の子会社の救済に他の集団企業が協力する姿が確認できる．なお，三菱アルミニウムや三菱電線工業などは，銀行を含む集団有力企業の共同出資企業という性格を持っている．

三 菱 電 機

電機分野でも日本企業は苦戦を強いられている．1990年代以降，需要停滞，内外企業との競争激化によって各社は収益率の低下に苦しんでいる．1990年代後半にはパソコンや携帯電話の生産拡大に伴う一時的な半導体ブームの恩恵を受けたが，その後は過剰設備に苦しむことになった．その結果，電機産業は1998年以降深刻な事態に陥っている．各社とも赤字決算を余儀なくされ，大幅な人員削減の他，事業統廃合や海外企業への生産委託などを加速している．また事業分野が広範囲に及ぶ総合電機会社同士で，しかも分野ごとに異なった組合せでの事業統合が頻繁に行われている．

三菱電機では，1998年3月期に単体で52年ぶりの赤字を記録した後，人員削減の他，2000年には販売会社の統合，半導体の海外企業への生産委託，2001年にはブラウン管カラーTV生産からの撤退と，事業再編成を加速させている．またこの間に集団内外企業との広範な提携関係を構築している．家電では三菱重工，韓国サムスンと，パソコン関連ではNECと，制御機器では日立製作所と，携帯電話では東芝，米インテル，シャープと，エレベーターでは日立製作所と，流通向けシステムでは日本IBMと，音響ではパイオニアと，さらに電子認証では三菱商事，NTT東日本とそれぞれ提携している．また航空・宇宙（人工衛星など）分野では，1998年にロッキード・マーチンと包括提携した他，2001年には三菱電機，三菱重工，ボーイングの3社で包括提携している．なお人工衛星で最大手の三菱電機の行動に対抗する形で，NECと東芝が宇宙事業を統合している．

　三菱電機は事業統合も積極的に展開している．日立製作所とエレベーター事業を統合した他，重電では2000年以降に独ジーメンス，仏アルストムの参入でともにシェアを低下させた東芝と変電機器や電力向けモーターなどで事業統合している．さらに半導体では台湾企業に生産委託し，1998年に仏SGSトムソン，松下電器産業と提携した他，日立製作所とLSI事業を統合している．これにより，LSI事業は日立・三菱，東芝・富士通，NECの3グループに集約された．三菱電機は他にも防衛システム，工作機械，携帯電話向けフラッシュメモリーなど広範な事業を展開している．だが全体としてIT関連に依存した事業にシフトしており，その分不安定な収益体質になっている．

　系列企業についてみると，それらの出資者には電機の他に，銀行，信託，生命，商事，重工，化学，マテリアル，旭硝子，郵船，地所，製紙，ガス化学などが名を連ねている．取引先も前掲3社と同様に，金融取引を含めて三菱集団企業に集中しており，三菱電機以外ではとくに重工，商事，旭硝子との取引が大きい．また系列企業のうち，三菱スペース・ソフトウエア，三菱プレシジョン，菱電商事などは三菱集団の共同出資会社となっている．

　集団企業との関係では，商事との関係が多く，最近では商事の電子商取引業

務の支援，商事の半導体関連会社への出資，さらには商事とUAEの変電所建設を受注したり，液化天然ガス事業で合弁会社を設立している．その他，明治生命，DCカードと介護用ICカードの共同開発，マテリアルのリサイクル会社への出資などの事例がある．

その他の集団企業

上記の他にも三菱集団には有力企業が多い．その中には，業界トップの位置を占める旭硝子がある．同社は自動車硝子でトップシェアを誇る他，1980年代後半から内外企業との提携を推し進めてディスプレー事業を強化し，この成長分野で営業利益の大半を稼ぎ出している．このため，同社の財務状況も安定している．1998年3月期には三菱集団企業を含めて多くの企業が営業赤字に陥っているが，同時に三菱集団企業は巨額の金融収益を計上している．その額は三菱商事がトヨタなどに次ぐ4位で451億円，旭硝子が19位の111億円，三菱重工が25位の74億円，三菱電機が32位の52億円となっている[5]．旭硝子の系列企業については，これまで見てきた他の集団企業のそれと全く同様に，三菱集団企業と密接な関係を持っている．旭硝子本体と集団企業との直接的な関係では，三菱ガス化学と電解事業会社を，三菱化学と液晶ディスプレー部品製造会社をそれぞれ設立している他，商事系列企業に情報システム業務を全面委託したり，海外では商事と塩ビ樹脂会社を設立するなどしている．

その他，最近の三菱集団の実態を特徴づける例として，三菱石油と三菱自動車を挙げることができる．石油事業では，1996年に石油製品の輸入が自由化され，民族系と外資との競争が激化した．三菱石油は国内最大手のコスモ石油と提携した他，電力会社や三菱商事と共同で天然ガス事業に進出している．1999年には日本石油と合併し日石三菱となった後，両社の系列会社を統合し，さらに系列の興亜石油，東北石油などを完全子会社化している．旧三菱系の系列会社は，三菱集団企業の出資を仰いでいることはいうまでもないが，合併後は日石が三井系であったことから三井物産や東芝などとの関係も深まっている．三菱集団企業との直接的関係では，三菱商事や日本郵船との関係が深い．

三菱自動車については，1998年の経営危機を東京三菱銀行，商事，重工によ

る支援で乗り切ったあと，2001年にはボルボとの提携を解消してダイムラーの傘下に入ることで再建を図ることになった．2002年8月現在，ダイムラーが自工株の37％を所有して筆頭株主となっており，三菱集団企業の所有比率は34％に下がっている．石油と自工は集団外からの資本導入によって再建を図った例で，今日の集団的結合が置かれた状況の一端を示している．

これ以外の三菱集団企業としては，日本郵船，三菱地所，三菱レイヨン，三菱ガス化学，三菱製紙，三菱製鋼，三菱倉庫，麒麟，ニコンなどがある．これらの企業も日本経済の停滞で打撃を受け，提携関係の見直しなどを含む事業再編成を余儀なくされているが，依然として共同出資や取引関係などを通じて他の三菱集団企業とのつながりを持っている．とくに三菱商事や重工，電機などの集団内有力企業とは強い関係を保持している．

以上，集団企業の動向を大まかに見てきたが，企業間関係に関しては二つの特徴を挙げることができる．一つは，集団企業は従来事業で集団外ライバル企業と事業統合などを通じて生産を集中していること．もう一つは，依然として集団企業同士が資本や取引，さらには子会社を通じて直接，間接に結びつき，また新事業などでは協調関係を維持していることである．次に金融面から企業間関係を見る．

(2) 金融機関の動向

金融再編成とその背景

バブル経済が崩壊し，それまでの放漫経営のつけである巨額の不良債権の顕在化に慌てた金融機関は1992年以降，毎年のように営業利益を上回る不良債権処理に明け暮れることになる．2001年3月期まで，金融機関の不良債権処理額は7年連続で本業の業務純益を上回っている．また経済停滞による夥しい数の企業破綻，新たな不良債権の発生，営業利益の低迷，株価下落による株式含み損の拡大，企業の資金需要の停滞，さらには相次ぐ外国金融機関の日本進出が銀行経営を圧迫し続けている[6]．この結果，多くの信用組合，信用金庫，地方銀行が破綻し，また都市銀行の財務内容の劣悪性，融資依存という収益構造の劣

位性も浮き彫りになった．金融破綻についてみると，1997年以降地銀，第二地銀の破綻が目立つようになった．1997年の兵庫銀行，徳陽シティ銀行の破綻の他，1999年の幸福銀行（第二地銀，米投資会社アジア・リカバリーファンドに買収され関西さわやか銀行として出発），国民銀行，新潟中央銀行，2000年の東京相和銀行（第二地銀，米投資会社のローンスターが買収し，東京スター銀行として出発），2001年の石川銀行（第二地銀），2002年の中部銀行（第二地銀）と続いた．その他，金融庁から早期是正措置を受けた金融機関が多数存在する．また信金，信組の破綻・統合も1990年代後半以降猛烈な勢いで進展した．信用金庫数は1997年3月末の約410から2002年3月末には約350に，信用組合数は約350から約250に激減した．なお信用組合については，監督権限が都道府県から国に移管された00年4月を境に破綻・統合が激増している．地方の金融機関破綻の背景には，バブル期の融資失敗，取引先破綻による不良債権の増大，資金需要の低迷による収益悪化がある．また地方の金融機関は破綻回避のために合併や提携を余儀なくされた．このような地方の金融機関の破綻・統合の背景には，金融集中を推し進めようとする行政の強い圧力が働いている．地銀などの合併は2000年以降本格化し，近畿銀行と大阪銀行，札幌銀行と北洋銀行，広島総合銀行とせとうち銀行，関東銀行とつくば銀行，親和銀行と九州銀行，西日本銀行と福岡シティ銀行が統合もしくは統合計画を発表している．また信金，信組の合併も破綻と並行して増大している．

　だが苦境に追い込まれているのは地方金融機関ばかりではない．大銀行も融資競争で資産だけは増大しているが，収益環境の悪化の中で経営効率の悪さが表面化した．とくにシティバンク，JPモルガン・チェース，ドイツ銀行等有力銀行の参入は，この邦銀の弱点を浮き彫りにした．外資系銀行，さらに外資系証券会社は融資業務の他，投資銀行業務（M&A仲介，株式・社債発行引き受けなどの証券業務，シンジケートローンの仲介，資産の証券化，資産運用業務など投資家と企業などを結びつける業務）を武器に，日本での活動舞台を拡大している．また企業や商社の金融子会社，ノンバンクなどの金融業務の展開も金融機関を追い込む．加えてIT投資負担が大銀行に重くのしかかった．このような状況は，銀

行に急速な事業再編成を促した．大銀行は一方で不良債権の処理，人員削減，店舗・支店の削減などを推し進めるとともに，他方では新たな金融業務の取り込み，拡大を図ることになった．そしてこのような総合金融機関への脱皮の過程で，大銀行の統合・集中運動が進展したのである．またこのような金融集中を政府が協力に後押しした．

1989年に都市銀行13行，長期信用銀行3行，信託銀行7行の合計23行あった大手銀行は，2002年8月現在までに大きく再編された．都市銀行は，1997年に破綻した北海道拓殖銀行を除いて大きく以下の5グループに集約されている．①三菱東京FG（旧東京銀行，旧三菱銀行，三菱信託銀行），②三井住友フィナンシャルグループ（旧三井銀行と旧太陽神戸銀行の合併によるさくら銀行，旧住友銀行），③みずほフィナンシャルグループ（旧第一勧業銀行，旧富士銀行，旧日本興業銀行），④UFJグループ（旧三和銀行，旧東海銀行，東洋信託銀行），⑤りそなグループ（旧大和銀行，旧協和銀行と旧埼玉銀行の合併によるあさひ銀行）．長期信用銀行は興銀がみずほFGに参加した他，日本長期信用銀行と日本債券信用銀行は1998年にともに破綻して国有化された後，前者は米投資会社のリップルウッドに，後者は東京海上火災などに売却されて，それぞれ新生銀行，あおぞら銀行と改称して再出発している．信託銀行7行（三井，三菱，住友，安田，日本，東洋，中央）は，三井と中央，三菱と日本がそれぞれ合併した他，安田が富士銀行の，東洋が東海信託と合併してUFJの傘下にそれぞれ入っている．

このような金融機関の急激な淘汰・再編成によって，金融機関数は急激に減少するとともに，大手銀行への金融集中が進展している．とくにペイオフ解禁を控えた2001年以降，4大銀行グループへの預金移動が急激に進展している．2001年9月期決算の総資産でみると，みずほが163.7兆円，三井住友が107.5兆円，三菱東京FGが97.7兆円，UFJが91.1兆円で全国銀行136行の総資産約1000兆円の約57％を4大銀行グループが占めている．また銀行統合によって取引先も一気に拡大した．4大銀行グループの取引先をみると三井住友が約17万6,000社，みずほが約16万9,000社，UFJが約14万5,000社，三菱東京が約10万2,000社に拡大し，これによって大銀行による有力企業の囲い込みが行わ

れた[7]．このことは，金融支配力強化の新たな条件がそろいつつあることを意味する．しかも,政府はさらに金融機関数を減少させようと図っている（例えば，2002年7月に塩川財務相はオーバーバンクの是正を表明している）．

　1998年，金融持株会社が解禁された．目的は，①銀行の合併・統合（救済を含む）促進による支店などの整理統合や人員削減（持株会社のもとでの統合は低コストでしかも合併と同じ効果を持つ），②機動的な事業の分割，売却を可能にし，各種金融業務を集約した総合金融機関に脱皮する手段を提供するなどである．その後，持株会社は準備金を取り崩し，配当原資を確保する手段としても利用されている．また矢継ぎ早の金融規制緩和も，金融機関の参入競争を激化させ，金融機関の淘汰再編を加速させた．1993年の銀行や証券への子会社方式での信託銀行業務への参入解禁，1998年の銀行窓口での投信販売解禁，2001年の銀行窓口での一部保険商品の販売解禁，2002年の銀行窓口での生保と損保の個人年金保険の販売解禁などがそれである．こうして，金融淘汰・集中は政府によって誘導されているといってよい．また金融統合は，企業の合併や大企業の利害に影響されている．合併などを通じて巨大化した企業は，支配力維持のために金融基盤のさらなる安定を必要とするからである．具体的には大企業は，大銀行に対して充実した金融サービスの提供，そのための大銀行への資本と業務の集中，さらにそのための金融再編成を要求することになる[8]．

　大銀行は統合とともに，地銀との提携を強化・拡大している．大銀行と地銀は，主に次のような内容で結びついている．①大銀行は国内リテール部門のパートナーとして地銀を利用，②大銀行は地銀を社債，CP（コマーシャルペーパー）など債券の分売先として利用，③地銀に債権を販売（債権流動化に利用），④地銀に投資信託商品を供給，⑤地銀の外為決済業務を受託など．またこれを通じて，地銀は資金運用先を確保している．

　このような統合，提携は大銀行の投資銀行業務参入への条件となっている．1993年のEU統合を契機に，世界の巨大金融機関はEUと米国の両方で事業展開すべく投資銀行業務の強化に乗り出し，その延長線上で国際的な金融統合が進展した．日本でも1997年以降，ゴールドマン・サックス，メリルリンチ，

モルガン・スタンレーなどの外国証券会社が相次いで参入し，不良債権購入だけでなく外資系銀行とともにＭ＆Ａの仲介業務に進出し，しかもその高いノウハウを活かして仲介ランキングで上位を独占している．これに対抗して，国内大手銀行グループが投資銀行業務への参入を推し進めている．Ｍ＆Ａ仲介業務の他，社債引き受けで銀行系証券が徐々にシェアを拡大している．だがその展開はまだ本格的なものではない．1996年の社債発行基準の大幅緩和，金融機関の貸し渋りを契機に社債発行が増大した．だが，実際に発行できるのは格付けがシングルＡ以上の，しかも大手信託銀行などとの関係の深い一部の企業に限定される．また引き受けはメインバンクの系列証券会社が主幹事となる例が多く，結局は間接金融の変形でしかない[9]．CP発行についても事情は同じである．1987年に銀行借入れに代わる短期資金の調達手段として解禁されたCP（短期の無担保約束手形）は，1996年に発行規制が緩和された後，2001年暮れ頃から再び発行が増大し始めた．発行額の半分以上はメインバンクが引き受けるために，発行できるのは有力企業に限られる．また銀行系証券も引き受け額を伸ばしている．なお，CP発行増大の背景には，日銀によるCPを使った頻繁な資金供給オペがある．

　社債，CP引き受けでは銀行系の証券会社の活躍が目立っている．これは親会社である大銀行の戦略による．大銀行は自己資本比率維持のために取引先大企業に資金返済を依頼しているが，大企業は社債発行と引き換えにこれに応じている．大企業発行の社債は，メインバンク傘下の証券子会社が引き受け，それによって証券子会社は業績を嵩上げするとともに，引き受けノウハウの蓄積を図ったと考えられる．だが，株式引き受け能力では販売能力を持つ大手証券が優位に立っており，Ｍ＆Ａの仲介業務では外資系や野村証券が断然の強みを持っている．とはいえ，投資銀行業務への進出は銀行にとって死活問題であり，また投資銀行業務は証券業務と密接に関わっている．そこで大銀行は証券会社の系列化，子会社化，提携などを通じて証券業務の取り込みや拡大を図っている．こうして大銀行は，金融統合を梃子に投資銀行業務に進出しつつある．

　この他に新たな動きとしては，コミットメントラインの設定，シンジケート

ローン（協調融資）の拡大がある．コミットメントラインとは，企業が銀行と事前に合意した期間と融資限度の範囲内でいつでも必要額を借り入れることができるというもので，1997-98年の貸し渋りに懲りた企業が，いざというときのために導入したものである．その後1999年の「特定融資枠契約法」施行で本格的に導入された（この法律で資本金5億円以上など，特定の企業に対して解禁された）．だが，実際に借入れを実施している企業は少なく，またライン設定はCPの信用補完，すなわちCPの返済原資の確保やCP発行が困難なときのバックアップとして導入する企業が増大している．仕組みは以下の通りである．まず都銀，地銀，生保などが融資団を結成し，企業は融資団との間で融資枠を設定し手数料を払って枠内で随時融資を請求する．手数料は，融資を受けていない部分について支払うというものである．これによって企業は，利払負担を抑えながら緊急時に資金を調達できるし，銀行にとっても貸出資産や貸出リスク増やさずに手数料を稼ぐことができるという利点がある．またこれによって従来の企業と銀行の関係は，明文化した関係（契約書によって銀行の融資義務を明文化する）に改められることになる．だがこのような明文化され，しかも複数の銀行との取引となると，これまでのようなメインバンク制という企業と銀行の絶妙な関係は変化を余儀なくされるという指摘もある[10]．しかし緊急時には，メインバンクは集団企業に対して無償で機動的に対応しており，集団企業はコミットメントラインをあまり利用していない．むしろ大銀行にとっては，この融資方式は新たな取引先確保の手段になる可能性がある．

　コミットメントラインの設定は，シンジケートローン（協調融資）方式で行われる例が圧的に多い．この方式は，1997年以降の金融危機を背景に増大し始めたもので，幹事銀行（アレンジャーと呼ばれメインバンクがなる例が多い）が協調融資団を組成し，複数の金融機関が同一条件で融資を行うものである．また参加金融機関の代理人（エージェントと呼ばれ幹事銀行が務める例が多い）が設置され，契約条件の履行・管理，元利払事務などの手続きを行う．この方式は，銀行にとっては融資リスクを分散できる利点がある[11]．

　コミットメントライン，シンジケートローンのいずれにせよ，それらは大銀

行が幹事となって大企業に資金を集中的に供給する方法の一つであることに変わりはない．だとすると，この方式も一種のメインバンク機能の一つということになる．しかも銀行は，これによって貸倒れリスクを軽減することもできる．だが現実には，集団企業が利用する例は数えるほどしかない．特定の親密な大企業については，あえてシンジケートローンを組む必要がないということもできる．ともあれ，メインバンク制は単なる融資関係ではなく，企業と銀行の総合的な支え合いの関係であるという点から，コミットメントラインやシンジケートローンの役割を捉えることが重要であろう．

東京三菱銀行

　バブル後の深刻な事態の中，三菱銀行は1994年に日本信託銀行を傘下に取り込んだ後，1996年には東京銀行と合併し東京三菱銀行として生まれ変わった．だが合併で乗り切れるほど事態は甘くなく，1998年には都銀では初めて本店の売却を実行し，2001年4月には金融持株会社のもと総合金融機関MTFGとして再発足した．また金融統合とともに，大幅な人員削減を発表している．だが他行に比べれば，収益など一部の指標を除いて経営上の不安材料は少ない．ゼネコンとの関係があまり深くないため，不良債権も比較的少ない．ちなみに東京三菱の融資額の大きいゼネコンには東急建設，戸田建設，安藤建設，不動建設，日東大都工業，ナカノコーポレーションなどがある．また上場会社の破綻が相次いでいるが，うち三菱が主力銀行となっているのはほんのわずかである．したがって財務も安定し，1998年と1999年の二度にわたって注入された総額4,500億円の公的基金も，2000年2月までに全額返済している．さらに2001年から02年にかけて，信用力低下から大銀行が相次いで海外拠点の削減や海外金融子会社の売却に追い込まれる中，三菱だけは海外拠点の削減は行っていない．そればかりか海外業務では，2001年に中東での協調融資ランキングで1位になるなどの展開を示している．だが他方，2000年以降，東京三菱証券を主幹事にして劣後債や普通社債を発行している．さらに2002年5月には，MTFGは資本準備金を6,000億円分取崩すと発表している．もっともこれは，子会社の東京三菱銀行から自社株式を買い戻すための原資にするためで，他行のように不良

債権処理原資とするわけではない．自社株式を購入する原資は剰余金に限られ，しかも設立後間もない持株会社には剰余金が少ないために，準備金を取崩すというわけである．

また株式含み損で多くの銀行が苦しむ中，1998年3月末，株式含み益ランキングで東京三菱銀行は，東京海上火災の1兆7,373億円に次ぐ第2位の1兆4,342億円を計上している．ちなみに同期の三菱系の株式含み益を見ると，12位に三菱重工の5,736億円，14位に三菱商事の5,624億円，18位に三菱信託銀行の4,400億円がランクされている[12]．その後不良債権の大幅処理や株価下落を反映して，株式含み益も大幅に減少している．だが2002年3月期では，ほとんどの銀行が含み損を増大させる中，MTFGは依然として1,388億円の含み益を計上している．だがそれでもなお，2002年3月期現在で東京三菱銀行が3兆3,006億円，三菱信託銀行が9,687億円の不良債権を抱え込んでいる．その結果，2002年7月にムーディーズは邦銀6行の格付けを，三菱を最低水準から3番目のDマイナスに，他はすべて最低水準に引き下げた．

この間，東京三菱銀行は金融サービス能力の強化に乗り出している．投資銀行業務の大前提となる証券業務では，傘下の東京三菱パーソナル証券，東京三菱証券に加え，1999年には野村証券から国際証券を買収して陣容を整えた．その後MTFGは，2002年にこの3社に三菱信託銀行系列の一成証券（1999年に大七証券と菱光証券が合併）を加えた4社を合併させ，これにより預かり資産10兆円超で大手3社に次ぐ総合証券会社として三菱証券を発足させ，さらにここにMTFGの投資銀行部門を全面的に集約した．三菱証券は東京三菱銀行の顧客を丸ごと取り込むとともに，三菱集団企業の社債引受主幹事などを通じて有力証券会社に踊り出ることになる．とくに三菱集団企業は，比較的高い格付けを持ち，社債発行が容易なことから三菱証券の強力な支えになる．すでにホールセールの東京三菱証券は，1997-98年頃から三菱集団企業の相次ぐ社債発行・引受の主幹事を通じてシェアを拡大していた．三菱集団での社債発行は重工，商事，電機，地所，旭硝子，日石三菱など有力企業を中心に行われている．しかも発行環境が悪化する中でも行われている．1998年，三菱重工が社債発行に踏

み切っているが，この時期に社債が発行できるのは大銀行や証券会社の後ろ盾を持つ企業に限られていた．この他，MTFG傘下にはオンライン専業の東京三菱ティーディーウオーターハウス証券がある．また東京三菱銀行は，M＆A仲介業務でゴールドマン・サックス，メリルリンチ，モルガン・スタンレーといった外資系証券とともに上位にランクされている[13]．こうして，東京三菱銀行は他の銀行が銀行同士の統合による事業再編を図ったのに対して，投資銀行業務を取り込んだ総合金融機関へ向けての再編を行ったということができる．その他，MTFGが関わる投資銀行業務としては投資信託販売，シンジケートローン斡旋，保険販売，中小企業保有債権の証券化業務など多岐にわたる．これらの業務による手数料収入は1998年からの投信販売，シンジケートローン斡旋などで増大傾向を示し，銀行の新たな収益源となっている[14]．

　また投資銀行業務の展開にさいしては他の金融機関との提携が必要で，MTFGは米リーマン・ブラザーズ，米メロン銀行グループと投資銀行業務で提携し，投資信託販売では米フランク・ラッセルと提携した他，系列金融機関との提携を強化している．最近の例では1998年に常陽，足利，山形，阿波，千葉の各行と共同で商品ファンドの販売に乗り出し，さらに常陽，足利，千葉，静岡，広島，七十七などから外為決済業務を受託するなどしている．その他，2000年以降には十六，足利両行に企業情報を開放し，静岡銀行と証券子会社を設立し，愛知，百五とは事務処理を共同化し，八十二，常陽，群馬，山梨中央の4行から手形業務を受託し，さらに十六，百五とはATM（現金自動預け払い機），CD（現金支払機）を相互開放するなどの行動をとっている．なお足利銀行に対しては救済のための金融支援も行っている．

　その他の業務としては，2001年にアコムと共同での消費者金融の東京三菱キャッシュワンの運営，IYバンクへの出資，中小企業向け無担保ローンの拡充，さらには富裕層との取引拡大（個人向け社債の発行，資産運用・管理会社設立など）などを行っている．さらに，有力企業との関係強化のための新たな決済手段の開発などを行っている．1998年，新日鉄は東京三菱銀行が開発した決済システムの優位性を認め，国内決済についてはメインバンクの興銀と富士銀行の口座

利用を止めて，東京三菱銀行の口座に切り替えている．また資金管理業務では，企業の資金の効率的運用を支援するグローバル・キャッシュ・マネジメント・システムを開発している．

また，MTFGの業務は外部企業との提携の他に，多くの系列企業を通じて支えられている．ノンバンクではダイヤモンドリース（商事を筆頭に生命，信託，海上が大株主で，複数の地銀や東京海上などとリース業を展開している），カードではＤＣカード（銀行の他，重工，商事，電機が大株主），消費者金融では東京三菱キャッシュワン，その他ダイヤモンド抵当証券，ダイヤモンドファクター，ダイヤモンド信用保証，ダイヤモンド不動産，ダイヤモンドキャピタル，資産運用では東京三菱投信投資顧問，三菱信アセットマネジメントなどが，他の三菱集団企業の出資を得て設立されている．なお最近では，連結経営への移行を契機に系列企業の統合を推し進めている．

次に三菱集団企業との関係で軸となる融資関係をみる．企業と銀行の関係において，直接金融の比重が高まってきたとはいえ，融資は依然として重要な意味を持っている．三菱集団企業の同系金融機関（銀行，信託，生保，海上）からの借入れ充足率，いわゆる系列融資比率は1980年代から1990年代を通じてほぼ22〜23％台で推移しており，1997年には23.9％に跳ね上がっている[15]．その後，大銀行の貸し渋りにもかかわらず集団企業に対する資金供給はほとんど減少せず，融資比率も上昇傾向さえ示している．1997年，1998年，1999年各3月期の系列融資比率（銀行，信託銀行分のみ）を企業ごとにみると，商事11.0％，9.0％，7.1％，重工24.0％，31.0％，28.0％，電機21.0％，19.0％，24.0％，化学18.0％，13.0％，19.0％，マテリアル33.0％，29.0％，29.0％，三菱自工28.0％，15.0％，36.0％，地所38.0％，33.0％，31.0％，三菱化工機53.0％，52.0％，53.0％，三菱ガス化学36.0％，33.0％，32.0％などとなっている[16]．この数字をみる限り，系列融資比率の低下を確認することは困難である．その後，2001年3月期の各企業の借入総額は1999年時点からわずかに増大しているが，系列融資比率そのものは下がっていないと思われる．

また，集団企業との関係では件数は少ないがシンジケートローン型コミット

メントラインの設定例がある．2000年の日石三菱（約1,000億円），2001年の三菱商事（5,000億円），三菱自工（1,500億円）について，東京三菱銀行がそれぞれ主幹事となって設定したのがそれである．商事の場合はCPの信用補完，すなわちCPの返済原資としてラインを利用したもので，商事はCPの発行額と同じ額だけ枠を設定している．自工の場合には再建資金調達の手段としてラインを利用している．なお東京三菱銀行は，集団外企業との間でのシンジケートローンに多数参加している．また集団企業とは，資金管理業務を通じて関係を強化している．2001年，日本郵船がCMS（キャッシュ・マネジメント・システム＝グループ内の資金を効率的に一括管理するシステム）を導入し，東京三菱銀行にグループ共通のプーリング（子会社間で資金を融通し合う）口座を開設している．銀行はこのCMSを使って，取引先企業をグループごと囲い込むことができる．

その他，集団企業との関係をみると，1998年の東京三菱銀行発行優先株の集団企業13社による引受，同年の銀行，信託，海上，生命による投資信託業務での提携（同年，銀行窓口での投信販売解禁を契機に），2000年の銀行，商事，三菱総合研究所による企業への商談仲介情報サービスへの共同参入，同年の銀行，信託，海上，生命による保険商品の総合保険代理店設立合意（東京三菱の顧客向けに販売する目的），2001年の銀行，海上，信託，生命，商事，DCカードの6社による個人向けネット事業への参入，銀行，信託，生命，海上による確定拠出型年金の運営管理会社設立，銀行と海上との天候デリバティブでの提携，さらに2002年の銀行，信託，生命，近畿日本鉄道などによる不動産投資信託への参入，銀行と生命のATMでの提携，生命と生保商品販売で提携など枚挙にいとまがない．その他，集団企業とその子会社へ広範囲に出資，融資を行っている．

以上のように，東京三菱銀行は集団企業と直接的に，そしてそれらの子会社との関係を通じて間接的にも結びついている．またその結びつきの中身は，現在のところ融資が主であるが，わずかながらに投資銀行業務を通じた結びつきもみられるようになってきた．また銀行融資は集団内の大企業間の直接取引，大企業とその子会社の取引，さらには大企業と集団他企業の子会社との取引と

いった，いわば大企業間の直接，間接の取引と絡み合っている．そしてこのような大企業間取引と銀行融資の絡み合いを土台に，メインバンク制が成立している．これは，大銀行と大企業の金融サービスを軸にした総合的で，長期的かつ密接な関係を内容としている．そしてこれが集団的結合の軸をなしている．したがって，企業と銀行の結合が弱まれば当然ながら集団的結合も弛緩する．それはまた，企業と銀行の競争力の弱体化となって跳ね返るという悪循環を引き起こすことになる．1990年代の大銀行の危機は，このような悪循環の開始を思わせた．そしてこのような状況を背景に金融統合が進展した．また大銀行への資金と業務の集中を伴う金融統合は，大銀行のみならず大企業にとっても大きな意味を持つ．大企業にとっては，日常の金融取引は言うに及ばず，Ｍ＆Ａ業務を通じて事業の再構築にまで関与し，シンジケートローンやコミットメントラインを設定できる能力，さらには関連会社を含む手形の流動化などをこなす能力を身に付けた有力銀行との関係は競争上の武器であり，しかも競争が激化すればするほど，幅広い観点から経営に助言するメインバンクとの関係は決定的な意味を持つ．それゆえにまた大企業は大銀行に協力せざるをえない．東京三菱銀行の優先株を三菱集団企業が共同で買い支えているのは，このためである．そしてこのような金融集中に経済再生の活路を見出そうとする行政が，金融淘汰を積極的に後押しすることになる．

　企業と銀行の結合は，経済停滞を背景にした金融統合を契機に強化されるとともに，停滞それ自体によって直接推し進められる．企業経営の不振，資金需要の停滞は，資金面での企業の銀行依存を低下させるとともに，大企業による銀行選別を促す．また不良債権処理に苦しむ銀行も，融資やCP引受などで取引先を選別化することになる．この結果，大企業の取引銀行は４大銀行グループに絞り込まれることになる．あるいは４大銀行が協調して大企業に資金を供給することになる．コミットメントライン，シンジケートラインはその一つの例であろう．そして銀行は，様々な業務を通じた大企業との結合を梃子にして，金融的支配力の一層の強化を図ることになる．

三菱信託銀行

　信託銀行業界では銀行，証券，外資などの相次ぐ参入で手数料引き下げ競争などが激化し，国内店舗の統廃合，海外事業からの撤退などが相次いだ．だが結局は，単独での存続が困難な状況に追い込まれた．また信託銀行の場合，企業に対しては資金供給者ではあっても，メインバンクとして経営助言を行うような立場にはない．そのため企業の都銀借入れへの傾斜とともに，信託銀行の企業向け融資も減少していった．2000年の三井信託と中央信託の合併は，このような信託銀行の窮地を物語っている．また合併の道を選択しなかった他の信託銀行も，銀行業務を関係の深い都銀に委譲するなどして年金や証券管理などの信託業務に経営資源を集中することで生き残りを図ることになった．さらに都銀の信託銀行子会社も親銀行の債権流動化に依存していたが，それが伸び悩むにつれて収益低下を余儀なくされた．

　このような状況の中で，三菱信託銀行は他の信託銀行とは逆に，東京三菱銀行の顧客を対象に不動産の売買仲介，年金，証券代行などのサービスを提供すべく営業拠点を拡大し，さらに2001年には東京三菱銀行傘下の日本信託銀行，東京信託銀行を合併している．そして同年4月，三菱信託銀行は東京三菱銀行とともにMTFGのもとに統合され，同行と一体化することで生き残ることになった．全体的に信託銀行は，都銀にひきつけられる形で集約されつつある．

　三菱信託銀行は簡易保険と郵便貯金の他，企業年金の運用を受託している．企業年金の運用受託では，2002年3月末で7兆5,000億円と日本生命の7兆円を上回ってトップのシェアを占めている[17]．企業年金では三菱集団企業とその子会社からの受託割合が高い．なかでも三菱商事系列企業からの受託が多い．集団との関係では，東京三菱銀行との密接なつながりの他に，三菱地所，明治生命などとの関係が深く，また系列の不動産会社，リース会社の株主には地所，海上，商事などが名を連ねている．なお，2001年に三菱信託は注入された公的資金を返済しているが，その方法は集団企業など8社（明治生命，東京海上，商事，地所，旭硝子，キリン，近畿日本鉄道，東京急行）が，預金保険機構から優先株を買い取るというものであった．

明治生命保険

　生命保険業界もかつてない危機に追い込まれている．経済危機による保険料収入の停滞，契約者数の激減，1996年の新保険業法施行による生保と損保の子会社方式での相互参入，外資の参入，低金利による資金運用環境の悪化などによって，いくつかの生保が破綻に追い込まれた．破綻は，1997年の日産生命（現あおば生命）に始まり，1999年東邦生命（現GEエジソン生命），2000年第百生命（現マニュライフ・センチュリー生命），大正生命（現あざみ生命），千代田生命（現AIGスター生命），協栄生命（現ジブラルタ生命），2001年東京生命（現T＆Dフィナンシャル生命）と続いた．他方，1970年代以降アリコジャパン，アメリカンファミリー，プルデンシャルといった外資が保険市場に参入し，破綻生命の過半を買収した他，日本団体生命，平和生命といった不振生保を相次いで傘下に収めている．この結果，日本の生保会社は日本，第一，明治（安田と合併予定），住友（三井と提携）の大手4社と外資系保険会社に集約されつつあるといってよい．

　苦境に陥った生保は，大手生保を中心に1998年頃までに不良債権を米金融機関に売却し，さらに競争力強化，新事業展開のための財務基盤の拡充や資金調達に迫られ，一部の生保は1996年以降可能になった株式会社への転換に動いた．2002年4月に大同生命が生保として初めて株式会社に転換し，さらに三井生命，安田生命などが株式会社への転換を表明している．また資本増強のために，多くの生保が関係の深い銀行から劣後ローンなどの形で資金を調達している．

　このような状況の中，明治生命は相互会社のまま事業を展開する方向を示している．保険分野では明治損害保険を設立した他，日本興亜損害保険，日本火災と提携し，2002年には安田生命との合併を表明して，生保業を軸に据えながらも総合保険会社へ転換する方向を示した．ただし，損保事業では自由化で参入が激しく，新たな参入の魅力が乏しくなっている．また1998年には独ドレスナー銀行と投資顧問会社，明治ドレスナー・アセットマネジメントを設立し，さらに1999年にはドレスナーと共同でコスモ投信投資顧問を買収している．他にはリース，ベンチャー・キャピタル，情報処理，介護などの分野で子会社を通じた事業を展開している．企業年金受託では系列投資顧問会社とともに上位

にランクされているが，この分野では格付けの高い三菱信託銀行などの信託銀行の他，クレディスイス信託銀行，モルガン信託銀行，シュローダー投資信託など外資系の受託が，とくに1997年以降急増している．これは，低金利を背景に企業年金が運用委託先を生保から投資顧問会社などに切り替えているという事情による．年金受託にはリスクがあるが，同時にこれによって団体生命など収益が上がる保険商品の販売が可能になるという利点がある．そこで明治生命は，企業を絞り込んで受託を継続している．また大手生保の運用資産の四分の一程度は融資で，その大半が大企業向けとなっている．明治生命でも同様である．ただし，生保は銀行と違って企業との日常的な関係は持っていない．生保にとって企業は，団体生命や企業年金などの顧客である．そのため生保による融資，株式保有は保険，年金取引関係を維持する手段としての意味を持っている．

　集団企業との関係では，資本と取引の両面で東京三菱銀行との関係が強い．この背景には，生保が銀行との結合を通じて銀行の広範な取引先とその従業員を顧客に取り込むという生保戦略がある．それゆえ明治生命はMTFGの大株主となっているばかりでなく，三菱集団企業の多くで大株主に名を連ねている．その他，東京三菱銀行との関係では2000年以降，銀行系列のDCカードの会員を対象にした介護相談サービスの開始，銀行とその系列の日本信託銀行と共同開発した証券化手法を使っての三菱マテリアル本社ビルの売却，さらには先にみた三菱系4金融機関での確定拠出型年金業務への参入など枚挙にいとまがない．また銀行窓口での保険商品販売解禁を前に，明治生命は銀行に加えて，みずからが筆頭株主になっている横浜，北国の両行を，さらには東京三菱銀行系列の足利，八十二などを中心に地銀49行を販売窓口として囲い込んだ[18]．

　このように，明治生命は東京三菱銀行と一体となった営業を展開しているのだが，相互会社として，しかも独自路線を選択しているために，MTFGの傘下に入ってはいない．MTFGへの参加見送りは，参加のメリットが明確でなかったことの他に，明治生命がMTFGの傘下に入れば子会社である生命は親会社であるMTFGの株式を所有できなくなり，そうなるとMTFGの筆頭株主は日本生

命に奪われ，銀行との関係が弛緩しかねないという判断によるとも考えられる．また明治生命は，同系の東京海上火災のミレア保険グループとも一線を画している．ともあれ，明治生命の営業は東京三菱銀行との密接な関係を基盤にし，銀行との関係は明治生命にとっては生命維持装置であるといってよい．

東京海上火災保険

損害保険業界でも1996年の改正保険業法，1998年の保険料率の自由化を契機に参入競争，保険料引下げ競争が激化し，各社とも支店や支社の削減，資本増強を迫られた．損保業界は経営基盤が比較的堅実で，また資金量が少ないために不良債権問題も深刻ではなく，したがって比較的高い格付けを維持している．にもかかわらず，競争激化の波は損保業界に再編成を促した．2001年に大成火災が破綻した他，同年以降，大東京火災と千代田火災の合併（トヨタ系列のあいおい損害保険に），日本火災と興亜火災の合併（日本興亜損害保険に），同和火災とニッセイ損保の合併（ニッセイ同和損害保険に），三井海上と住友海上の合併（三井住友海上火災に），安田火災と日産火災の合併（損害保険ジャパンに）と続き，さらに東京海上が持株会社ミレアホールディングスを設立し日動火災とともにミレア保険グループを結成している．こうして一気に損保業界の再編，資本集中が行われた．

東京海上火災の場合，1999年から2001年にかけて総資産を着実に増大させた他，収入保険料も毎年1兆3,000億円前後で安定している．経営戦略では，総合保険会社への転換を打ち出し，1998年に米保険会社と，2000年に韓国サムスン火災海上と，さらに2002年にはスカンディア生命，中国人民保険公司などと提携した他にミレア保険グループを結成し，損保界の最大企業としての地位を固めている．また，東京海上あんしん生命を設立して生保業界に進出した他，破綻した日本債券信用銀行（現あおぞら銀行）の買収，IYバンクへの出資といったように他の金融業務にも触手を伸ばしている．

集団企業との関係では，損保事業を通じて密接な関係を維持しているが，三菱系金融機関の再編成にさいしては路線の違いを見せた．東京海上はMTFGへの参加要請を拒否した他，逆に明治生命へのミレア保険グループへの勧誘を拒

否されている．この集団内の不協和音の背景には，生保や損保業界ではもはや中途半端な統合では生き残ることが難しいという事情がある．ここには，企業としての生き残りが最優先される局面では，集団的結合の論理は後景に退くという現実が示されている．その他，集団との関係では，銀行と保険商品の窓口販売などで，商事とリスクコンサルティング事業などで，三菱地所と不動産投資ファンドの設立などで協力するなどの行動がみられる．

以上三菱集団金融機関についてみてきたが，そこで確認できるのは，第一にMTFGが協調融資などで他の金融機関の協力をえてメインバンク体制を確立していること，第二に信託，生保，海上のいずれも，銀行とその広範な取引関係に大きく依存しているということである．MTFGがその設立にさいして，明治生命と東京海上火災から社外取締役を迎え入れているのもこのような協調体制を反映している．

メインバンク制について

大銀行の抱える巨額の不良債権，大企業の資金調達の多様化などから，メインバンク制が動揺しているという指摘がたびたびみられるようになってきた．だがメインバンクは日常的な金融取引や情報交換を通じて，企業の財務状況や行動を知っており，企業に対して長期的に情報を含めた様々なサービスを提供できる銀行である．したがって両者の関係は，単に融資関係に解消できるものではなく，また容易に解消できるものではない．この結合の強さは，両者のいずれかが危機に陥ったときに表面化する．あえてメインバンクとして他の銀行取引と区別する意味もここにある．

確かに現実には，企業の資金需要の停滞，資金調達手段の多様化を背景に，企業の銀行融資依存は時に低下傾向を示す．また1997年の金融危機時のように，大銀行は長期資金を軸にした融資の抑制のために，取引先企業に対して普通社債やCPの発行に切り替えるよう要請する場面も見られる（例えば東京三菱銀行が三菱重工に対して行った）．これによって両者の融資関係が希薄化するかにも見えた．しかしこのような銀行の行動は大企業の資金調達に支障をきたさない範囲でのことであり，また株価が低迷し，社債，CP発行環境も思わしくない状況

のもとでは，企業も銀行との関係希薄化には慎重にならざるを得ない．そこで企業は安定的な資金調達のための調達手段の多様化，低コストでの資金調達を工夫しながらも大銀行に取引を絞り込む傾向を強めることになる．また銀行も，新たな対応を余儀なくされている．現在，大銀行は不良債権の増大を恐れて取引先企業を選別し，またリスク分散のための債権流動化などの工夫，さらには優良取引先確保のための新たな金融業務への参入を画策している．その延長線上で生保や損保，地銀，外資などとの提携を拡大している．大銀行が生き残るには特定の大企業との関係を維持する以外にはなく，そのためには企業活動の変化に応じた総合的なサービスを提供し続けること以外にはない．投資銀行業務への参入は，そのために避けて通れない要件となっている．だが他方，今日の段階で巨大銀行以外にメインバンクになりうる条件を持つ金融機関は他に存在しない．しかも銀行は投資銀行業務を取り込みつつ，徐々にではあるが総合金融機関へと脱皮しつつある．結局は事実としても，メインバンク制とそれを軸に成り立つ企業集団的結合が揺らいでいるという事実は確認できない[19]．

　メインバンク制を考えるさいに重要な点は，それを企業と銀行の関係一般に解消せずに，経済的支配に関わる問題として捉えるということであろう．支配を通じて自らを維持する大企業，大銀行にとってはメインバンク制という形での結合は，まさに生き残りの条件となる．とくに支配体制が揺さぶりをかけられている状況では，結合の再編成，強化が図られることになる．なかでも，内外企業との覇権をかけた競争を余儀なくされる大企業にとっては強力な銀行の後押しが不可欠で，銀行としても資金と業務の集中による大企業との結合は金融独占の不可欠の条件となる．その場合，両者の結合の基礎になるのは，企業間取引に介在する決済・融資業務である．メインバンクはこの業務を基礎に成り立っている．それゆえまた，メインバンク制は膨大な決済の連鎖をなす取引関係，とくに集団的結合を土台にした取引においてより十全に機能し，逆に集団的結合を媒介することになる．

　メインバンク制動揺論の背景には，銀行融資（間接金融）に対する低い評価が横たわっているように思われる．直接金融（株式，社債，CPなどでの資金調達）

の拡大に伴って間接金融は意義を失いつつあり,それとともに企業と銀行の関係も希薄化しつつあるという論調である.確かに,資金需要の停滞,企業の借入金の返済,銀行の資金回収,直接金融手段の整備などを背景に,銀行貸出残高は1990年代後半以降急激に減少している.全国銀行貸出残高は1996年3月末の537兆円から2001年末には440兆円に減少している[20].だが,企業が直接市場から資金をしかも独力で調達するのは容易ではない.直接調達のためには,市場の厳しい監視のもと高い格付けを維持しなければならない.また社債やCP発行は,不安定な発行環境に左右される.大企業が銀行の貸し渋りに慌てて,グループ内の余裕資金を融通して借入金を返済したり,グループ内相殺決済(ネッティング)をしたりするインハウスバンキング・システムのための金融子会社を設立したり,さらにはコミットメントラインを設定するのは,このような資金調達の困難性,不安定性に起因する.そこで企業は,社債発行を含めて最終的には銀行などの力に依存せざるをえなくなる.つまり直接金融が普及しているとはいえ,それは間接金融の限界を補うということで,それによって間接金融の意義が低下するというものではない.また実際に社債,CPさらには債権流動化(資産担保証券・ABSなど)による直接金融は,銀行融資が困難になったことを契機に注目されたという経緯がある.結局,経済停滞下で株式や社債の発行ができるのは,有力大銀行等と結びついた一部の格付けの高い優良企業に限られる[21].

他方,大企業は日々巨額の決済に迫られ,結局は日常的な銀行との取引を通じて確実で安定的な資金調達を図らざるを得ない.しかも競争が激化すれば,大企業は系列会社の分も含めて必要資金を機動的に確保しなければならず,大銀行との関係をますます強化せざるをえなくなる.したがって,依然として銀行融資は企業と銀行の取引の軸をなしており,それはまた両者の関係の深さをも示す基準ともなっている.そしてこの関係を土台にして,両者の様々な取引関係が展開されることになる[22].

また有力銀行との日常的金融取引は,企業にとっても単に資金調達ばかりでなく,信用を高めるうえでも重要な役割を果たす.逆に大銀行の後ろ盾がなく

なれば，決済資金の供給停止という事態などを通じて，企業の信用は一気に低下する．そのため企業としては取引先銀行との関係を維持せざるを得ず，また銀行の経営には常に注意を払うことになる．他方，銀行にとっても間接金融にはリスクが伴う．しかも経済停滞が長期化し企業破綻が増大した場合には，銀行は融資に伴う損失を一手に引き受けることになる．そこでシンジケートローン，コミットメントラインが導入されることになる．またこの場合，アレンジャー（主幹事）やエージェント（事務代行）業務をこなす，いわゆる投資銀行としての能力が必要で，これができるのは大手銀行，しかも企業事情に精通したメインバンクに絞り込まれることになる．いずれにしても，現時点で間接金融の意義の低下はもとより，企業と銀行の結合の弛緩，メインバンク制の動揺を確認することはできない．

(3) 総合商社の動向

集団内取引，取引簡素化を理由に，銀行と並んで集団的結合の要とされてきた総合商社はその存在意義を失ったというような意見が出されている．確かに，バブル時を通じて多くの，しかも採算の取れない事業を抱え込んだ総合商社は，投資採算の悪化や取引自体の停滞から苦境に追い込まれている．そのため各社は1990年代以降，商社間でのなりふり構わぬ事業統合などの事業再編成を強行することになった．またその過程で銀行に債権放棄を要請したり，さらには総合商社の看板を降ろす企業も現れた．このような状況の中で，三菱商事は一方で他の商社などとの事業統合・整理を推し進めながら，他方では集団企業を中心にした多くの企業との提携などを通じて事業の拡大，新事業への参入を積極的に展開している．この過程は，商事が投資会社への変身を加速させていることを示している．

2000年以降についてみると，三菱商事は三井物産，住友商事と総務や人事などの管理部門の業務を統合することで合意した他，住友商事と通信事業，電炉事業を，日商岩井と鉄鋼事業，機械事業を，三井物産とメタノール自動車事業を，日本リーバと紅茶事業を，それぞれ統合した．またこの間，子会社の売却，

清算，統合を推し進めた他，企業提携も積極的に展開している．情報システムで日本IBMと，電子商取引で物産などと，不動産投資信託でスイスUBSとそれぞれ提携し，また海外LNG開発でシェルやエクソンなどの外資とも提携している．商事は本体の周りに夥しい系列企業を配置しているが，1990年代後半以降それらの大幅な再編成に乗り出している．1997年に銀行とともに系列の千代田化工建設の再建を支援し，翌年には物流部門の分社化，金属関係部門の統合を実施し，さらに2000年には系列660社の財務，経理，審査機能を統括する子会社3社を合併させている．2001年には系列電炉会社関西製鋼と臨港製鉄を合併させた他，系列の半導体商社2社を合併させ，さらに系列冷凍食品卸事業をニチレイの同事業と統合している．また系列子会社の多くには三菱集団企業からの出資を受け入れるとともに，それらと取引関係を持っている．系列企業の中には，前掲の宇宙通信，三菱液化瓦斯，三菱開発，三菱石油開発などのように，三菱商事を軸にしながらも集団内有力企業の共同出資会社的な企業が多数存在する．

　さらに新たな投資を通じて，新産業を含めた様々な業種に進出している．最近の事例では，流通分野でローソン，ミニストップなどに出資している．これには小売への直接進出によって，収益構造を変える狙いがある．情報通信・放送分野ではTTNetへの出資，三菱電機などと組んでの自動車向け電子決済・情報配信業務への進出，三井物産と組んでの電子商取引事業への進出，通信衛星デジタル放送への参入，さらに電力分野では2000年に大口需要家向け電力の小売自由化とともに，ダイヤモンドパワーを設立している．同社は，三菱化学から余剰電力の供給を受けて官庁の電力調達などを落札している．また不動産分野では，UBSと不動産投信の三菱商事UBSリアルティを設立している．その他，各種ファンドを立ち上げている．1999年にファンドに分散投資する目的で三菱商事証券を設立した他，米リップルウッドによる日本コロンビア買収のための会社に10％出資したり，ナノテク向け投資ファンド，企業買収ファンド，未公開企業向けファンドなどを設立している．さらに2000年には，日本IBMとM＆A斡旋会社を設立している．投資会社への変身とともに負債額も増大し，三菱商

事の2001年度末有利子負債額は商社トップの3兆8,000億円に達している．また，CP発行残高が常に1兆円以上という国内最大の発行体ともなっている．

投資と並んで商事の事業戦略となっているのは，海外プロジェクトの組成である．海外プロジェクトを立ち上げ，自ら企業連合を組織して入札するコーディネーターとして，企業の海外進出を積極的に牽引している．とくに中東では，三菱化学や三菱ガス化学などの集団企業と連合する例が多い．また最近では2000年に，三菱電機，仏アルストムと連合してバンコクの地下鉄建設を受注している[23]．

集団企業との関係では，上記以外にもほぼすべての企業と取引関係を持ち，様々な分野で共同事業を展開している．最近の例では，東京三菱銀行や信託銀行と共同で企業資金の一括管理業務，商談仲介業務，東京海上とはリスクコンサルティング，三菱重工とは関西電力の液化天然ガス基地建設の受注，シンガポールの火力発電所建設受注，南米での発電事業，電子商取引技術協力，三菱電機とは電子商取引システム開発，三菱化学とはナノテクノロジー（超微細技術）の代表的材料であるフラーレンの量産，旭硝子とは英化学会社の買収，ファイバーの共同販売，情報システム業務提携，三菱レイヨンとは米炭素繊維ベンチャーへの共同出資，日石三菱とはマレーシア天然ガス開発，ガス小売会社設立，三菱自工とは豪州での合弁事業，三菱倉庫とは北京に物流会社の設置，といった具合である．

このような商社を軸にした巨大な取引網は，金融網と絡み合って集団的結合の基盤をなしている．しかも商事は，投資企業に変身しながら取引網を拡大し，海外プロジェクトの組織者として集団企業との関係を強化している．こうして三菱商事は，依然として集団内における取引網の司としての役割を果たしている．またこのような商事の役割は，総合商社としての力に裏付けられている．取扱商品の種類と量，その調達と処分能力の大きさが，取引における商事の優位性を保証し，逆にそれは集団内大企業との取引を基盤にして作られているといってよい[24]．結局，企業と商社の関係は持株関係を除けば大きく変わってはいない．少なくとも現時点で，企業の商社離れを確認することはできない．

3．集団的結合の変容

(1) 変容の内容

　経済停滞，グローバリズムの進展は，多くの日本企業を破綻に追い込むとともに，資本集中を一気に推し進めるものであった．それはまた有力企業に合併や系列・事業の統廃合さらには提携先の見直し，取引先の見直しなどを余儀なくさせた．このような急激な再編成は，集団的結合を含む従来の企業間関係に変化を及ぼすことになる．取引関係，融資関係も見直しを要求され，それによる集団内取引比率の低下などが指摘されている．また株価の急激な下落は，持合企業の財務悪化を招き，持合解消という形で集団的結合の弛緩現象を引き起こしている．

　このような状況を背景に，従来の集団的結合の中身の一部，例えば取引，融資，持合などはもはや意味がないという論調が生まれている．急激な淘汰の波に襲われ慌てた日本の大企業が，生き残りのために集団的結合ではなく個別企業としての論理を全面に出し，そのため従来の集団的結合が後景に退いていることは否めない．さらに集団を構成する企業と銀行の不振から，集団の信用力を疑問視する声も聞かれる．しかしこの段階で，集団の崩壊を結論するのは早計であろう．銀行を含む企業間取引，株式持合，役員兼任などが依然として存在し，それとともに協力関係も形成されている．そしてこれが個々の企業の競争力を支えていることは疑うべくもない．

　だが，従来の集団的結合が全く変化せずに存続しているという見方にも無理がある．確かに集団企業は互いに協力体制を維持し，したがって集団的結合を担っている．だが，企業ごとに担い方に濃淡が存在し，それがますます新鮮になっている．その背景には，激しい競争の中で生き残るためには，集団を構成するかどうかに関わらずさしあたり有力企業との結合が不可欠で，そのような有力企業は資本集中を通じて絞り込まれているという事情がある．集団内の有力企業についても，事情は同じである．それらは様々な企業との広範な取引や公的研究機関（例えば産業技術総合研究所）などとの関係を通じて情報，技術など

を蓄積し，これを武器に集団内外の有力企業とのいわば強者連合を形成する．

　だが他方，巨大化した企業間の関係は安定的であることが必要である．そのためには，関係が一時的なものではなく，特定の企業間で長期に固定化される必要がある．集団的結合はこのような企業間の特定の関係を端的に示し，メインバンク制はその中心軸をなしている．しかも集団内では長期にわたる個々の企業間の結合により情報や技術が積み上げられており，個々の企業にとってのその有効性は保持されている．また個々の結合の背後には集団体制が存在し，この体制が長期にわたって個々の企業に競争上の武器を提供してきたといってよい．したがって，有力企業は取引にさいして安定性を持つ集団内企業との関係を優先することになる．また現在のところ，集団の信用力に取って代わるものはない．

　さらに集団内においても，有力企業同士の結合がいわば強者連合として浮き彫りにされてきている．この連合の軸をなす企業と銀行の結合は，企業の事業再編成と銀行再編成を背景に強化された．また集団企業の独占的な地位が，外資の参入などによって脅かされていることも，強者連合形成の背景にある．そしてこのような状況は，集団体制が徐々に強者連合に集約されつつあることを意味している．

　集団的結合が個別企業の競争に媒介されて一旦確定すると，それは逆に集団内の個々企業間結合を新たに生み出したり強化する作用を持つ．だが経済停滞と競争の激化で覇権や生き残りが直接的な問題になると，個々の結合が前面に出て集団の枠を出た強者連合を形成することになる．しかしそれは集団という枠が排除されることを意味しない．そればかりか，集中を遂げた銀行と企業の結合をコアにした強者連合が生み出され，それが集団的な結合を支えるようになる．このことは，集団的結合が本来の強者連合としての側面をより鮮明にしつつあるということに他ならない．そしてこれは，株式所有関係に示されることになる．

　他方，集団企業は系列企業や事業の統合，売却を推し進める過程で取引先の見直しを余儀なくされ，それによって集団内取引の比重が低下することにな

る[25]．また，集団企業の中には競争力を低下させ，他の企業の重荷になる場合が出てくるし，またあるときには独自路線をとらざるをえない場合が出てくる．こういった状況も，集団的結合を後景に追いやる原因となっている．さらに，結合が巨大企業連合に埋没する場合もある．例えば国際入札のさいに，国内有力企業が集団の枠を超えて企業連合を組成して受注する場合がそれである．最近では，2002年7月に三菱重工，三井物産，川崎重工，東芝，三菱商事，丸紅，住友商事の7社が集団の枠を超えて台湾新幹線の軌道敷設工事などを受注した例がある．そしてこのような集団の内と外との境界の弱さも，集団的結合の姿を後景に退ける要因になっている．

(2) 集団的結合の保持

しかしこれによって集団的結合が意義を失ったわけではない．財閥という経緯は徐々に薄れるとしても，過当競争状態や市場の狭隘性といった市場の条件が変化しない限り，集団的結合は持続力を持つ．また歴史的に積み上げられた技術的関係などに裏付けられた親密な関係は，集団外企業との一時的な関係とは区別されねばならない．しかも経済の停滞，外資の参入などによる競争激化は，集団的結合保持の原動力を提供する．ここで力を発揮するのが集団の総合力である．総合力は，情報提供力，技術力，資金力，市場開拓力，プロジェクト立案・遂行，組織力，さらには集団的持合による株主安定機能などを内容とし，これが集団企業の機動力，競争力を支えている．したがって集団的結合の意義を株式所有や融資関係に限定し，しかもその比率の変動だけに目を奪われていては，実態を見誤ることになる．集団的結合が意味を持つのは，それが企業に競争条件を提供する限りにおいてのことである．したがってどのような条件が提供されるのかをみることが重要なのである．

集団的な結合を通じた総合力は，転換期の中で威力を発揮する．例えば集団企業の事業整理にさいしては，資金面を含めた集団企業の協力が期待できるし，三菱自工や三菱石油の外部資本との統合も集団の力による．また新産業への参入など前向きの取り組みにしても，集団の持つ総合力が力を発揮する．情報，

通信，エネルギー，新素材，医療・介護分野といった新産業への集団企業の進出は，集団企業の共同進出となっていたり，また多くの場合に集団有力企業が関与している．

　他方，大企業は資金の調達コスト，取引・物流コストの削減圧力を受け，取引先や取引銀行の見直しに向かっている．だがこのことは，集団企業との取引の重要性の希薄化，協力関係の希薄化を意味しない．これは系列や事業の整理，新事業への参入にさいしての集団外企業との取引拡大，さらには総花的な事業展開から収益力のある分野への経営資源のシフトによる．そしてそのさいには集団の総合力は大きな武器になる．むしろ場合によっては，集団企業への取引の絞込みという形で見直しが行われているといってよい．集団の総合力は，銀行の金融力，商社の組織力に代表される．両者は集団的なプロジェクトには，必ずといってよいほど参加している．例えば宇宙ビジネスでは三菱重工がロケット開発，三菱電機が人工衛星，三菱銀行が金融，東京海上火災が宇宙保険，三菱商事がマグダネル・ダグラス，フォード・エアロスペースの販売代理店を務めるといった具合である．このように集団的な協力関係が存在しているもとでは，集団全体の融資比率，持株比率，取引比率の低下はさほど大きな問題ではない．競争が激化したり株価が下落する局面では，コスト問題，財務問題などから持合比率や取引比率が低下するのは当然のことである．また融資比率が若干低下したとしても，それは銀行が企業に対する総合的な資金供給者としての役割を放棄したことを意味しない．問題は，いざというときの瞬発力・機動力をどのように獲得するかということである．集団の総合力はこれを提供する．とくに企業が多角的な関係を内外企業との間に形成していく場合や，海外ビジネスを積極的に展開するさいには，集団企業であることは大きな武器になる．また日本企業と提携する外資にとっても，集団の信用力は大きな魅力になる．とはいえ，集団を特徴づけてきた株式持合は変化を余儀なくされている．

(3) 株式持合の変化

　集団内での株式持合比率は明らかに低下傾向を示している．とくに金融機関

の持株比率は大幅に低下している．上場会社発行済株式に占める金融機関の株式保有比率は，1990年から1997年にかけて40.7％から30.5％に，事業会社のそれは25.2％から22.3％にそれぞれ低下している[26]．銀行による株式売却はその後も進展し，2001年3月期に大手銀行は時価会計導入に備えて軒並み保有株式の大量売却に踏み切っている．またこれに伴って，持合の解消が進展していった．ちなみに同期にMTFGでは，2,300億円分の株式を売却している．だがこの額はみずほFGの9,000億円，UFJの6,300億円に比べれば多くはない．全国上場会社の相互持合比率（株価ベース）では，1991年3月期以降2001年3月まで10年連続で低下し，2000年3月末で10.57％，2001年3月末で10.1％という報告もなされている．この間，旧財閥系集団（三井，三菱，住友）の集団内持合比率は1997年3月末の26.81％から2000年3月末には24.95％に下落している．また三菱集団の上場企業同士に限った持合比率（時価総額）も，1997年3月の13.8％から2001年3月には11.27％に下落している[27]．

　持合解消の原因は，何よりも持合それ自体の限界にある．持合が発生したのは戦後の証券市場の未発達から乗っ取りの危険性があり，それを回避するために取引先との間で安定株主として協力せざるをえなかったという事情による．またそれによって取引も安定した．さらに持合は副産物を生み出した．浮動株が減少することで株価操作，株価吊上げを容易にし，これによって粉飾性の強い株式含み益の拡大，さらに低配当による内部留保の拡大を可能にした．しかし株価低迷は持合う双方の財務を相乗的に悪化させ，それによって一層の株価下落を招くという悪循環を発生させる．このように，持合はもともと株価の長期停滞には耐えられないという性格を持っている．2002年3月期からの保有株式への時価会計制度導入（本来は2001年3月期の導入予定だったが産業界の反対で一年延期になった）は，この悪循環に拍車をかけ，持合の限界を顕在化させることになった．この状況では，持合は不良債権と同じ意味を持つ．そこで財務悪化の表面化に耐え切れなくなった企業，とくに巨額の不良債権に苦しむ銀行は，含み益のある株式を中心に保有株式の処分を余儀なくされたのである．時価評価による株式評価損の計上は，配当原資である剰余金を減少させ株価をさらに

下落させるだけでなく，減損処理で自己資本比率の引き下げ要因にもなる．政府は株価に左右されない財務構造を作るという名目で，2001年11月に「銀行株式保有制限法」を成立させ，2004年9月期から銀行の株式保有を自己資本の範囲内に制限することとした．だが銀行保有株式の放出は株価下落に拍車をかけるため，その受け皿として，2002年1月に政府は銀行等保有株式買取機構を設立した．これは銀行救済のための国家的な「飛ばし」に他ならない．さらに2002年11月からは，日本銀行による株式買い取りまで行われ，なり振り構わぬ株価維持策が講じられている．だが持合解消の最大の原因は，持合自身が作り出した市場の欺瞞性にある．持合による株価操作，粉飾性は市場に対する国民の不信感を助長し，株価の長期停滞を生み出し，逆に持合を困難にさせる原因となっている．その他，持合比率の低下の背景には，持合の中心をなす銀行株価が大幅に下落したために時価ベースでの持合比率が低下したという事情がある．持合解消の原因としてはさらに，企業の再編成などによる取引関係の希薄化，銀行合併で特定企業に対する持株比率が制限を超える場合の発生，加えて企業情報開示会計の導入でリスク資産の抱え込みが株価に直結するようになったことがある．

　以上に加えて，持合解消の受け皿が整ってきたこともある．例えば，自社株購入解禁（1994年），金庫株解禁（2001年）によって市場に放出される自社株を吸収できることになり，三菱集団では三菱化学や日本郵船などが自社株買いを実施している．自社株買いは，持合解消の受け皿を発行会社に求めるということに他ならない．その他，外国人投資家，従業員持株会などが受け皿となり，保有を増やしている．とくに外国人の株式保有比率は，1996年3月期に初めて10％台に乗せて以来2001年3月期までで6年連続の上昇で20％弱に達している．逆に銀行のそれは10％と過去最低に下がっている．

　次に持合解消の内容を見る．まず大手銀行では，1998年度以降持株を大量に売却し，東京三菱銀行でも2000年下半期から売却を加速させている．2001年10月，MTFGは持合株の売却を加速させると表明した．具体的には2004年3月までに総額2兆5,000億円程度を売却（うち東京三菱銀行分は1兆7,500億円）す

るというものである．また2002年には，集団企業の大株主でもある明治生命も約3,000億円分の株式を売却すると発表した．だが，持合解消は必ずしも結合の弛緩を意味しない．2001年10月，MTFGの持株売却加速宣言の内容は，株式を売り切るのはメインバンクとなっている企業の株式ではなく，多くは準メインの株式で（2001年6月，東京三菱はジャニス工業株を売却したが準メイン），また持株削減の手段は東証株価指数連動型投資信託（ETF）に株式を拠出し，拠出とともに受け取る受益証券を市場で売却して持合解消を進めるというものであった．また同様に，明治生命も保有株式の1割に相当する2,130億円をETFに拠出しているが，明治生命は依然としてMTFGの筆頭株主である．また逆にMTFGが明治生命の実質的株式である劣後債を保有することで両者は実質的に相互持合を継続している[28]．2002年7月，BIS（国際決済銀行）は邦銀と生保の持合が危機の連鎖リスクを拡大していると指摘した．なお，拠出にすれば手放した株式が市場に出回ることはなく，したがって株価下落要因にはならない．

　過去に遡って1987年と1997年の各3月末の集団内持合比率を比べてみると，三菱が25.34％から25.09％へ，三井が18.03％から16.34％へ，住友が24.51％から22.61％へと，若干の変化を示している．また1997年3月現在，三菱集団内で持株比率の高い企業は明治生命の4.93％を筆頭に，東京三菱銀行，三菱信託銀行，東京海上火災，三菱重工，三菱商事，旭硝子，三菱地所，三菱電機，三菱化学，三菱マテリアルの順となっている．そしてこれらの持株比率の合計は22.58％と，1987年現在での22.45％をわずかながら上回っている．このように，集団内有力企業を中心にした持合構造は，少なくとも1997年段階までは継続していたということになる．また1998年3月時点でも，集団企業の株主構成には大きな変化は確認できない[29]．その後，見たように集団内持合比率は低下傾向を示していることは間違いないが，問題はその内容である．2001年9月期の大株主についてみると，MTFGの筆頭株主には明治生命が座り，他に三菱信託，東京三菱銀行，東京海上，さらに三菱信託銀行の三菱重工の退職給付信託口の順で大株主名簿に名を連ねている．これらの持株を合わせると12.84％に達する．またMTFGは優先株を発行しているが，そのほとんどを明

治生命，東京海上，三菱商事，旭硝子，三菱化学，三菱電機，三菱地所などの集団企業が所有している[30]．東京三菱銀行では（2000年9月期），明治生命，東京海上，三菱重工，三菱商事，さらに三菱信託が信託口で名を連ね，その持株数を合計すると12.35％に達する．またMTFG同様に優先株のほとんどを三菱集団企業が保有している．こうして，金融機関を集団の有力企業が共同で支えていることがわかる．その他の集団企業について大株主名簿に記載された集団企業の持株比率だけをみると，三菱信託銀行では21.01％（三菱重工退職給付信託口2.72％を含む），東京海上では17.74％（三菱重工退職給付信託口1.82％を含む），三菱商事では26.01％，三菱重工では15.5％（東京三菱銀行退職給付信託口3.7％を含む），三菱電機では15.26％（社員持株会の3.52％を含む），三菱化学では17.05％，三菱マテリアルでは15.67％（社員持株会の1.21％を含む），旭硝子では21.54％，日本郵船では21.94％，三菱地所では17.35％，三菱倉庫では34.34％，三菱製鋼では29.83％（社員持株会の1.71％を含む），三菱製紙では24.26％（社員持株会の2.71％を含む），三菱ガス化学では16.63％，三菱レイヨンでは16.3％となっている．なお大株主名簿に記載されていない集団内他企業の持分を含めると，持株比率はさらに高まることはいうまでもない．全体として，集団においては依然として高い比率で相互持合が維持され，とくに金融機関4社の他に重工，商事，電機，硝子などの有力企業が大株主として名を連ね，その結果，集団企業は安定的な株主構造を維持しているということができる．

さらに2001年9月期から2002年3月期にかけての株主の変化をみると，有力企業については大きな変化は見られない．MTFGについては，株主に変動はないが明治生命の持株比率が0.1％減少している．だが集団企業の持株を合計するとその比率は2001年9月の12.84％から13.40％に上昇している．三菱商事では銀行が0.2％下げたが信託が1.1％上げ，三菱重工では信託が1.1％上げている．三菱電機では生命が0.1％，銀行が0.2％下げているが，信託が1.2％上げ，三菱化学では生命が0.6％，銀行が0.2％下げたが，信託が0.7％上げている．三菱マテリアルでは銀行と生命がそれぞれ0.2％，0.7％下げている．見られるように，全体として大きな変動はないが，銀行や生命による持株比率が

若干低下しているのと同時に，信託銀行保有分が増大している．ともあれ，持合解消が最も激しく行われたとされているこの時期にも，依然として有力企業間では持合が保持されていることが確認できる．

また持合を保持しようとする動きもみられる．例えば，1998年発行の東京三菱銀行の優先株，2000年発行の三菱信託銀行の優先株を，それぞれ三菱系企業が引き受けていることである．三菱集団企業は主力金融機関の株式は売却しないし，優先株はそのほとんどを共同で引き受けている．また2001年4月，三菱商事は保有株の売却ルールを資本効率の観点から見直すと発表したが，三菱集団20社の株式は例外で，簿価で1,200億円に上る集団企業株は株主の期待する収益を生んでいないとしても売却しないと発表している[31]．さらに2001年11月，菱電商事は第一勧銀や住友商事との持合を解消したが，解消後東京三菱銀行，三菱信託銀行，三菱集団との関係は強化すると発表している．以上のことを総合して考えると，金融機関が放出したのは主に集団外企業株であり，集団企業株については含み益を持つ優良企業株を株主構造を崩さない範囲で手放したと考えることができる[32]．

次に持合解消の仕方についてみると，株式売却は株価上昇局面で行われたと考えられる．というのは，株価下落局面で売却すれば売却損が発生するからである．銀行の持合解消は株価下落の遠因ではあるが，実際に株価に影響を与えているのは，外国人投資家の動向であろう．持合解消の受け皿としては，先にみた自社株買い，金庫株，外国人投資家，従業員持株会などの他に，信託拠出がある．信託拠出の背景には，2001年3月期から導入された退職給付会計がある．この制度が実施されると企業の年金・退職金の積み立て不足が浮き彫りになり，それが株価に悪影響を与えることになる．そこで企業は，企業年金・退職給付資金の不足分を補填するという名目で保有株式を信託拠出するという行動に出た．株式拠出は議決権の移動は伴わないため，実質的に保有しているのと同じで，持合を維持することができる．先にみたように，信託銀行への拠出分が大株主名簿に名を連ねたのはこのためである．2000年には三菱重工が時価で1,800億円，三菱電機が1,200億円，三菱商事が800億円，旭硝子が758億円

第5章　企業集団的結合の変容　161

の株式を拠出している[33]．信託拠出しているのは持合株を多く抱えている企業で，三菱系企業に偏っている．また信託拠出にさいしては，含み益が発生する場合があり，それを特別利益に計上することもできる．こうして有力企業は保有株を信託拠出し，表面的には持株比率を減らしながら，実質的に持株比率を維持しているということができる．

　また持合解消にも，以下のような困難な問題があった．①持合解消の受け皿が依然として貧弱で，銀行保有株式取得機構も銀行にとって使い勝手が悪く，株式放出には乗っ取りの危険性が伴うこと．とくに特色ある企業や有力企業，銀行等は乗っ取りの対象になる．なお主に事業整理目的で導入された持株会社は，持合が解消されれば他に乗っ取りに対する防衛手段を持たない日本企業にとっては有効な防衛手段となりうるが，どの企業もが導入できるものではない．また様々な株価吊上げ策も，敵対的な買収を防ぐ効果を持っているが，株価の長期停滞の前に効果は期待できない．②持合を解消すれば銀行や生保は自己資本不足に陥る．とくに含み損を抱えた株式は簡単に売却できない．③企業は銀行に代わる株主を探さねばならない．

　このように，現時点で持合を簡単に解消できる状況にはなく，したがって売却できる株式は，集団外企業を中心に直接的な取引がないか取引関係が希薄になった企業の株式，さらには含み益のある優良株の一部ということになる．結局は，集団的な保有によって企業防衛を図るしかないというのが現実である．ちなみに，2003年3月期での三菱集団各社の投資有価証券評価損がいずれも巨額にのぼったことが確認される[34]．これは株価低迷局面でも三菱集団企業がMTFGの株式を大量に保持しているためで，三菱集団の持合の強さを裏付けている．

　こうして株式持合は，全体の比率を低下させながらも企業防衛という点で依然として機能している．だが企業にとって重要なことは，持合という事実やその比率ではなく，株主安定化をいかに図るかということであり，持合はその手段に過ぎない．したがって，仮に持合比率が低下したとしても，それをもって直ちに集団の弛緩を結論することはできない．また現実にも，持合は依然とし

て高い比率で行われており，この点からも集団的持合は依然として機能しているとすることができる．

(4) 集団的結合の限界

みてきたように集団体制は，確かに変容を余儀なくされている．取引関係の再編成，企業と銀行の関係の強化，従来の集団的結合の強者連合への変容，その延長線上で生じている株式所有構造の変化，持合比率の低下といった現象がそれを示している．にもかかわらず，集団的結合は総合力という条件を提供することで，企業の競争力を支えている．そもそも，集団的結合は企業に競争条件を提供する限りで意味を持っている．だがこの論理は，集団体制の限界を逆説的に含んでいる．集団的結合が企業に条件を提供できなくなったときには，集団体制はその存在の意味を失うということである．また逆に，集団が総合力を発揮するためには，個々の企業が強力でなければならない．このように，集団の総合力と企業の競争力が絡み合い支え合っているということは，結合が競争力のある企業同士のそれでなければならないということを意味している．つまり企業の競争力が低下すると集団としての総合力が働かなくなり，企業に競争条件を提供することができなくなり，やがて集団は意味をなさなくなるということである．

現在，外資参入などによって競争力を低下させている大企業は，合併や事業統合を通じて競争条件を確保しようとしている．また1970年代以降の都市銀行の統合は，銀行が自らの規模の拡大を通じて大企業体制を支え，それによって生き延びようとするものであった．ここには企業も，銀行も，自らを強化し互いに条件を提供し続けなければ生き残れないという論理が強く働いていることを読み取ることができる．またこの論理は，集団的結合が常に変化を余儀なくされるということを示している．現在のところ，企業は集団の総合力を利用して競争力強化を図っている．だが，個々の集団企業の競争力がこのまま低下を余儀なくされることになれば，集団的結合は確実に崩壊に向かって進むことになる．もちろん，集団的結合は結合の一形態であり，その変化は直ちに結合自

体の変化や崩壊を意味するものではない．だが形態変化は環境変化と競争力低下を反映し，それによる経済的支配構造の動揺を意味している．この動揺が今後も続くことになれば，結合自体の動揺が起こりうることは否定できない．三井集団と住友集団の融合などは，その前兆かもしれない．

　また結合は競争条件の相互提供を内容としているが，同時にこの関係は相互制約要因にも転化する．持合による財務悪化の悪循環がその典型だが，経済が深刻な停滞に陥り企業の競争力に問題が発生した時には，結合は支え合いの関係ではなく，もたれ合いの関係に転化し，結果的に相互の業績悪化を助長することになりかねない．制約性は，一方の破綻が他方の破綻を誘導するという形で現れる．とくにいわゆる重厚長大産業を結合の軸にする集団では，それぞれの企業規模が大きいうえに取引量も多く，取引網も広く，また技術を基礎に密接な関係を築いているために，一企業の破綻の影響が集団企業に連鎖的に波及する危険性を持っている．集団企業の破綻は産業企業はもとより，取引の要である総合商社，そしてそれらを金融面で仲介する銀行に打撃を与えることになる．そして，ここに集団体制の限界が典型的に示される．集団体制の弛緩が言われるのもこの様な時である．そして確かに，1990年代以降，集団企業は依然として業界を代表しているとはいえ銀行，電機，化学，重機などの分野で苦境に立たされている．

　さらに，激しい国際競争は一方で企業間結合を強める作用を持つとしても，他方では結合を国際的な企業間提携や結合の中に埋没させ，その効果や意義を見えにくくするかもしれない．これによって集団弛緩が進むかもしれない．現在のところは，国内市場の停滞と過当競争の中で集団的結合が機能する余地が多分に残されている．また取引関係を通じた連鎖的破綻のリスクを回避するために，企業は徐々に事業分野の見直しなどを推し進めている．さらには，集団企業の破綻が連鎖的に拡大することを回避するために，集団的に救済措置を講じるという受動的な力も作用している．このような状況では，依然として集団的結合は保持される．だが日本企業の海外進出，外資参入がさらに進展していくことになれば，企業間結合の担い手の交代，組み合わせの変更も十分に考え

られる．三菱自工がダイムラーの傘下に入りながら三菱金曜会に参加しているのは，この可能性を示唆している．また，持合が薄れれば結合関係も，その資本的絆を失って徐々に薄れていくことも当然考えられる．持合自体も，株式市場がさらに拡大し，別の形での株主安定化が可能になれば，変化を余儀なくされるであろう．その時には，集団的結合は存在意義を失うかもしれない．

いずれにしても結合の変容は，国内の様々な規制・保護を前提に成り立ってきた経済構造が，外側からの強い圧力で歪められたために，この構造を特徴づけてきた企業システムも動揺を余儀なくされているということを示している．

おわりに

巨大企業と巨大銀行による集団的結合は，日本の経済システムを特徴づけてきた．それは官民一体となった戦後の強蓄積構造を象徴するものであった．だが1980年代までは誰の目にも明らかだった集団の姿は，1990年代になると一変する．バブル崩壊以降の経済停滞，グローバリズムの展開，規制緩和などに後押しされた各分野での激しい競争は，夥しい数の企業破綻を引き起こすとともに，企業に事業内容と企業間関係の見直しを強制した．それは人員や設備の削減などとともに，不採算事業についての系列企業の統廃合，ライバル企業との事業統合，さらには新事業に向けての提携，合併運動となって現れた．また，停滞とグローバリズムを背景に顕在化した金融機関の競争力低下や低収益構造，巨額の不良債権は銀行を統合に追いたてた．そして政府がこれを後押しした．そしてこれによって，大企業，大銀行への資本集中が一気に進展した．これは，直接的には大企業主義の焼き直しを意味するものでしかない．だが淘汰と集中，取引先の絞込み，さらには外資を含む広範な提携は，その延長線上に企業間関係，とりわけ集団的結合関係の変容を引き起こすとともに，これによって新たな競争条件を作り出すことになる．

とくに企業と銀行の集中は，両者の結合を新たな装いのもとに再編成する．集中した大企業と大銀行は，互いの条件を確保すべく結合を強化する．という

のは投資銀行業務を取り込んだ銀行は，大企業の競争力強化にとっては決定的に重要な役割を果たし，また大銀行も大企業との結合によって業務の拡大や競争力の強化を図らざるを得なくなるからである．こうして，巨大銀行と巨大企業の結合を軸にしたいわば強者連合が形成され，これが集団的結合を支えることになる．そもそも結合は，競争条件の確保を狙いとする．したがって競争条件が変化すれば，当然ながら結合の内容も変化せざるをえない．集団的結合においても例外ではない．集団構成企業がグローバリズムによる競争激化にさらされ，競争力の低下が浮き彫りにされる中では，結合の見直しは当然である．

　またそのさいに，従来の集団的な株式所有関係にも変化が生じる．株式所有は強者連合を軸に形成され，集団的な持合は徐々に低下しその意義を希薄化させる．持合比率の低下は取引関係の変化をも反映し，これによって従来型の集団的結合は後景に退く．少なくとも明示的な姿は薄らいでいく．そして株価下落による持合の弊害，2001年度からの時価会計の導入がこの変化に拍車をかけている．そればかりか，集団的結合は取引関係や株式所有の拘束性から，競争条件が急激に変化する中では個別企業にとっては障害にさえなりかねない．こうして，従来型の集団体制は明らかに限界を示しており，変容を余儀なくされているといってよい．集団は，構成企業の競争力が強い限りで機能する．1990年代の集団企業の低迷は，集団的な外延的拡大に終止符を打たせるとともに，集団としての機能低下，集団体制の揺らぎをもたらした．

　だが持合は結合の一形態であり，その比率の低下は必ずしも集団の解体を意味しない．また実際に，集団内では金融機関を軸にして有力企業同士が持ち合い，さらに集団他企業の株式を依然として高い比率で保有している．また，依然として集団体制も保持されている．それは第一に，激しい競争が展開される中では銀行を軸にした集団的結合は個別企業にとっては総合力として機能するからであり，第二に，強者連合が軸になって系列子会社を含めた広範な協力体制をとっているからである．とくに新産業への参入や海外プロジェクトの展開などでは，集団としての総合力がその力を発揮する．だが集団の中身は，強者連合として意味を持つ結合の本来の姿に徐々に置き換わりつつあるということ

ができる．したがってこの動きは，集団の解体というよりは，従来型から強者連合への変容と捉えるべきであろう．

これを三菱集団に即してみると，MTFG を軸にして三菱商事，三菱重工，三菱化学，三菱電機，三菱マテリアルなどが強者連合を形成し，これらが相互に結合し，さらにその外延にある他の集団企業との関係を通じて集団体制を維持しているということになる．このような事情は三井，住友集団についてもほぼ同様に当てはまると思われる．そして当面は，日本の大企業体制は三菱，三井住友の2大集団を軸に展開されると考えられる．

1) 集団解体を指摘する見解には次のようなものがある．公正取引委員会『企業集団の実態について―第六次調査報告書―』，公正取引協会，1998年．東洋経済新報社『企業系列総覧2000』，1999年．大槻久志「日本独占資本の新しい段階をどうみるか」『経済』，2000年8月．奥村 宏見解，加護野忠男見解，ともに「エコノミスト」，2001年8月6日．富森慶児『自己組織化と創発の経済学』，シュプリンガー・フェアラーク東京，2001年．
2) 事業統合の背景には，競争激化以外に2000年3月期の連結財務への移行という事情がある．単体決算のもとでは事業分離は規模の縮小につながり企業の抵抗が強いが，連結決算では他社と統合しても収益は持分比例で本体に反映されるために抵抗が少ない．そこで投資収益拡大を狙う商社などが，積極的に事業統合を推し進めている．なお連結財務の導入は，効率の悪いグループ企業を排除し，優良企業を完全子会社にするという動きを通じて系列再編成を加速させることになった．また国内で日本企業が絡んだM＆Aは2001年に過去最高の1,653件数に達し，4年連続で過去最高を記録している．内容は不採算部門の切り離し，大企業の系列の統合，連結経営の強化を狙った関連会社の完全子会社化，外資による買収などである（数値は『日本経済新聞』，2002年1月15日による）．
3) 提携先や時期などについては，主に日本経済新聞などの報道による．以下の各企業の提携事実などについても同じ．
4) 系列企業の出資者，取引金融機関，取引先などについては産業動向調査会『'01年日本の企業集団 ①三菱グループ編』，2001年を参照．以下の各系列企業についても同じ．
5) 『日本経済新聞』，1998年6月4日．
6) 銀行の苦境は今なお続いている．2002年3月期，全国銀行の不良債権総額は39兆8,380億円に達し，うち大手銀行13行の不良債権総額は27兆1,758億円（前年度比47.4％増）と増大している（『日本経済新聞』，2002年5月25日）．

7) 帝国データバンク調査（『日本経済新聞』，2002年12月29日）．
8) 1998年7月，奥田経済団体連合会会長は大企業の立場を代弁して，「大銀行は潰せない．市場から狙われる前に金融当局が強権的に再編成しなければならない」と述べている（『日本経済新聞』，1998年7月24日）．
9) 1998年2月に国内普通社債の発行額は初めて月間で1兆円を突破した．1998年度全体でも過去最高の10兆8,000億円に達した．なお，2001年度の直接金融に占める比率は普通社債が55.3％，資産担保証券が27.6％，株式が10.3％となっている（『日本経済新聞』，2002年5月3日）．
10) 格付投資情報センター『月刊レーティング情報』，2002年8月，9ページ．なおコミットメントラインの設定総額は，2000年には1999年の3.4倍に相当する6兆6,250億円に達したと想定される（『日本経済新聞』，2001年2月7日）．
11) 2000年のシンジケートローン実施は191件，11.7兆円に達したとされる．また金融機関別シェアではみずほFGが金額，件数の双方で5割以上を占めているとされる（『金融ジャーナル』，2001年4月号，59ページ）．またシンジケートローンの内，コミットメントライン契約付が全体の7割を占めているとされる（『日本経済新聞』，2001年1月7日）．
12) 『日本経済新聞』，1998年7月4日．
13) 2001年の国内M＆A実績では，東京三菱銀行はゴールドマン・サックスなどに次いで9位にランクされている（『朝日新聞』，2002年6月6日）．
14) 4大銀行グループの収入全体に占める手数料収入の割合は，2001年3月期で12.6％に達している（『日本経済新聞』，2001年6月9日）．
15) 系列融資比率については，経済調査協会『年報 系列の研究』，1990年版，1999年版を参照．
16) 前掲『企業系列総覧2000』による．
17) 『日本経済新聞』，2002年7月16日．
18) 各生保による地銀囲い込み状況はについては，『日本経済新聞』，2002年6月28日を参照．
19) メインバンクの重要性を指摘したものに，以下の文献がある．山中 宏『メインバンク制の変容』，税務経理協会，2002年，関 哲夫論文『月刊金融ジャーナル』，2002年7月号．
20) 日本銀行『経済統計年報』を参照．
21) 資金調達の困難性は，債権流動化などによる資金調達の増大となって現れる．債権流動化の額は1996年には約3兆円だったのが97年以降急増し，1997年約10兆円，1998年以降2000年までは毎年約12兆円程度で推移している（日本銀行『資金循環勘定』より）．
22) 間接金融の重要性については，次のような指摘が参考になる．「直接金融は単に

資金調達ができればよいということ．直接金融という仕組みはマーケットメカニズムに任せるだけで，債権者としての思想や哲学は出てこない」，前掲，関 哲夫論文『月刊金融ジャーナル』，15ページ．
23) 商事の海外活動はその延長線上でカルテル事件を引き起こしている．2001年5月，米フィラディルフィア連邦地裁は，三菱商事に黒鉛電極の国際カルテルに関わったとして罰金1億3,400万ドルの支払いを命じている．
24) 商社の取引の優位性，取引慣行については，島田克巳『企業間システム―日米欧の戦略と構造―』，日本経済評論社，1998年が参考になる．
25) 公正取引委員会の調査では，6大集団の集団内取引比率は平均で1997年3月末の7.47％から6.44％に，財閥系3集団については10.1％から8.09％に下落している．詳しくは公正取引委員会『企業集団の実態について～第七次調査報告書～』，2001年を参照．
26) 東京証券取引所『東証要覧 FACTBOOK』を参照．
27) 持合株式の売却については『日本経済新聞』，2001年4月24日，旧財閥系集団の持合比率については公正取引委員会，前掲書，三菱集団の持合比率については『日本経済新聞』，2001年4月15日，9月22日を参照．
28) 2002年3月末で，MTFGは明治生命の資本金に相当する基金600億円のうち240億円の拠出残高を持っている（『日本経済新聞』，2002年8月3日）．
29) 1997年までは経済調査協会『年報 系列の研究』，1990年，1999年版を参照．1998年度時点での詳しい持株関係，融資関係などについては，前掲，『企業系列総覧2000』を参照．
30) 各社「有価証券報告書」を参照．以下，各社の持株比率についても同じ．
31) 『日本経済新聞』，2001年5月10日．
32) 菱電商事の株式売却については『日本経済新聞』，2001年11月23日を参照．なおこのような傾向は他集団でもみられる．例えば2001年3月，住友ベークライトは金融機関の株式を住友銀行と住友信託銀行を除いて売却している（『日本経済新聞』，2001年3月28日）．また逆に，住友商事のように持合株式の削減を行った例もある（『日本経聞』，2002年6月29日）．これは，住友銀行や住友信託は住友商事株を売却し，同時に住友商事が銀行や信託の株式を含む保有株の1割程度を売却するというものであった．だがこの場合，住友商事の持株比率を大幅に下げたのは東京三菱銀行となっている．また公正取引委員会調査によると集団企業が真っ先に持合を解消する相手の筆頭は集団以外の事業会社，次いで集団以外の金融会社，そして集団内の金融会社と事業会社の順になっている（前掲，『企業集団の実態について』を参照）．
33) 『日本経済新聞』，2000年7月27日．
34) 『朝日新聞』，2003年5月29日．

第6章　多国籍企業と産業集積
——バーミンガムの教訓——

はじめに——BMWによるローバー売却——

　多国籍企業を中心とした，グローバル化する資本に「選ばれる」ために，新旧いずれであっても魅力ある「産業集積」が必要だという脅迫観念が，産業政策あるいは地域開発の担当者の間で蔓延している[1]．グローバル化が急進展した1990年代，クルーグマンによる「新経済地理学」やM. E. ポーターによる「産業クラスター」論を契機に，立地政策が大きく変わったからである．1980年代ピオレ＝セーブルの「第三のイタリー」論が，中小企業を中心とした地域ネットワークに着目したのに対し，現在の産業集積にかんする議論は，「知識主導経済（Knowledge-based Economy）」論に則った，産学官コンプレックスを中心とした新型のそれである．背景には，IT革命を基軸とする急速かつ広範なイノベーションがあり，R＆Dを競争戦略の中心に置いた，多国籍企業の立地活動の変化がある．しかし，こうした動きは主として先進国におけるものであって，ここで前提しなければならないのは，新興経済圏（Emerging Economy）や途上国もふくめた，多国籍企業の戦略的な立地の全体像である．それも産業ごと個別分野ごとに，グローバル化の現段階がもっている変化の内容が異なり，IT革命の影響にも差異が生じている[2]．それぞれに必要とされる産業集積の中身も異なるだろう．

　ここに取り上げるのは，2000年5月わずか10ポンドで，ドイツの自動車メーカーBMWから地元投資家グループ・フェニックスに売却された，「イギリス自動車メーカー」ローバーのロングブリッジ（バーミンガム）工場のケースであ

図 6-1 ウェストミッドランド (WM) の位置と主要自動車工場の所在地

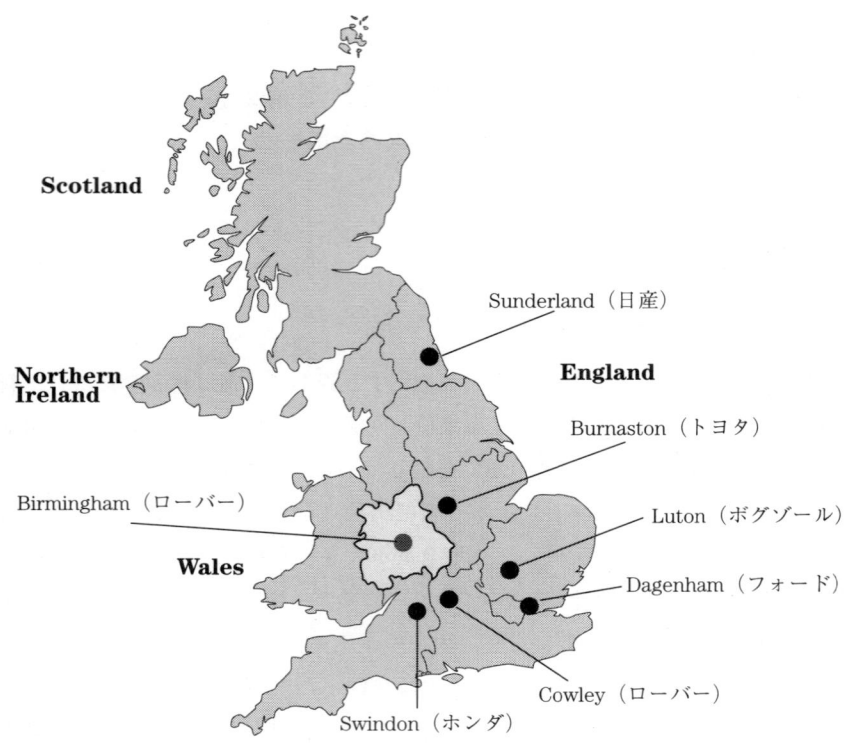

Scotland

Sunderland（日産）

Northern Ireland

England

Burnaston（トヨタ）

Birmingham（ローバー）

Luton（ボグゾール）

Wales

Dagenham（フォード）

Cowley（ローバー）

Swindon（ホンダ）

　る．ウェストミッドランド（WM——図6-1, 参照）の中心都市にあるこの外資系自動車工場をめぐる「騒動」は，1960-70年代のクライスラーを中心とした買収・撤退「騒動」を髣髴とさせる，いわゆる多国籍企業の「逃げ足の早さfootlooseness」という問題である．しかしその原因は，一地域の産業集積の「再編」——たとえ「新しい産業クラスター」への衣替えであっても——によっては克服できない，深さと広がりをもっている．先に述べた，多国籍企業の立地と産業集積にかんする理論的整理を適用して，バーミンガムのケースを分析してみたい．

　その前に簡単に経過を述べておこう．1988年，当時のサッチャー政権によっ

て，イギリス最後の乗用車メーカーであるブリティッシュ・レイランド（BL，1968-1975年はBLMC）が，軍需中心のコングロマリットであるブリティッシュ・エアロスペース（BAe）に売却され，さらに1994年約10億ポンドでBMWに売却され，わずか6年で今回の事態に至った．「ローバー」はもともとBLの大衆車ブランドであって，BLがそれまで提携していたホンダの「シビック」等をベースにした，小・中型車シリーズ「ローバー25・45」を指す．ほかに人気の高い小型車「ミニ」とRV車「ランド・ローバー（LR）」を有していたが，今回まずLRはフォードに売却され，ローバー・ミニのブランドはBMWが保有——当初ロングブリッジ工場で生産していたがフルモデルチェンジできず続行を断念——し続けた．結局，新生ローバー（MGローバー）は人気のない旧シリーズと，今回の事態の引き金となった新シリーズ75を確保したにすぎない．BLの高級車ブランドであるジャガーはすでに1989年フォードの手に渡っていた．

BMWはローバー買収によって，従来の高級車専業から中小型車・RV車までも含むフルライン化をめざしたのだが，当初から赤字が続き経営難に陥っていた．すでに1998年からロングブリッジ工場の閉鎖を示唆し，労働者に対してリストラ・新契約を受け入れるよう圧力をかけていた．そして翌1999年，新シリーズ（ローバー75）への設備更新をめぐって，イギリス政府と資金援助の交渉そして妥結の後，EUから認可を得るのに時間がかかっている間に，今回の決定がなされたのである[3]．その原因について，多国籍企業側つまりBMWの戦略的失敗から，受け入れ側について現地バーミンガムの産業集積，さらにはイギリスにおける旧態依然たる生産体制まで，様々なアプローチが可能であろう．

しかし産業集積だけが問題ではないことは明らかである．ここではとくに国家レベルの通商・産業政策に注目したい．グローバル化はそれを無効にするどころか，どのような「グローバル化」を選択するかという点で，決定的な役割を与えると考えられるからである．あたかも国民国家の枠組を無視しえるかのように扱う傾向も生じているが，各国が直面するグローバル化の差異は決して小さくない．たとえばヨーロッパ各国にとってのグローバル化は，まず何よりも「ヨーロッパ化」つまりEU統合の進展であり，最近の事態でいえばその東

欧への拡大であろう．またEU内でも，イギリスにおいては——最後に述べるように——伝統的なアングロ・サクソン（大西洋＝英米）同盟と，大陸ヨーロッパとの融合路線との対立を秘めている．もちろん，従来の国民国家の権能が後退していることは事実で，これこそがグローバル化の本質の一部であることに間違いはない．しかし現局面に限っていえば，国民国家ないし中央政府が上位の国際機関また下位の地方政府に，そのまますんなりと自らの権限・機能を委譲しているわけではない．さらに，これまでの通商・産業政策が「グローバル化」に対してどのような国内体制を準備してきたか，も大きく影響する．フリーハンドで対処しえる国・地域はないのである．その際，中央政府の政策的対処（ないし不作為）がもった意味についても述べる予定である．

1．多国籍企業の立地行動と産業集積

(1) アライアンス・キャピタリズム論と「資産獲得型」直接投資

1990年代に，多国籍企業を中心とした「グローバリゼーション」に大きな変化が生じた，との認識は，経営学・経済学を問わず多くの研究者に共有されている．そのうち，産業集積に注目したポーターやクルーグマンらによる「経済地理の復権」，事実としてのM＆Aブームおよび戦略的提携の隆盛にみられる企業間関係の新展開は[4]，多国籍企業にとって外部環境・資源のもつ積極的意義を大きくクローズアップさせた．これを「アライアンス・キャピタリズム」として定式化したのが，多国籍企業論の第一人者ジョン・ダニング（J. H. Dunning）である[5]．

彼は，当該企業が所有している優位性(O)，特定の場所に立地することから生じる優位性(L)，そして，それらを企業の内部で活用する優位性(I)という3要因が，対外直接投資と多国籍企業活動を決定するという，折衷理論ないしOLIパラダイムで有名である．個々に疑問がないわけではないが，その分析枠組したがって手続きの簡便さゆえに，これまで多くの研究者によって支持されてきた．しかし表6-1のように，1990年代，多国籍企業の活動実態とそれを分析す

表 6-1　多国籍企業論における分析視角の変化

主な観点	1970年代・1980年代	1990年代
海外直接投資の動機	所有優位性 （資源・能力の一方的フロー）	多面的動機 （資産のよりグローバルな調達）
海外直接投資の形態	新規投資	M＆A
所有優位性の所在	国に固有な資産の特権的所有	資源活用能力など企業固有の性格
投資形態間の関係	明確な選択	補完的，制度的多元性
所有優位性の所在	企業内部	企業外部の資源・能力を重視
革新的活動の定着度	比較的低い	戦略的提携によりかなり高い
国家間の障壁	強固	減少
国際分業の形態	要素賦存に基づく明確な国際分業	多国籍企業の国際的特化
立地選択の基準	資産使用量	資産の増加も加味
外部経済の考慮	立地に固有な外部経済の軽視	企業集積や学習経済に注目
理論の性質	静態的	動態的
多国籍企業の組織構造	階層的組織構造	フラット化，分権化
市場失敗への戦略	"voice"よりも"exit"	"voice"による外部性の獲得
政府の態度	警戒的	歓迎
理論構築の方法	学際的アプローチの弱さ	他分野の理論の導入の必要性

出所）松原（2001），30ページ，表1．ただし一部を修正した．
資料）Dunning（2000），pp. 32-33, Table 2-1．

る視角が，大きく変化したという．すなわち，1970-80年代まで支配的な，資本関係にもとづいて企業内国際分業を組織する「垂直統合型」から，非資本関係（つまり所有＝支配ではない）によって様々な企業間協力・協調を展開する「提携 alliance」重視への転換である．端的には I ＝内部化に代わって E ＝外部化の利益が，多国籍企業の活動をより多く規定する要因となったことである．

　背景には，内部化を困難にするプッシュ要因として，急速な技術進歩があって変動常ない市場のもとで，多品種・「少量」生産を強いられ，商品ライフ・サイクルも短縮化して，いわゆるフレキシブル生産が普及する一方，「東アジアの奇跡」に代表される新興経済圏の登場や，1990年を前後する社会主義世界

体制の崩壊によってグローバル化が一挙に進んだことがある．前者は，1980年代のME革命における工場および個別企業レベルでの「情報化」から，1990年代のIT革命をつうじ経済社会全般の情報化が可能となって，新段階を迎えたものである．後者は，先進国における市場の「飽和」による競争激化だけでなく，途上国多国籍企業の登場もふくめて，文字通り競争がグローバル化したものである．これには，資本による経済開発を至上命題として，旧社会主義国をふくめた各国が，グローバル化する資本を引き止めあるいは誘致しようとする，国家間競争を伴っている．

技術開発にかんする費用の巨額化や期間の短縮そしてリスクの大きさ，またバリューチェーン全体や個々の機能・パート間の連携にまでわたる広義のイノベーションの必要は，個別企業が――たとえその多くが多国籍企業となる巨大企業であっても――単独では十分なしえない水準に達している．そこで，コア・コンピタンスに経営資源を集中し専門化するとともに，共同利用できる技術や周辺機能については，それぞれ提携・アウトソーシングを図る．アウトソーシングは別だが，提携（アライアンス）は通常の市場取引と異なり，これも一種の「内部化」とされる（Dunning 1997, p. 74）．従来の企業組織「ヒエラルキー」が所有＝支配に拠っているのとは違うが，技術を中心とするさまざまな提携は同様に，市場の本来的endemic失敗を軽減する手段となっている．また市場に任せれば競争が激しく，採用されない．したがって，ここでの「外部化」は文字通りの意味ではないのである．

ダニングは明示していないが，むしろ注目されるのはプル要因としての，提携相手＝パートナーの登場・成長であって，多国籍企業であればとくに進出先・途上国における現地企業のそれであろう．しかし彼が発表当時（1990年代央），他の論者と同様「アライアンス・キャピタリズム」の登場を感得したのは，何よりも，日本型生産システム・企業間関係の国際的な競争優位からである．従来のアメリカ型量産システム（フォーディズム）に代わって，フレキシブル生産に優れイノベーティブな日本の企業システム，中でも「系列」の役割に注目したのである．この場合は，日系企業の欧米への進出によって，現地に日本的

生産システム・企業間関係が——もちろん日本におけると全く同様ではないが——普及した事実（ジャパナイゼーション）を指している．そして国際提携そのものに限っていえば，いわゆる「戦略提携」が1980年代から劇的に増加したことである．それが学習効果を目的としたことから[6]，彼によれば「競争力向上型 competitiveness – enhancing」提携と呼ばれる．これは対外直接投資について言われる戦略的「資産獲得型 asset – acquiring」と同じである．

みられるように，「アライアンス・キャピタリズム」がダニングのOLIパラダイムに及ぼした影響は，企業の所有優位(O)と外部環境として観念される立地優位(L)の間で生じた，重点の移動である．彼の折衷理論において所有優位は，同じレディング学派の「内部化」説（バックレー＝カソン）とは違って，企業の内部で創造・組織される内生的なものとして，独立した地位を占める[7]．しかし，これまでの「ヒエラルキー・キャピタリズム」においては限界的にしか活用されなかった，他企業との協力取り極め——提携もその一種——による優位性の「梃子入れ leverage」がここでの焦点である．多国籍企業の場合，進出先で得られる立地優位には，従来から様々な「賦存資源」とくに労働力や社会的インフラが挙げられていたが，この「他企業」＝現地企業がもつ個別の「資産」も対象となる．しかも後者は，あとで述べるように，現地でネットワーク形成された企業集積がもつ，特別の「優位性」を反映したものなのである．

確かにこのことは，グローバル化が進み可動的な資産(O)を担った多国籍企業がますます自由に移動するようになると，かえって不動的な特定地域に「埋め込まれた embedded」資産(L)が重要になるという，一種のグローバリゼーションとローカリゼーションのパラドクスを表している．しかし要は，所有優位じたいが立地優位との結合によって高められるという，「優位性」の相互依存的発展——当然OからLへの作用もある——いわば動態的優位の形成を問題にしているのである．その基軸はイノベーションにあって，以下にみるように，これまでは日本型生産システムを念頭に置いた「産業集積」が注目されていたが，今日では「知識主導経済」論に則って，研究開発機関とくに大学・試験研究機関を中心とした「産業クラスター」が焦点となっている．

(2) 産業クラスターと「地域の競争優位」論

とかくグローバル競争のもとでは，本国にとらわれることの少ない多国籍企業の行動から，可動的なmobile企業のコア・コンピタンス——ダニングに従えば企業所有優位——に「優位性」の源泉を求めさせ，実際，1980年代の経営戦略論の主流は，外部環境よりも企業内部の経営資源に目を向けがちであった．しかし周知のように，ポーター『国の競争優位』(1990年)によって大きくその認識は変わった．その詳細は他に譲るとして[8]，ここでは次の注意が必要である．

① 「知識主導経済」論との親和性　最近著『競争戦略論』(ポーター1999年)で，「競争の基盤が知識の創出・蓄積へとシフトしていくなかで，国の役割は増大している．競争優位は，非常に地域性の強いプロセスのなかで創り出され，維持される」(同上，5ページ)と述べているように，それが「知識主導経済」のもとでの事態であることが前提である．具体的には，この間の成功例——とくに日本の「成功」——から，イノベーションや改善の条件を導き出している．

② 産業政策との異同　ポーター自らレーガン政権の競争力政策に関与する中から，従来のアングロ・サクソン流の一般的なマクロ政策に偏った「産業政策」を批判し，個別産業により接近した政策を提言している．しかし，それが日本流の産業政策とならないのは，(基本的に)特定産業をターゲットとすることなく，たえず競争によって各企業が自ら優位性を高めようと努力すること，とくに国内競争を重視したためである．

③ グローバル化との「距離」　同じく外部環境を重視するダニングとは，この点で大きく異なる．競争優位を創出・維持するホームベースは基本的に「本国」にあって，おそらく典型としては，1980年代，輸出＝国内生産を基本としていた，当時の日本が念頭にあったと思われる．

ポーターは国の競争優位を決定する4つの要因を挙げ，有名な「ダイヤモンド」によって相互の関連を図示した(図6-2)．従来の「比較優位」論は主として「要素条件」に関わり，あとの3要因を事実上無視していた．しかし「要素条件」に限っても，ここでは先進国経済に特有な知的集約型産業について，

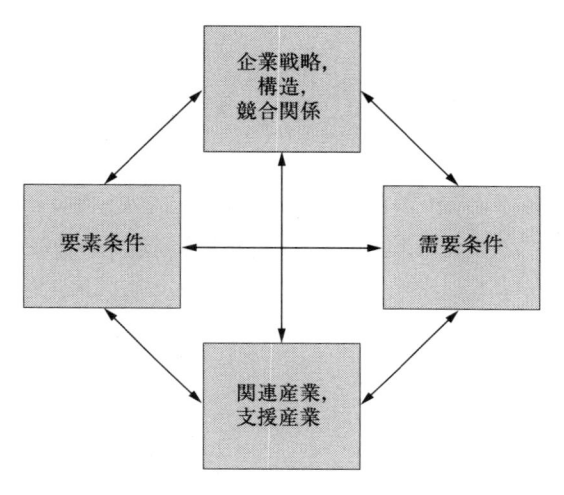

図6-2 国の競争優位を決定する要因

```
          ┌─────────────┐
          │ 企業戦略,    │
          │  構造,       │
          │ 競合関係     │
          └─────────────┘
         ↗       ↕       ↖
┌────────┐              ┌────────┐
│要素条件│ ←─────────→ │需要条件│
└────────┘              └────────┘
         ↘       ↕       ↙
          ┌─────────────┐
          │ 関連産業,    │
          │ 支援産業     │
          └─────────────┘
```

出所) ポーター (1999), 13ページ 図1-1.

「産業固有のニーズに沿って高度に専門化された要素でなければならない」(同上, 15ページ) のである.「需要条件」が競争優位を引き出すのは, それが他国に先んじた革新的なニーズとなっているからである.「関連産業・支援産業」は固有に「産業集積」ないし「産業クラスター」に関係するので, あとで述べよう. 最後の「企業戦略・構造・競合関係」は, 産業組織論を経営戦略に接合しようとした, 彼の特徴がよく表れている. ポーターによれば, その国の個々の産業と企業がもつ特性は, 前者＝産業の競争優位の源泉と後者＝企業の経営手法・組織形態とがフィットした結果生まれた. さらに国内での競合関係が競争優位を創出・維持する強力な刺激となるのである.

先のダニング「競争力向上型」提携ないし「資産獲得型」投資を行う立地先は, まさしくこうした「ダイヤモンド」が成立している国・地域でなければならない. そしてポーターが注目したのは「クラスター現象」, つまり「特定分野における関連企業, 専門性の高い供給者, サービス提供者, 関連業界に属する企業, 関連機関 (大学, 規格団体, 業界団体など) が地理的に集中し, 競争しつ

つ同時に協力している状態 [強調は引用者]」(同上, 67ページ) である. すなわちそれは,「ダイヤモンド」の中でも「関連産業・支援産業」に関わる現象である. しかし彼は「クラスターはダイヤモンドの4つの要素の相互作用を示したものとして考える」(同上, 86ページ) という. その理由は次による.

　企業の地理的集中はこれまで, 経済地理学の伝統的な「産業集積」のタームで語られることが多かったから, ここでポーターは関連機関とくに大学等の研究・開発に関わる機関を取り上げて,「知識主導経済」の特徴を加えているだけだと思われるかもしれない. しかし, 従来の「集積」論が強調してきた, インプットや市場への近接性による費用の最小化が, グローバル化やフレキシビリティの増大, 輸送・通信費の低下によって, その根拠たりえなくなった結果, それに代わって「クラスター」が登場したのである. 今日の集積の経済は, それが競争に与える影響から生まれたもので,「ダイヤモンド」の全体に関わる. 彼は3つの効果を挙げている. すなわち, 第一に生産性の向上, 第二にイノベーションの促進, そして第三には, 新規事業の形成を刺激することである. 必ずしもハイテク産業に限られるわけではない. だから逆に「産業クラスター」を従来の「産業集積」とほぼ同義に用いる傾向——2001年英国の調査報告 "Business Clusters in the UK" (DTI 2001) など——もみられるのである.

　ダニングは, 明らかにポーターの影響も受けて, 今日における立地優位の強調に傾き, また同じく日本の「成功」から,「アライアンス・キャピタリズム」を唱えたのであろう. しかし両者の見解は, グローバル化の基軸たる多国籍企業が「ダイヤモンド」形成に及ぼす影響・役割をめぐって, 大きく異なる.

　ポーターは端的に「グローバル化に対する正しいアプローチは, 他国のダイヤモンドに存在する競争優位の源泉を, 選択的に利用することである」(同上, 43ページ) と述べ, 提携についても「[それが——引用者]最大の効果をあげるのは, 一時的に, 中核活動以外の業務について選択的なツールとして用いる場合である」(同上, 4ページ) と補完的な役割しか認めない. 彼の本旨はもっぱらホームベースの強化にある. また, 外資を国内の経済開発に活用する点について, 少なくとも『国の競争優位』発表時においてはかなり懐疑的であった[9].

これに対してダニングは，外資＝対内直接投資が投資先の立地優位を高めるO→Lの方向も考慮し，クラスターの形成・強化に作用する可能性を示唆している（Dunning 1997 *op. cit.*, Ch. 8）．しかし，直接投資の場合ならなおさらだが，直接投資ではない提携による参入形態にしても，現地企業の成長について語ることは少ない．実際，提携先と考えられているのは競争相手＝他国の多国籍企業であって，O→Lにおける現地企業とのリンケージ，また当の多国籍企業の「現地化」とくにembeddedness「埋め込まれ」は不問に付されている．これらは，長く経済地理ないし地域経済に関わってきた，多くの研究者・政策担当者を悩ませてきた問題であって，依然として決着はついていない．理論的に好意的な人々の間でも，多国籍企業と産業集積ないし産業クラスターとの「相互作用」について実証研究はまだ始まったばかり，というのが共通了解であろう[10]．

　しかしながら産業クラスターを，グローバル化経済における地域開発の手掛かり，しかも必須の条件とする政策志向は，今日ますます強まっている．ポーターの議論を「地域クラスター」による開発戦略に応用したエンライト（M. J. Enrigt）は，結果的に「国の競争優位」から「地域の競争優位」へ論点を移した一人である．はたして国家の枠を超えて地域が直接に「競争」しているのか？　従来の「比較優位」が国をベースに語られた時も，実際に「比較優位」産業が国内立地していた地域は限定されていた（産業の地域集中）．グローバル化によって，各国がそれぞれ「比較優位」産業を国内にもつことを保証されなくなったというのなら，これもまずは国家ないし一国経済の問題である．しかし，国家がさまざまな理由から戦略的に，地域を「選択と集中」しなければならなくなったことも確かであろう．ところが実際には，各国・各地域がIT・バイオといった特定のハイテク分野に集中して，投資誘致の世界的競争を激化させている．これには，彼も懸念を隠していないのである（Enright 2000, pp. 303-304）．それでは，われわれの立脚点＝批判点は何か，あらかじめ明らかにしておこう．

(3)　グローバリゼーションによる地域の「遠心分離」

　まず第一に指摘しなければならないのは，多国籍企業の立地行動が「資産獲

得型」に全面的に移行したわけでないこと，多国籍企業による国際分業が先進国と途上国との間の，序列と位階制を基本的に維持していることである[11]．つまり途上国へは，依然として「資産活用型」の立地が支配的だということ，それがかつての天然資源や現地市場目あてではなく，先進国市場向け輸出のため「効率志向」に代わったとしても，である．これには，旧社会主義圏の「移行経済」諸国の大部分，そして一部先進国の後進地域における各種の「開発区」も含まれるであろう．

　それとの関連で言うと，先進国の場合でも，産業集積なり産業クラスターがいわゆるハイテク産業に限られないことである．イノベーション志向で研究開発の比重が高くなる理由の1つである，ME化・IT化と続く「情報化」の進展は，ほとんど全ての産業に構造変化を生じさせ，その他の産業たとえば成熟産業であってもそうした要請は強くなる．もう1つの理由であるグローバル化が，文字通りの共通市場化をもたらしているとすれば——EUのように地域経済統合が進んだ場合が典型——，多国籍企業の生産立地を集約させる可能性がある．その場合，集約地点に「関連産業・支援産業」が文字通り集積するケースもありうる．これはハイテク産業というより，過剰生産基調の成熟産業である場合が多いだろう．

　しかし第二に，現実にはそうしたこととは無関係に，政策担当者の間で産業クラスター＝ハイテク振興という図式化のもと，画一的な大学・企業のマッチングや資本誘致が行われやすいことである．それはエンライトがいうように，当該地域の経済・社会の現実を正確に捉え，クラスターの共通要素だけでなく差異化を図り，的確に産業部門の選択を行う，という戦略策定の課題かもしれない[12]．しかし「地域の競争優位」と言いながら，その実，多国籍企業の立地行動に従属した「戦略」でしかないのであれば，その成否は心もとない．彼らにとって一番魅力的に映る，あるいは一番安定的な，本社やホームベースの地位を目指して，ハイテク・先端産業を「選択」するのは自然の成り行きではないだろうか．

　第三に，より根本的には，多国籍企業を典型に，グローバル化と結びついた

資本を呼び込むこと，またそれらを地域に根付かせる立地優位の形成・維持という「課題」が，何故そのまま地域開発のそれに擬せられるか，という疑問が生じる．たとえ「地域の競争優位」が地域開発の要件であったとしても，後者の目的は手段——「要件」とはまさしくこれ！——から厳密に区別されなくてはならない．さらに，それを担うとされる産業集積がもともと存在しない「地域」がある．その形成に失敗すれば，「地域」は崩壊するのであろうか？　こうした，地域開発＝「地域の競争優位」＝産業集積ないしクラスター，という「三位一体」説を改めて問う必要があるだろう．

　最後に，ここまで述べてきたことが主として産業＝製造業としてきたことへの反省点として，グローバル化の地域に及ぼす影響をより広く捉えた場合，各種のサービス業を含む都市機能，そしていわゆる「都市と農村の対立」という問題にも触れなくてはならない．多国籍企業によって各地域が相互に分断・競争させられているだけでなく，同一地域が内部的に分裂させられ，あたかも「遠心分離」させられる危険を孕んでいるのではないか，それは都市内部の分裂にも及ぶ，という警告にも耳を傾けよう[13]．今日における地域開発は，こうしたグローバル化の負の側面への，積極的な「対抗」でなくてはならないであろう．残念ながら紙幅の制約から，ここではこれ以上立ち入ることはできない[14]．

2．バーミンガムの場合

(1)　バーミンガム／WMにおける産業集積

　WMにおける産業集積の形成史をたどれば，古くは中世の金属加工（鍵・馬具など）に起源をもち，産業革命の進展とともに機械・金属加工の高度な段階に移行し，第1次大戦後にはイギリス第一の地位を占めるに至った．それは同時に自動車工業への集中過程でもあって，以前のように多様な小規模工業が集積することで，産業構造転換に柔軟に対応していった強みが，徐々に失われることでもある[15]．WM内部でも，かつてイギリスの「産業中心地 Industrial Heartland」と呼ばれた主要3地域，ブラックカントリー，バーミンガム，コ

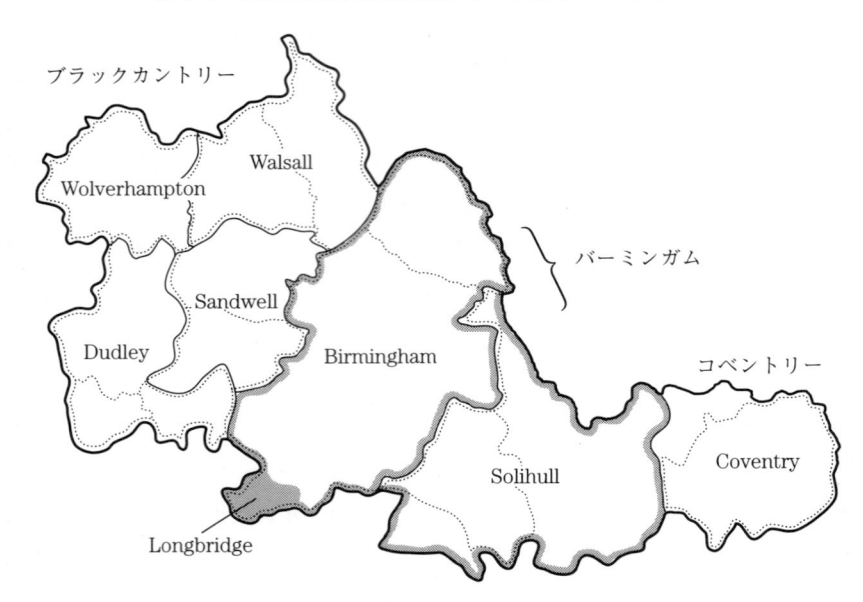

図 6-3　*The Industrial Heartland* を構成する 3 地域

ベントリーの間で分業構造が形成され（図6-3），自動車組立の新たな拠点はコベントリー，そして部品生産の中心はバーミンガム周辺地域に移っていた．

このうちバーミンガム地区では，第 1 次大戦後も機械工業の分業が進み，中央政府による工場分散化政策にもかかわらず，多くの新規創業をみた．それでも第 2 次大戦後，全国的に行われた M & A によって，小企業の没落が必至であったという（Whittaker 1997, pp. 188-189）[16]．その結果，中規模企業が主体となった産業集積に，ある種の変質が生じた．すなわち，そうした経営者に特有な保守的態度から，下請をいやがり高度な専門化＝分業深化を妨げた一方，受注の不安定さを理由に，水平分業＝競争相手を作りたがらなかったことである．産業集積の「底」の浅さが見て取れよう（*Ibid.*, pp. 192-194）．明らかにバーミンガムは，特定大企業の「城下町」のように偏った，したがって硬直的な地域産業構造をもつに至った．ところが，こうして地域経済において集中し比重を

増した大企業が，1970年代後半の２つの石油ショックによって，海外に生産拠点を移す大きなうねりを引き起こす．まさしくイギリス資本の「多国籍化」が地域の産業空洞化，したがって産業集積の疲弊をもたらしたのである．

　この間，バーミンガム／WM地域もいわゆる「脱工業化」の影響を受けている．就業者からみた現在の産業構造を述べておけば，2000年バーミンガムの全就業者中「製造業」に従事するものは17.7％（BEIC 2002），WM1999年の数値は22.3％（Bentley 2000, p. 115）であって，かつての——たとえば1950年代WMで56.4％（全国平均38.4％, Ibid., p. 111）——製造業に偏った姿からは想像できないほどである．バーミンガムの場合，公的部門の25.9％，銀行・金融業の21.4％，流通・ホテル・飲食の19.8％に次ぐから，製造業はもはや最重要産業ではない．しかしながらWM全体でみると，地域GDPの27.5％を製造業が占め，その全国シェアは，若干下がったとはいえ，11.3％で全産業の平均（8.3％）を上回っている．ことに自動車・部品産業は突出しており，1997年時点で33.8％を占め，２位の北西イングランドの9.2％を大きく上回っている（Ibid., p. 129 Table 6.1）．

　イギリスで初めて行われた「産業クラスター」調査（DTI 2001, op. cit.）によれば，WMには現在11のクラスターが認められる，という[17]．主要なものを挙げると，セラミック，金属，自動車，ゴム，プラスチック，工具・ねじ類，食品，環境ビジネスの８つである．それぞれの「重要度」について，セラミックが「国際的」——ストーク・オン・トレントを中心とした陶磁器の有名な産地——であるのを除けば，自動車・食品が「国内」，残る５つがいずれも「地域」に限定されたものである．WMにおける自動車工業の集積（図6-4）は，イギリス国内市場でみれば有意であるが，国際競争力をもたない．しかし「ナショナル」という意味では，この自動車工業とくに最終組立についてはもう１つ，WMの境界を越えて近隣のイースト・ミッドランドなどにも広がり，イギリス一国にとっての産業集積「地帯」を形成していることがある．しかしながら，自動車部品にかんする産業集積は，WMが傑出している．それは，先に述べたWMの産業発展の歴史において，他の金属・ゴム・プラスチックなどとともに，

184

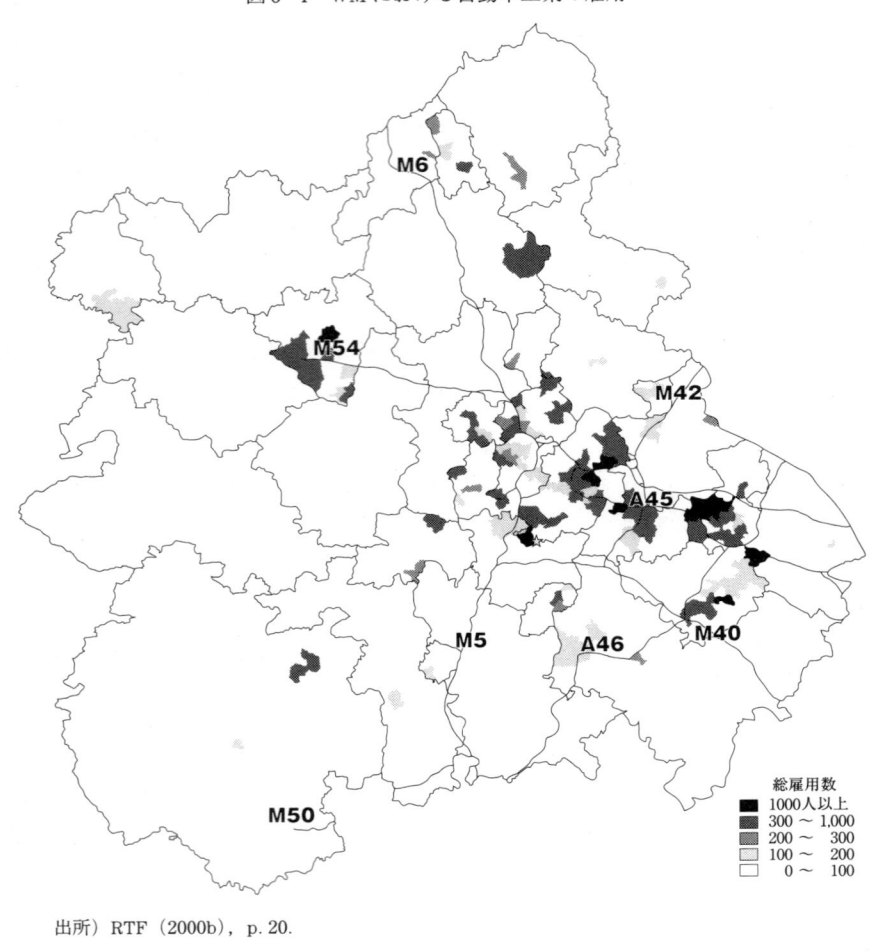

図6-4 WMにおける自動車工業の雇用

出所) RTF (2000b), p.20.

同分野の一大集積を形成したからである．

(2) 外資はWMの産業集積を強化したか？

「1990年代，WM地域は他地域との競争が増大するにつれて，外国からの投資計画を誘致するのに，(以前ほど) 成功しなくなった」が，「1992-1997年，

外国からの自動車工業向け対英投資計画の25％以上を引き付けた」とBEIC (1999) は冒頭述べている (Para 1.1). 1999-1998年, バーミンガムを除くWMへの対内投資について, 件数でいうと製造業向けは実に84.4％を占め, うち自動車・同部品が19.5％と最大である. またその他電子機器を含んだ, 広義のエンジニアリング産業に広げると, 59.4％となる (Ibid., Chart 7).

バーミンガムにおいても製造業の「比較優位」, ことに自動車・同部品産業のそれは顕著であって, 同分野に対する外国投資の集中はそうした「比較優位」を反映したものと考えられる. 1991-1998年の期間, 外国から立地先として投資された件数の, 実に25.6％が自動車・同部品産業であった (Ibid., Chart 8). 広義のエンジニアリング産業として集計すると, 46％ (バーミンガムを除くその他WMでは44％) である (Ibid., Para 2.4). この間 (1990年代), 対英投資全体に占める製造業の比重が劇的に下がっている中で[18], バーミンガム・WMにおける製造業「対内投資」は相対的に堅調というべきだろう[19].

確かに全国・全産業平均での増勢には劣っているが, それは主としてバーミンガムでの増勢鈍化あるいは減少傾向によるもので, その他WM地域では着実に伸びている (Ibid., Chart 5 & 6). 因みにバーミンガムでの企業流出入を見てみると, その61％がその他WM地域との関係で生じており (Ibid., Para 3.4), 1988-1998年バーミンガムからの純流出の最大産業がエンジニアリング (55社), 流通 (55社) そしてビジネス・サービス (43社) である. 対するWM全域ではいずれも純増, ビジネス・サービス (96社), 流通 (65社) そしてエンジニアリング (28社) である. したがってWMの全体の傾向からは, バーミンガムからのとくに流通・サービス業における企業流出が異常に映るわけである.

それでは, こうして入ってきた外資系企業が, 地域経済にどのように貢献したか, またしなかったのだろうか？　その評価については, 多くが, バーミンガム単独というよりWM全域, そして概して製造業に偏った分析が行われている. 地域経済への静態的貢献――1次的「効果」ただし直接・間接を問わず――の分析としてBrand, Hill & Munday (2000), そして動態的貢献については肯定的な論調の代表例として, Collis, Noon & Edwards (1998) を取り上げて

表 6-2　WMにおける英系・外資系企業の地域経済効果（1994年）

	後方連関効果				雇用創出効果			
	現地調達した材・サービス比率（％）		直接販売100万ポンド当たりの間接購入（1000ポンド）		直接販売100万ポンド当たりの直接雇用（人）		直接販売100万ポンド当たりの間接雇用（人）	
	英系	外資系	英系	外資系	英系	外資系	英系	外資系
ゴム等	44.9	49.4	422	438	19.5	15.4	8.2	8.2
金　属	59.1	35.1	600	246	18.6	11.6	11.6	4.8
機　械	45.5	33.3	459	354	16.3	10.6	9.1	6.8
電子機械	48.0	34.6	417	393	18.4	11.9	8.4	7.6
輸送機等	54.6	40.4	561	492	14.7	7.6	10.2	9.1

出所）Brand *et al.*（2000），pp. 349-350 Table 6-8 から筆者作成．

みよう．

　マンディー（ウェールズ大学）教授を中心とするグループは，ウェールズ，スコットランドそしてWMという3地域をとりあげ，そこに進出した外資系企業が現地に与えた経済効果を，英系企業とパフォーマンスを比較することによって特徴づけている．その際「地域産業連関表」を使って，外資系企業による直接効果だけでなく，そこから派生する2次3次と続く「間接効果」も推計している．残念ながら，基準とすべき外資系企業の経営性向を知るためのアンケートに対して回答率が低く，ウェールズ26％，スコットランド21％，WMは外資系29％・英系14％となっている．そうした限界を踏まえて，WMに関する部分を取り出せば，表6-2のとおりである．

　ここには示さなかったが，1994年外資系企業の労働生産性，1人当たり付加価値および平均給与は，いずれも地元イギリス企業より高かった（Brand *et al.*, *op. cit.*, Table 3, 9 & 4）．また同年，各地域で生み出された製造業・粗付加価値のうち，外資系企業によるシェアがそれぞれ33％，33％，42％であった（*Ibid.*, Footnote 6）．これらの数値から一般的には外資＝対内投資の「貢献」が言われるのだが，上掲表によって，その「後方連関」である材・サービスの購入について，現地調達率および需要創出率を見れば，いずれも地元企業に劣っ

ていた．また売上げ比で雇用創出効果を見ても，外資系企業は直接・間接を問わず——唯一の例外は「ゴム工業」の間接雇用（同等）——劣っている．これは外資系企業の高い労働生産性によって説明されるが，一般的にはそれがより資本集約的，したがってより最新の設備を伴うため，総じて雇用創出率が低いのである．1人当たり高付加価値・高賃金のいわば裏返しであって，この側面だけで「貢献」の是非を問うことはできないであろう[20]．しかし「後方連関」は，外資が現地に根付くこと＝「埋め込まれ embeddedness」の重要なポイントである．1994年時点での低位が現在も続いているなら，やはり問題となる．その評価については，彼らも認めている「デモンストレーション効果」「知識波及効果」という，動態的影響を考慮に入れなければならない．

　Collis, Noon & Edwards (1998) も，対象企業の限られたアンケート調査（外資系90工場，英系企業116工場が回答）に基づいた分析であるが，WMに関して継続的に調査・研究を行ってきたコリス（コベントリー大学）教授達の，比較的最近の成果である．そこでは外資によって生産や労使関係（IR）の新しいやりかたが導入されることに焦点を当てている．具体的には全社的品質管理（TQM）を，生産システムそのものに関わる「ハード」な要素と，その実施にともなうべき人的資源政策・従業員参加という「ソフト」な要素に分けて，それぞれがイギリス企業と外資系企業の間で，どのように採用率の開きがあるか比べている．前者については，ジャスト・イン・タイム（JIT），統計的工程管理（SPC），品質「作り込み」による作業者責任，そして労働の「柔軟性」を実現するチーム・ワークが指標として挙げられ，後者で挙げられたのは，品質サークル，チーム報告，労働者の単一的地位（single status），協議委員会制度，そして単一組合志向である．

　結果は表6-3に示されているが，いずれも外資系工場でのTQM実施率が高いことをうかがわせ，それ自体は予想どおりである．しかしイギリス企業でも相当比率でTQMが採用されていることが注目される．いわゆる「ジャパナイゼーション」——当地ではemulationといって「模倣」と同時に「張り合う」という意味を込めている——はこの間進展していると見た方がよい．そのこと

表 6-3 WM における英系・外資系企業の TQM 採用率（％）

生産システム：ハード TQM	英系	外資系	労使関係：ソフト TQM	英系	外資系
ジャスト・イン・タイム（JIT）	36	49	QC サークル	50	58
統計的工程管理（SPC）	46	59	チーム報告	47	74
品質「作り込み」	66	74	単一地位（疾病給付）	38	59
			（年金）	50	74
チーム・ワーク	41	62	協議委員会	37	46
			組合承認	52	42

注）英系116社，外資系90社．
出所）Collis *et al.*（2000），pp. 140-141, Table 8.1 & 8.2.

は既に進出している非日系外資の場合にもあてはまる．彼らとのインタヴューによると，日系と違って現地企業の独立性は高いが，親子会社間での組織的意思疎通はあって，「ベスト・プラクティス」たる日本的な労働実践・生産様式の導入が図られている．英系企業でも自動車産業の1次・2次サプライヤは，顧客からの影響で日本的実践を試みているという．もちろんTQMのすべての要素をそのまま取り入れているわけではないが（以上，Collis *et al.*, *op. cit.*, p. 144）．

それではマンディーらの指摘した「後方連関」の弱さは克服されたのであろうか？ このことは，外資によってWMの産業集積が補強されたか否か，という本項の課題に関わるが，残念ながら直接に知り得る手掛かりはない[21]．あるのは，この間のポンド高によって部品の調達先を大陸に転換し，結果的に「後方連関」はむしろ寸断されつつある，という後に述べる事情である．もしサプライチェーンの改善が進んだとしても，それはポンド高によって容易に無視されるほどのものでしかない，またイギリスへの生産立地がそうした位置付けしか与えられない，という冷厳な事実である．

(3) BMWの場合

第1節で示した多国籍企業の立地戦略にかんする議論を参考にして，BMW／ローバーの場合を考えてみよう．

まず第一に，BMWによるローバー買収は，バーミンガムや周辺WMの産業集積を好条件と見て，それを重視して決定されたわけではない．それは同地域に所在するロングブリッジ工場への関心の低さから推測できる．確かに，従来手薄だった中・小型車やRV車のラインナップを求めていたが，その後の経営姿勢とくに投資動向から明らかに，ホンダ車をベースにした旧シリーズではなく，ランド・ローバー（LR）とミニが欲しかったのがわかる．たとえば，英下院貿易産業特別委員会は，1999-2000年第8次報告「BMW，ローバーそしてロングブリッジ」において，以下のような内情を暴露している．すなわち，BMWは過去4年間に約30億ポンドの投資をしたが，最初数年はソリハル（バーミンガム近郊）にあるLR工場と，オクスフォード周辺のスィンドンとカウリーの各工場に集中した．ロングブリッジには最低5億ポンド投資したが，構造改善つまり本来の設備投資ではなく，大半は生産継続のための後ろ向きのものであったという（TIC 2000, Para 22）．しかもロングブリッジでは新型ミニの開発を行っていたから，それへの投資もふくまれる．1994年，BMW幹部が当時のヘーゼルタイン貿易相に宛てた手紙の中で，「BMWはBMW，ローバーはローバー」とブランド統一せず，ローバーにこれまでどおり経営を委ねる意思を表明していた（*Ibid.*, Para 21）．このことから察するに，1978年以来のホンダとの提携をつうじてローバーの業績が回復途上であったことから，BMWが買収したのではあるが，主要量産車を製造するロングブリッジ工場には，余り関心をもっていなかったのではなかろうか．あるいは，提携解消後も続いたホンダとの関係（エンジン供給など）から，楽観視していた可能性もある．

第二に，そのホンダとの提携がダニングのいう「アライアンス・キャピタリズム」の理想にはほど遠く，ローバー側に当初期待された優位性が現実には十分発揮されないか，あるいは，それを上回る問題点の方が大きかったことである．また，ホンダ側の優位性である「日本的生産方式」導入の困難も，日高

(1998) で伝えられたとおりであろう．「結果としての従属」(同上，187ページ) ではあっても，元々ローバー側の劣位性が大きく，いわば積極的に関わることで「パートナー相互の組織的な同化ないし部分的融合が生じ」(同上，186-187ページ) た結果，その限界が見えたのではないか．逆にBMWの場合は，ローバーを買収したとはいっても，単なる車種の補完を目的として，積極的に経営再建に取り組まなかったのである――少なくとも初期においては．

これはダニングのいう，asset − acquiring 投資に形の上ではなっているかもしれないが，内実として competitiveness − enhancing では決してない．イギリス側はBMWがドイツの地方企業で家族経営であることをなじっているが (TIC op. cit., Para 16)，BMWはローバーと違って高級車にかんして世界的なブランドをもち，まさしく多国籍企業として本格展開を始めたところである．逆にローバーは，確かに中・小型車製造の経験は長いが，LRなどを除くとナショナル・ブランドにすぎず，多くの欠点をもっていた．1つは，旧BLMCにおける「寄り合い所帯」ゆえの，高級車志向(ローバー事業部)と量産・安価な小型車(オースチン＆モーリス事業部)という，異なる自動車・経営哲学の軋轢．もう1つは，設備の老朽化が進んでいたにもかかわらず株主配当を優先し，設備更新や「新しい生産システム」の導入を遅らせたことである．さらに，繰り返し行われた経営再建の試みがことごとく失敗に終わり，その時導入されたオートメーションがフレキシビリティを欠き，かえって固定費負担となって利益低下を招いたことが加わる(以上，日高　前掲論文，165-170ページ)．こうした問題の多い企業から学ぶところは1つもない．

そこで続いて指摘された点は，BMWのケースにも，ある程度あてはまるのではなかろうか．すなわち，「多国籍企業にとって，英国自動車産業への投資は，低賃金労働力の存在，弱体化した労働組合などを背景とする『コスト削減型投資』である」(同上，171ページ)，という点である．第三のポイントは，こうした「先進国」であっても低賃金労働に依存した，EU「周辺国」に堕したイギリスの，NIEs化戦略がほの見えることである．これは1980年代サッチャー政権が，外国企業を積極的に誘致したねらいである．しかしローバーの場合，

LRやミニのような特徴ある車種の輸出にはつながっても，本体の中・小型車の輸出には結びつかない．それどころか，イギリス国内市場でのシェアは，むしろ低下の一途をたどったのである．1994年，新車登録台数で約14％のシェアを維持していたローバーだが，再び売却される直前の1999年には，8.6％にまで低下させている（藤原 2000b, 146ページ）．

　ポーターが対内投資に対して批判的であった理由はここには存在しない．なぜなら，すでにイギリス自動車市場はすべて外資系企業で占められており，彼の言う「国内競争」は成立しないからである．しかし，そのことが逆に対内投資——それもNIEs型の——を肯定するかというと，それもまた間違いである．次節で述べる，EU統合というヨーロッパにとっての「グローバル化」が，イギリス市場をEU市場の一部として，同じくNIEs化路線をとる東欧諸国との競争に巻き込んでいるからである．それでは，この低賃金労働もやはり産業集積によって補強されなくてはならないのだろうか？

　実際には，イギリスに進出した日系自動車メーカーの場合，バーミンガム／WMのような伝統的な産業集積地を選んでいない．日産のサンダーランドを除いて，ホンダのスウィンドンとトヨタのバーナストンの各工場は，確かにWMからそれほど遠くなく部品供給の一部を仰いでもいる．しかし主な選択理由は，そこが飛行場跡地で交通の便もよく，何らかの誘致策——日産はとくに多額の優遇策を得た——があったことである．トヨタの場合のように，別にエンジン工場をウェールズに置き，誘致合戦をする両地域に政治的配慮をしたケースも生まれた（藤原 2000c, 112ページ）．

　一般に，多国籍企業が立地条件として「優位性」(L)を認め得る産業集積は，既存のものというより，自らの所有優位(O)と結びつく性質をもち，十分な「広さ」と「深さ」をもったものでなければならない．そうでなければ，自らに好都合なように再編するコストがかかるため，かえって忌避される．アメリカに進出したケースでも，マツダやトヨタの一部工場を除いて，多くがデトロイトおよび合弁ではなく，其処から離れた地方で文字通りのgreenfield投資を行っている．それに対しBMWは，バーミンガム／WMの産業集積の真っ只中

に立地する，旧ローバー・ロングブリッジ工場を引き継いだ．むしろ，それらの工場とサプライチェーンを，国際競争力あるものに転換するコストを余分に——上記の場合に比して——負担しなければならない．実際にBMWはどのような働きかけをしたのだろうか？

(4) サプライチェーンの実態と強化の試み

完成車メーカーと比べると，イギリス自動車部品メーカーの「ジャパナイゼーション」にかんする，最近の研究は少ない[22]．あっても匿名のわずかな企業についての調査である．因みに，ジェトロ・ロンドン支部の鈴木英夫による，日系部品メーカーの調査を紹介しておこう（同上，115-120ページ）．調査時点1997年に進出していた企業は56社あって，その多くが大手メーカーだが，納品先メーカーの進出に随伴したものではない．また進出形態も合弁・買収によるものが多く，それは日系完成車メーカーの生産量が少なく，成熟した英国市場では新規開拓が困難なためである．注目すべきことに，現地労働力への評価のバラツキ，あるいは全般的低さから，「賃金コストの低さが労働生産性の低さを補う発展途上型に近い」と，先に見た組立メーカー（日高）と同様の評価を，藤原は部品メーカーについて下している．「鈴木調査によれば，賃金水準が日本の40％程度だが，労働生産性が新設工場で日本の80％，既存工場で60％である」という．総じて，鈴木がインタヴューした日系企業スタッフによれば，「部品材料購入者としては，英国部品メーカーをそれほど高くは評価していない」（以上，同上 119-120ページ）のである．イギリス完成車メーカーの衰退に合わせて，同じく部品メーカーの衰退も生じている，と見た方が良い．先のコリス教授らの評価は楽観的にすぎる．

WMにおけるサプライチェーンの特徴として，これまでの産業集積の結果，伝統的な金属加工・エンジニアリングで強みをもち，自動車に欠かせないゴム・プラスチック・ガラスの周辺工業もそろっている，そうした「多様性」が挙げられる（Bentley, *op. cit.*, p.132）．しかし他方で，1970年代末から有力な1次サプライヤー＝部品メーカーが「脱出」したことを一因として，現在進行し

ている自動車工業の技術および生産システムの変化に，対応できなくなっていることも事実である．端的には，電子制御や情報通信に関わるハイテク部分を欠き，42 ボルト電気制御システムへの移行に際して重要な，スタータ・ジェネレータの有力企業がないことである．総じて，伝統的な部品生産を新しく生まれ変わらせる必要がある，とされる（CURS 2000, p. 24）．WM の供給基盤は余りにも，低付加価値かつ単純な部品のセグメントにとらわれ，したがって費用＝価格が重視されている（*Ibid.*, p. 26）．いわゆる標準製品（commodity）の生産に終始している，といっては言いすぎだろうか？もともと WM の産業集積は電子工業を欠き，自動車工業をも含む産業界全体の電子化・情報化という「融業化」の動きに，ついていけなかった．こうした産業構造変化に対処し得る自己変革能力について，すでに Whittaker (1997) のクレームを紹介したが，そこでの産業集積の「底」の浅さは，真の意味での「多様性」を欠いていることをも示唆している．

　これまで行われた WM でのサプライチェーン強化の試みで，筆者が知りえたのは――ごく最近のものだが――1996 年創設された Accelerate プログラムだけである[23]．それは「欧州連合の地域開発基金から援助され，英国政府や地方政府，産業団体，地域雇用訓練機関，民間シンクタンクなどがパートナーシップを組み，1990 年代半ばからバーミンガムやコベントリーおよびその近郊の地域自動車部品産業の中堅中小企業のレベル・アップを図るために実施された」と紹介されている（若林 2001, 22 ページ）．現在その第 3 フェーズに入っているが，BMW／ローバー問題が起こった 1999-2001 年は第 2 フェーズに当たり，まさしく World Class Supplier をめざすと謳った，外注品質管理プロジェクトを行っていた時期である．BMW がこれに何らかの形で加わったことは，容易に予想されよう．

　しかし World Class Supplier は，WM あるいはイギリスに部品供給者を限定しない，グローバルな調達戦略の考え方が根底にあって，BMW じたいその「成果」を待つ必要はなかった．南ドイツに本社を置く同社は，当然，大陸に部品供給者をもっており，全ヨーロッパをベースにして，WM より安く調達で

きたからである．1998年の経営強化において，部品の海外調達を加速し，また翌年，残るWM内の部品供給者に対して，20％の単価切下げを通達したのも，両者を区別しない立場からである．また「成果」を待つ余裕をなくさせた原因もある．それは，この間高進したポンド・スターリングであって，逆に部品輸入が20％も割安となったことである．低賃金が低生産性を補うという，「途上国型」のイギリス自動車工業が，ポンド高によってその存立基盤を失ったのである．この点はあとで述べることにしよう．

3．イギリス外資政策の蹉跌

(1) 産業政策の失敗と外資依存

今回のBMWによるローバー売却の背景には，イギリス製造業の衰退一般あるいは，バーミンガム／WMにおける産業集積の衰退とは区別して，産業政策の失敗（ないし欠如）に起因する，共通した「転落」の経過がある．すなわち，1950年代からの国際競争力の低下を受けて，この分野でも「産業再編」と称される集中運動が始まる．乗用車部門だけで8件の合併が行われ，最後の1968年ブリティッシュ・レイランド・モーター（BLMC）の誕生によって，イギリス量産車メーカーは1社だけとなった（ナショナル・チャンピオン政策）．これは，かつて労働党が大規模産業を中心に国有化を狙ったのとは違って，産業政策として成す術もなく，事後的に救済を図った結果生じたものである．その後の経営改革（1975年ライダー・プランなど）の失敗を経て，1980年代サッチャー政権の「民営化」路線によって，BLMCの後継BLも結局——冒頭述べた経過をたどって——その命脈を絶たれた．

「民営化」企業を担う有力な候補として外資を選んだのは，国際競争力で優る競合企業に経営・産業革新を委ねようとするサッチャー政権の意向であって，1980年代には日系企業に依っていわゆる「ジャパナイゼーション」を進めたとされる．しかしながらBLの場合，それ以前にホンダと提携を始め，生産だけでなく経営（労務を中心に）面でも関係を深めてきていたにもかかわらず，サッ

チャー政権は85年フォード・GM両社とも売却交渉を行っていた（阿部1999, 164-165ページ）．同政権の「民営化」はともかく売却を優先する姿勢が明らかで，ジャパナイゼーションは中途半端に終わったのである．しかしながら，次に述べるように，中央政府レベルで製造業に関する本来的な産業政策がとられていないことが，最大の原因であろう．

　サッチャー政権の「民営化」路線を支える市場主義の考えからすると，明らかにイギリス全体としては製造業に「比較優位」はない．政権内部からも製造業軽視の声が出るくらいだから（同上，139頁），それを外資に依存しても構わないわけである．また同政権は「地域政策」を徐々に後退させ，EUによる開発援助と（労働党の影響が強い）地方行政府に地域開発の大半を委ねて，レッセ・フェールの姿勢を明確にした．進出外資を現地の地域開発に結びつけるためには，現地経済とのリンケージを図らなければならないが，それも企業任せにしたのである（Loewendahl 2001, pp. 248-249）．

　すでに別のところで示唆したように[24]，イギリスにおける外資導入の政策的位置付けは，

①　直接投資と旧来の証券投資を区別しない戦後・国際金融上の必要
②　前者が「産業支配」の危険性を伴うことによる1970年代からの一定の警戒　そしてより現実的かつ差し迫った必要として，
③　国内の低開発地域や衰退産業地域に外部資本を導入する「地域政策」において，外国企業にも門戸を開いていった経過がある．

①の背景にはイギリス金融資本＝シティの利益優先と戦後「ドル不足」「ポンド危機」という事情，②にはイギリス経済というより製造業「衰退」の結果，軍事関連を除いて，製造業そのものの外資支配に頓着しなくなったことがある．しかしながら，①②のやや受け身の姿勢とは違って，③「地域政策」の視点からは，当該地域にとって外資導入は欠くべからざるものとして，イギリスの地域経済に関わる行政担当者と研究者によって，政策手段の開発や効果測定・分析に多大の努力がなされてきた[25]．

　ここで言う「地域政策」とは，地域ごとに行われる政策一般のことではな

い[26]．産業立地したがって失業率の地域間格差を縮小すべく，1920年代イギリスに登場した固有の政策である．当初それは高失業地域の労働力を，低失業地域すなわち雇用吸収力があると思われた地域に移動させることであった．しかしながら早くも1930年代半ばには，前者の衰退地域に新規産業を導入するという，資本の逆方向への移動が図られるようになった．戦後それは後者の繁栄地域への工業立地規制によって，むしろ其処からの産業・人口分散が謳われるようになった．つまり地域「産業集中」としての産業集積は，「過密」という不利益の側面に注意が向けられたのである．結局，「地域政策」は明確な産業政策をもたない，基本的に政府介入を排した立場から出発して，ともかく雇用問題の改善に資する点で製造業を中心に，当該地域の外部から資本を導入することを最大の眼目とした（Totterdill 1989, p.490）．したがって，その後イギリス全体の製造業ないし「産業資本」の衰退が進展することによって，イギリス資本ではなく外資に期待せざるをえなくなったのである．

(2) 1990年代後半からの相次ぐ撤退

イギリス製造業の歴史的衰退について述べる必要はないであろう．しかしイギリス「産業資本」の衰退というのは不正確である．正確には国内に留まる部分のみが該当し，自ら海外に生産拠点をもつ多国籍企業については，ロイヤル・ダッチ・シェルを始めとして，多くのイギリス企業がトップ100社に名を連ねている．むしろ，こうした多国籍企業化によって国内生産を海外に移転した結果生じる，「産業空洞化」の影響を無視することはできない．具体的に，現在の事態に直接つながったのは，1970年代末からの景気後退において，国内投資の減少とは対照的に海外投資が倍増したことである[27]．当時のWMについて，Graffkin and Nickson（1984）は，上位10社のかなりの部分が，海外雇用増と相反して地域雇用を悪化させた，と弾劾している（表6-4）．こうしたイギリス企業による生産縮小・解雇が，中央・地方政府に進出外資への規制を控えさせ，むしろその誘致に走らせたのである．

確かに，1970年代央のクライスラー撤退「騒動」を経て，多国籍企業の

表 6-4　WM の主要企業における雇用変化（1978-1982年）

	雇用変化（％） 国内	雇用変化（％） 海外	全英雇用変化（人）
G E C	−7	+66	−11,000
G K N	−46	+2	−31,600
キャドベリー	−21	−14	−6,088
ダンロップ	−48	−35	−23,000
ルーカス	−29	+16	−20,231
T I	−56	−43	−33,750
I M I	−32	−9	−8,716
デルタ	−40	0	−9,375
グリンウッド	−22	+61	−3,156
B S R	−72	+593	−13,079

出所）Graffkin and Nickson (1984) から Martin (1986) 作成,　p. 266 Table 8.5.

footloose な性格への警戒感は消えなかったはずである．しかし，続くサッチャー政権による新自由主義政策，および EU 統合を控えた国際環境のもと，1980年代後半むしろ多くの外資をイギリスが引き付けたことが，そうした「痛み」を忘れさせていた．ところが1980年代も末になると，北東イングランドに多く進出していた，エレクトロニクス産業を中心とした外資系企業が撤退を始める．それは半導体の分野で著しく，1995年シーメンス（1,200人）そして1998年富士通（576人）の撤退——ただし後継企業あり——でピークを迎えた[28]．それは市況の変化が激しい半導体産業において，真っ先に海外工場が調節弁の役割を果たさせられる，という現実を表している．

　しかし今回のBMWによるローバー売却は，市況というより，成熟産業である自動車の市場飽和，逆に言えば過剰生産能力の圧力を背景にもちながら，EUのさらなる統合・拡大によって，文字通り「ヨーロッパ大」での生産立地の再編が生じたせいである．詳細は後述するとして，それがWMに与える影響を概

観しておこう．2000年3月——BMWによる売却直前——ローバーは，ロングブリッジ工場に9,000人（1999年初12,000人）そしてフォードに売却されるLRのソリハル工場に約1万人，その他開発部門などを合わせて，WMにある工場群は22,000人を直接雇用していた．これ以外に，BMWが以降も保持し続けたカウリーとスウィンドンの2工場があるから，全英で総計28,000人が影響を受けたことになる（RTF 2000a, p. 38 Figure 6.1）．しかしローバー各工場に部品等を供給するサプライチェーン（1次と2次・3次のサプライヤー），およびさらにそれから派生する地域雇用を含めて，Rover Task Force（RTF）はWMのローバー関連雇用を，それぞれ14,200-19,300人および12,500-14,000人と推測している（Ibid., p. 40 Figure 6.2）．先の22,000人と合わせて，計5万人前後が影響を受けるから，それはWM全雇用の2％そして製造業雇用の8％を占める（Ibid., p. 37）．

　この数字を多いと見るか少ないと見るか，評価は分かれよう．しかし，ロングブリッジ工場の従業員の半数は地元バーミンガムに住み，そのうち3,000人はロングブリッジ区（Ward）をふくむ南西部に集中している．もし同工場閉鎖となれば，人口23,000人の同地域にとっては，大きな痛手である．最初に売却先候補とされた投資家集団アルケミーが，スポーツカーMG＝少量生産への縮小計画を実施すれば，5,000人ものリストラということになり大変である．結局，危機感をもったブレア政権のバックアップを得て，以前ローバー社長だったタワーズ氏のフェニックス・グループが，経営を引き継ぐことになった（2000年5月9日）．

　しかし同じ2000年，「イギリス」（＝外資系！）自動車工場の縮小・廃止——いずれも2002年に量産ラインの廃止——計画が次々に発表され，WMに限らず立地先としてイギリス全体がいかに不利か，明らかとなったのである．まず，ローバーが売却されたわずか3日後に，フォード社は東ロンドンのダゲナムにおけるFiesta生産を止めると発表した．1928年新設されたこの工場は，戦間期イギリスに進出したアメリカ自動車メーカーのシンボル的存在だった．新Fiestaへのモデル・チェンジにともない，最終組立を大陸の工場に集約するた

めである．その結果，強化されるエンジン生産への増員を差し引いても，1,400人が失職することになる．

また，同じ3月に投資計画を発表していたボグゾール社だが，12月に入ってルートン（バークシャー）工場でのVectra生産中止が本社GMから発表される．従業員・スタッフ合わせて3,200人の解雇．こちらは，やはり戦間期1925年GMが同社を買収することでイギリス進出を果たしたのだが，ルートン工場じたいは1995年に生産を開始した新しい工場である．しかも1997年には「フレキシビリティ協定」を結んで，翌年のルッセルハイム（独）工場との集約生産にこぎつけていた，にもかかわらず……（以上 TIC 2001, Para 2, 4 & 18）．

2001年になると，今度はスコットランドにある半導体製造の集積地「シリコン・グレン」において，相次いでリストラ・工場閉鎖の報が伝えられる．その規模は200人（パナソニック）から始まって700-750人（Rostiとサン・マイクロ），そしてモトローラの3,100人という大規模な解雇までふくまれる．それ以外にも，スコットランド全域で2社NortelとAPWがある（*The Observer*, 29 Apr.2001）．こうした半導体不況の影響で，家電のフィリップス・サザンプトン——南東イングランド！——工場の閉鎖も懸念されている（*The Guardian*, 18 July 2001）．日本のNECのバスゲート工場は，7月にいったん生産規模の半減を発表したが，結局12月には全面休止そして1,500人の解雇に至っている（『日経産業新聞』2001年12月18日）．これは世界的な過剰生産が伝えられる汎用メモリーDRAMのケースだが，2002年に入って，NECが検討しているリビングストン工場の160人削減計画は，ラップトップ・コンピュータ生産を中国に移すものである．関連雇用をふくめると450人の職が奪われると報じられた（*The Guardian*, 28 May 2002）．

(3) 自動車多国籍企業の立地再編

これらの動きの背景には，1993年EU統合（マーストリヒト条約発効）と1999年単一通貨ユーロの流通という，ヨーロッパ経済統合の深化があるといわれる．確かにそれが，ヨーロッパで展開する自動車多国籍企業の立地戦略に，大きな

表 6-5　ヨーロッパの主要自動車（完成車・部品）メーカーの生産拠点
　　　　　　　　　　　　　　　　　　　——販売額の比率（％）

	1990年			1995年		
	本国	その他ヨーロッパ	その他世界	本国	その他ヨーロッパ	その他世界
フィアット	83	13	4	62	23	15
ルノー	59	35	6	57	33	10
VW	76	14	10	66	17	17
（平均値）	73	21	7	62	24	14
B B A	29	28	43	21	37	42
G K N	36	40	24	41	38	21
ルーカス	43	29	28	34	37	29
T & N	45	26	29	28	35	37
ヴァレオ	60	25	15	54	28	18
（平均値）	43	30	28	36	35	29

出所）Sadler（1999），p. 117　Table 4（各社 Annual Report より作成）．

影響を与えたことは想像するに難くない．しかし自動車工業にかんしては，完成車メーカーと部品メーカー（サプライヤー）を分けて考える必要がある．ここで注目したいのは後者の動きである．すでに1990年代前半，大手の1次サプライヤーについては完成車メーカーよりも，「国際化」が進んでいたことが知られる（表6-5）．

　ただし，これはヨーロッパの自動車メーカーにかんすることで，米系多国籍企業たとえばフォード社のように，1967年の「欧州フォード」設立を契機として，1970年代すでに旧EC域内で生産ネットワーク——ダゲナムを最終組立工場としたFiestaが有名——を構築していた．GMも同様であるが，続いてドイツのフォルクスワーゲン（VW）や，遅れて1990年代に入ってフランスのルノーが，スペインでの生産を新たに開始ないし増強し，「多国籍企業の統合空間の広域化」（日高 2000b，82ページ）を果たした．

しかし大手部品メーカーの国際化が進んだのは，1つには個々の部品ではなくそれらを組み付けたモジュールを調達し始めたこと[29]，2つ目は主要メーカーが特定のシステムや技術に関わるようになって専門化したこと，そして3つ目は完成車メーカーの世界調達の傾向による．この間，部品メーカーは激減し──1970年代の1万社から1995年には約3,000社へ──，完成車メーカーも1次(?)サプライヤーの数を日本並みに減らすようになったのである（Sadler 1999, p. 111）．

　いまや，限られた部品やモジュールの範囲では，非常に少数の大手部品メーカーが支配的地位を占めるようになった．それは，アメリカのデルファイやビステオンが，それぞれGM・フォードから独立する動きにつながったが，ヨーロッパでもボッシュ(独)やヴァレオ(仏)などが，多国籍部品メーカーとして台頭することになる．これには1990年代，世界的な完成車メーカー間の合従連衡，ダイムラー＝クライスラーのような大規模合併を背景として，共通プラットフォームの活用や部品の共通化が進んだことがある．この点は後に関説することになるので措いておくが，ここでヨーロッパにおける自動車業界の立地再編の中心となった東欧，およびそれを主導したドイツ企業の役割に触れなければならない．

　1989年ベルリンの壁が崩され，「社会主義」崩壊によって，東欧諸国は市場経済化をめざすことになったが，なかでも工業水準の高いチェコやポーランドがドイツと国境を接し，ハンガリーもそう遠くはないという事情が働く．ポーランドにはフィアット(伊)や大宇(韓国)，オペル(GM)，ルノーなども進出しているが，チェコにおいてVWが国営企業シュコダの民営化（1991年資本参加，2000年完全所有）に携わり，ハンガリーにアウディが東欧唯一の拠点（1993年エンジン工場）を置いて，ドイツ自動車メーカーの存在感を増している．これら有力完成車メーカーは，地場のサプライヤーの育成にも努めているが，多くの部品メーカーとくに大手の国際的サプライヤーを呼んで，自動車生産に関わる一大産業集積を形成したのである（図6-5）．

　その多くがgreenfield投資によるもので，西欧の7分の1，イギリスの4分

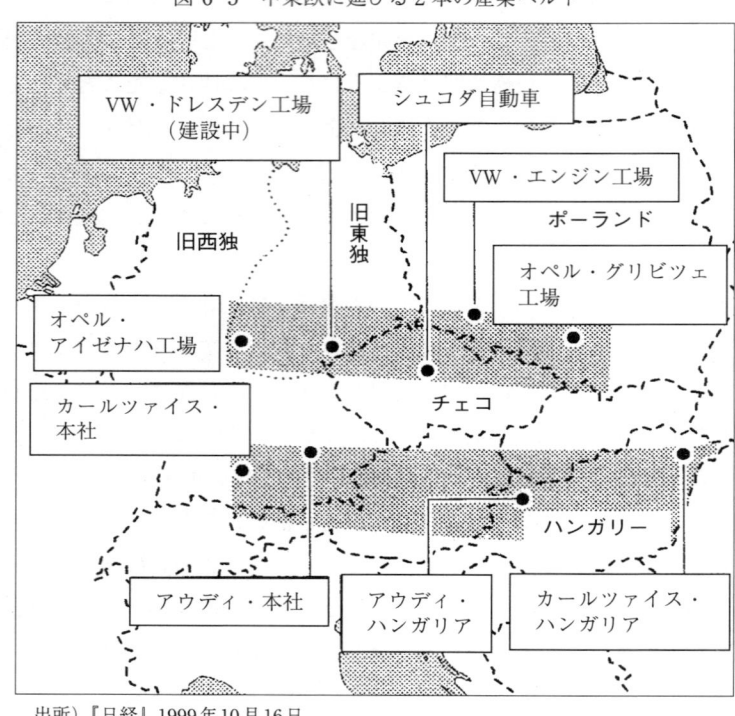

図 6-5　中東欧に延びる 2 本の産業ベルト

出所)『日経』1999 年 10 月 16 日.

の 1 といわれる低賃金だけでなく，生産性も向上しつつある．最初から EU 諸国への輸出を目的にしたというより，市場経済化＝民営化をチャンスとして現地市場をめざしたケースもあろう．しかしチェコの場合，技術力の高さに加えドイツとの近接性によって，早くから生産拠点としての位置を与えられたのではないか．これら 3 カ国とスロベニアなどを合わせて，EU 加盟候補の第 1 グループを構成しているが，すでに EU の経済圏に入っているといって差し支えない．こうしてみると，EU 統合とは一応区別して，東欧の「新興経済圏」化と自動車業界そのものの再編が，より大きなインパクトをもったと言えそうである．

日系企業も2000年を前後して東欧への進出を強めている．しかし完成車メーカーの場合それ以前から，自らがもつ大陸工場に対英部品供給を割り当てたり，より優れたサプライヤーを探し出したりして，地元イギリスから調達先を徐々に大陸にシフトさせていた，とされる（安藤 2002, 16ページ）．イギリスの部品メーカーの疲弊や，早期の「脱出」についてはすでに述べた．以上のことを前提した上で，実際にイギリスでも，自動車部品の東欧からの調達が急増した．ただし，その大きなきっかけとなったのは，1996年からのポンド急騰である．この点は後で述べよう．

最後に，モジュール化や共通部品化が，自動車生産に関わる産業集積に与える影響を考えて，この項を終える．ポスト・ジャパナイゼーション論に立つBentley（2000）は，それまでOEM（日本では「下請」）を前提したJITが，［特定──引用者］完成車メーカーの工場に近接立地することをサプライヤーに要求していたのに対して，独立性の高い大手部品メーカーが「ヨーロッパ大」で，各地に共通部品を供給するため「分散」立地すると述べ，従来の産業集積は成立しないとした（Bentley, *op. cit.*, p. 141）．明らかにポーターのクラスター政策を批判している．しかしモジュール化じたいはJITを否定しないし，その限りでは「近接」立地を要請する．むしろ重要なのは，それがサプライヤー間の階層構造を強化し，多国籍企業化する1次サプライヤー＝大手部品メーカーによって，2次以下のサプライヤーを置き去りにしたまま，より大胆に立地転換が行われることであろう．製造機能がそうした1次サプライヤーにより多く委ねられ，立地先で新たな産業集積を形成する．その限りでは既存の産業集積にとって破壊的である．

(4)　「ポンド高」の政治経済学

紙幅も尽きてきたので，この問題そのものには深入りできない．また為替レートの決定理論を踏まえなければ，本格的に論じることは無理である．

ここでは，まずポンド相場の変化を追ってみよう．図6-6――これは対ユーロではなく貿易実績に応じた実勢値――によれば，1980年をピークに1996年

図6-6　ポンド相場とイギリスの経常収支の推移

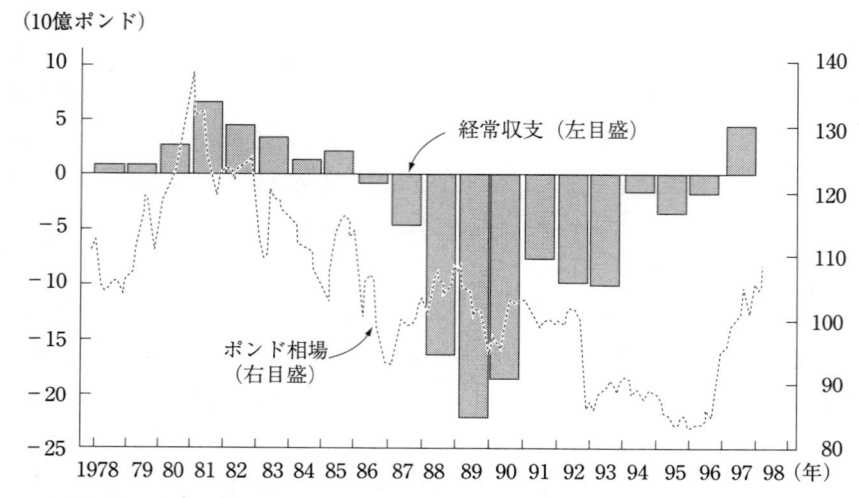

注）ポンド相場は貿易により加重平均した指数．
出所）中川辰洋（1998），19ページ　図表5．
資料）*Financial Times*.

まで，ポンド相場は下がり続けている．これが当時の経済苦境を救った原因であるとみる評者もいる（*The Guardian*, 11 Jan. 2000）．すなわち1970年代末，北海油田生産の影響もあるが，サッチャー政権がマネタリストの考えに従って引き締め政策を行った結果，40％もポンドを高騰させた．資本規制の解除も重なって，対外投資の激増につながるのだが，この時期，製造業の海外「脱出」は加速し，「産業空洞化」を決定的なものにした．しかし，それ以降の「ポンド安」が，経済回復に一役買ったというのである．それは1980年代後半の対英直接投資とも符合して，導入政策のこれまでの「成功」を印象付けたのである．

より鮮明に「ポンド切下げ」の経済回復効果をねらったのは，1992年の欧州通貨制度（EMS）からの離脱，「ポンドの単独フロート」と呼ばれる政策である[30]．直接には，サッチャー政権の誤ったフロート政策が原因で，国際的な投機攻撃を受け（「ブラック・ウェンズデイ」と呼ばれる），相場維持ができなくなったためである．時のメージャー政権はそれによる輸出増進を図り，実際，経常収支は

改善している．もっとも，「ポンド相場維持のための高金利政策のくびきから解放されたこともあって，金利引下げ，それに低い法人税率などを武器とする対英投資促進策などが功を奏し」（中川辰洋 1998，18ページ）たせいもある．ともかく「ポンド安」でなければイギリスは，外資導入も景気も維持できない，NIEsのような国になったのである．

しかし1996年，こんどは「ポンド高」への反転が訪れる．これは，主要にはユーロ加盟諸国の側の問題で，ポンドは強い米ドルやスイス・フランと並んで「一時的な避難先」となっただけに過ぎない，といわれる．この動きは1999年，単一通貨ユーロの流通が始まってからも続き（図6-7），2000年4月の段階で17％の対ユーロ高となった．これは1996年のボトムから通算すると，35％の上昇ということになる．実際には「ユーロ安」ではあるが，イギリス経済ことに製造業に与えた被害は甚大で，すでに縷々紹介したところである．

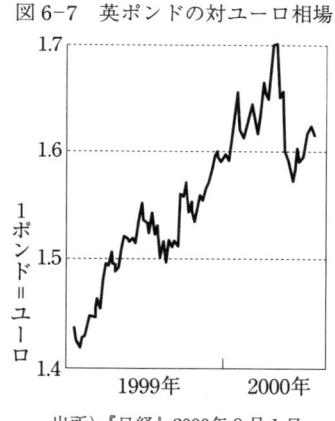

図6-7 英ポンドの対ユーロ相場

出所）『日経』2000年8月1日．

問題は，現在のブレア労働党政権が，この為替レートのオーバーシュートに対して積極的な対策をとらないことである．各種の情報を総合すると，インフレ対策のため高金利を維持するという名目で，実は緊縮財政を回避しようとするところに，同政権の基本姿勢があるという．サッチャー政権と同じく「産業政策」を欠き外資依存を続ける一方で，旧来の労働者ばかりでなく新たな支持者である中間層向けにも，「福祉」――国民医療制度NHSを始めとする――改革を行わなくてはならないからである．ことにそれは総選挙を前にした2000年3月の予算編成に表れたのだが，その矢先に起こったのがローバー危機であった．

また，ブレア政権のユーロ参加への意思は明らかだが，その取り組みは依然慎重である．ユーロの先行きが見えないことに加え，イギリス一般国民に強い

抵抗＝「ユーロ・ペシミズム」があるからである．後者の背景には，歴史的なイギリスの大陸ヨーロッパに対する反発と，戦後政治の中で，アメリカとの「大西洋同盟」を演出してきた経過もある．こうした事柄すべてが，現在のイギリスにとってのグローバル化＝「ヨーロッパ化」の課題であろう．しかしながら，これらすべてをこの小論で解明することはできない．今後の検討課題とさせていただきたい．

おわりに――グローバル化と地域経済――

その後のローバーについて付言しておこう．2000年に3億8,000万ポンドの損失だったのが，2001年1億8,700万ポンドの損失――実質2億2,700万ポンドといわれる――に若干改善(？)したが，売上げは目標の18万台に達せず17万台に留まった．これには以前から生産性の低さが関係していると言われる．たとえば The Economic Intelligence Unit の調査によれば，西欧ベスト10の量産メーカーの生産性が1人当たり70台なのに対し，ローバーはその半分である (*The Independent*, 28 Mar. 2001)．しかし，十分な量産規模に達していないので稼働率が低く――1シフト(！)の能力で70％――生産性が上がらないという，販売不振との悪循環の側面があるし，そもそも1工場で多くの車種を作っている非効率もある．さらに，歴代の経営陣による投資不足で，設備が老朽化していることが加わる．

注目すべきは，2002年3-4月に起こった，部品供給をめぐる一連の動きである．4月に Drive Program という部品調達の合理化計画が発表され，今後3年間でサプライチェーンのコストを20％削減するという．まさしくポンドの割高分を相殺するためと思われるが，そこにはウラがある．それに先立つ3月，中国の華晨（Brilliance）グループと合弁・提携の調印を行い，その中で共同の部品調達戦略を謳った．つまり中国への市場進出と並んで，中国からの部品輸入も視野に入れているのである (*Financial Times*, 6 Mar. 2002)[31]．

ローバーが強化しようとしているのは，部品の「調達」ではなく補修用部品

の「販売」である．同じ3月，従来のユニパート社ではなく米系のキャタピラー・ロジスティックス社と組んで，補修部品市場におけるEビジネスを自ら展開しようとした（*M2 Presswire*, 28 Jan. 2002）．しかし6月に入って，その補修部品の供給が滞り，労働者が生産をストップして，組み付け用部品を補修市場に回すという，異常事態となった（*Sunday Business*, 16 Jun. 2002）．背景には，コンピュータ・システム導入時の混乱というだけでなく，ローバー売却・ポンド高にともなって部品メーカーが困難に陥り——すでに多くが海外に去っていたが——，今回の供給増の要請に応えられなくなったことがある（*Supply Management*, 4 July 2002）．

こうして新生ローバー（MGローバー）は，今日のイギリスにおいて生産活動する困難を一身に集め，悪戦苦闘している．外資系自動車メーカーがすでに大陸への重点移行を鮮明にする中で，ローバー自体もそうした国際展開に活路を見出さざるをえないのである．それでは「残された」地域経済は何をなすべきか，産業集積の強化あるいは再編によってか？　これまで見てきたように，WMの既存の産業集積は，多国籍企業によっても，また自国資本・企業によっても強化されることはなかった．むしろここでの問題は，外資＝多国籍企業による「外発」経済の不安定性というより，この分野でのグローバル化（ここではヨーロッパ化）によって，量産加工・組立の「比較優位」が失われ，国際市場どころか国内市場への供給でも存立が困難になった，ということであろう．また，一貫した産業政策の欠如やポンド高という，国家あるいは国際環境のマクロ・レベルの諸要因が，「問題」を増幅させた側面もある．地域レベルでの対応に限界があることは明らかである．それでも地域の産業政策が必要であるとすれば，それはどのような意味で主張されるのだろうか？

因みに，今回のBMW／ローバー問題への対策から進んで，地域の再生戦略を立てたとされるRTFの，長期ビジョン（RTF 2000b）を簡単に見てみよう．「多角化」「現代化」の課題として，サプライチェーンの改善から始め，部品メーカーの受注先の拡大や製造技術の他分野（たとえば医用電子機器）への転用をつうじ，産業集積の多様性を回復する，と同時にハイテク・高度化をめざして

いる．しかし他の有望産業については，ネットワークを発展させクラスターを形成する，というポーター流の処方箋が登場している．RTFがいう「再生」政策の，柱とされた3つの開発軸＝「回廊」（コリドー）は，そのバーミンガムにおける具体化と思われるが，結局，「知識主導経済」をめざす大学・研究機関との産業コンプレックス，という画一的なものでしかない．ここでも，新しい「産業クラスター」への衣替えが，いわば先進国共通の戦略として，追求されているのである．

しかし，そもそも産業集積が新旧いずれであっても，「国内」あるいは「国際」レベルのものであれば，基本的に一国経済を前提し国際分業に規定されたものであって，特定産業に限定され，それ自体が地域経済の全てを担いうるものではない．地域固有の需要に応えるべく，製造業に限らず，他の様々な産業——その多くが中小企業に担われる——の補完的な役割が逆にクローズアップされるであろう．それは，地域産業構造の「多様性」をいかに再建するか，という課題でもある．ここでは十分論じる余裕はないが[32]，グローバル化によって不安定性を増す特定産業中心の集積ではなく，地域経済の内部循環をできるだけ可能とすることである．

バーミンガムの今回のケースは，製造業のみに着目した産業集積論，ましてやR＆Dに偏った「新しい産業クラスター」政策だけでは，とうてい解決できないパースペクティブをもった問題であった．確かに地域の産業集積は「開発」の手掛かりとなり得る[33]．しかしその重要性は，同一産業・企業の地理的近接性というよりも，企業間のコミュニケーションあるいはネットワークとして，「経済民主主義」に新たな質を加えた点にあるように見える．それは競争だけではない「協同」の，グローバル時代における新たな再生を示唆しているのではないか．そして協同の前提には「多様性」がある[34]．この意味で本稿は，「地域の競争優位」論に抗して，地域がもつべき「多様性」の必要について，その一端を示したにすぎないのである．

（2002年12月．脱稿）

1) たとえばわが国では，1997年を境にこうした論調が強まった．「地域産業集積活性化法」公布に始まり，同年（平成9年）版において同時に登場した，『通商白書』の第3章第2・3節および『中小企業白書』の第2章第2節における，「産業集積」への注目を見よ．小田（1999）も参照．
2) 筆者はかつて「東アジアの奇跡」を対象として，ME革命の影響の実際について検討したことがある．拙稿「システモファクチャ論と多国籍企業の途上国立地—東アジア＝NIEs化の現実を踏まえて—（上）」，『アジア・アフリカ研究』第34巻第2号，1994年；「同上（中）」，『同上』第36巻第1号，1996年を参照されたい．
3) 断りのない限り，BMW／ローバー問題にかんする事実経過は，英下院貿易産業特別委員会1999-2000年第8次報告「BMW，ローバーそしてロングブリッジ」（TCI 2000）から採っている．以上を含む現地情報の提供，取材（2000年3月）の便宜など，バーミンガム大学商学部・ビジネススクールのDavid Bailey 講師には，たいへんお世話になった．ここに記して感謝の意を表したい．
4) たとえば，中川信義（2000）を参照されたい．
5) もっとも alliance capitalism という用語を最初に使ったのは Gerlach, M. L., *Alliance Capitalism: The Social Organization of Japanese Business* (Oxford U. P., 1992) だとされる．そこでは日本的経営の社会組織とくに「系列」システムが説明されている．（Dunning 1997, p. 14）
6) 日高（1998）参照．
7) 日高（1987），211-214ページ参照．たしかに所有優位と内部化から生まれる優位との区別は必要であろう．後者が必ずしも「独占的性格」をもたないが独占化の傾向をもつ点の指摘（213ページ）は，筆者も共有するところである（拙稿 1993年，98-100ページ参照）．しかし前者は，産業組織論的な意味での「独占」性をもつ必要はないが，文字通り競争上の「優位性」がなければ，対外直接投資の特別なリスク／費用を負担できないであろう．それが基本的に，当該企業で「内生」されていたことが出発点にあって，以降は内部化優位によって新たな所有優位が付加される．こうしたOとIとが相互に増幅しあう関係も重要である．
8) たとえば，中川涼司（2000）第2・3章および加藤（2000）を参照されたい．
9) ポーターへの批判もふくめて，阿部（1999），279-290ページを参照．
10) *International Studies of Management & Organization* Vol. 30 No. 2, 2000 の特集，また松原（2001）を参照．
11) 関下（2002）第7章，とくに結論部分（173-174ページ）を参照．
12) Enright（2000）参照．
13) バーミンガムを例に取ったHabbard（2001）を参照．
14) バーミンガムは，1960年代からの「インナー・シティ問題」に加えて，再生事業じたいが新たな「ドーナツ化」を生むという問題に直面している（*The Economist*,

19 Jan. 2002, "Cities : The doughnut effect"). 都市機能じたいが「過密」(＝集積の不利益) によって低下する一方,「世界都市」に準じて——金融センターを欠くため——サービス経済の高度化を図らなければならない, というジレンマが新たな課題を抱えたのである. こうしたバーミンガムの「苦闘」については, 辻 (1997) を参照.

15) かつてイギリス産業革命が推移する過程で, バーミンガムが繊維中心のランカシャーに対してもった優位は, まさしく小企業によって担われ「はんぱ物のごったまぜ」(ジェイコブズ (邦訳 1971, 103 ページ) と称される, 地域産業構造の多様性にあった. その後の「アメリカ的生産方式」の導入については, 小規模作業場のネットワークがむしろ変化を望まない阻害要因となり, 一部の革新企業——具体的には「ハブ」となった企業組合——の役割が強調されるが (砂川和範「産業集積における革新の担い手」, 伊丹ほか編 1998), こうした多様性の中で淘汰が生じたと考えるべきだろう. その点, 山下裕子 (「産業集積『崩壊』の論理」, 同上) が産業集積の盛衰に関わらせて,「範囲の経済」「規模の経済」が製品バリエーションの適否に依存すると論じたことは, 個々の産業集積が自己変革しうる条件として捉えなおすことができよう.

16) バーミンガムに限らず, イギリス全土における産業地区 (Industrial District) の顕著な減少はつとに有名である (阿部 1999, 264-265 ページ).

17) この調査は, 1998 年の「競争力白書」*Our Competitive Future : Building the Knowledge Driven Economy* に引き続いて, クラスター政策推進のために行われたものである. 理論的にはポーターに拠りながらも, 実際のクラスター検出には, 旧「産業集積」の「特定産業の地域集中」に近い定義——同一製品に関係する諸部門——を採用している.

18) 筆者の試算によると, 在英外資 (直接投資) ポジションのうち, 製造業が占める割合は, 1990 年 35.9 ％あったのが, 1995 年 31.3 ％そして 2000 年には 23.8 ％となっている.

19) したがって外資誘致の要因③とは別に, 実際の投資実績には, 進出側の「論理」が独自に働いていると見るべきであろう. しかし, 1980 年代の対 WM 投資調査において, 販売・マーケティングや倉庫業, さらには流通・サービス活動が先行し, 組立・製造はそれらに次ぐと言われていた (Collis & Roberts 1992, p. 118). 最初から文字通り製造工程を持ち込んできたのは, 近年になって進出してきた日系企業群であって, その特徴を反映しているのであろう.

20) マンディーらはその後雇用創出にかかる, 投資誘致した場合の費用と輸入代替政策による費用とを比べ, 後者の方が有利であると結論付けている. しかし「輸入代替」がそもそも可能なのか, 国際競争の側面を無視していると思われる. 今後の検討課題としたい.

第 6 章　多国籍企業と産業集積　211

21) 生産性の向上を中心に，スピル・オーバー効果の検証を試みた最近の成果が，Pain, N. ed. (2001) にある．とくに Driffield, N. "Regional policy and the impact of FDI in the UK"(*Ibid.*, Ch. 6) を参照．残念ながら原資料を入手できなかったので，ここでは紹介に留める．
22) 藤原 (2000c)，121 ページの注 61 を参照されたい．
23) もっともホンダとの提携によって，BL 時代に部品購入部門が「日本式」を学んだ (日高 1998, 173 ページ)，というから起源は古い．しかしアライアンスの各段階をつうじて，ホンダのプラットフォームやエンジンをベースとし，とくに第 4 期には「部品の標準化」まで模索した経過の中で，むしろローバー側の抵抗や両社の確執・混乱が浮きぼりにされた．この過程でのサプライチェーンの整備は考えにくい．
24) 拙稿 (2000) 第 3 節参照．
25) その包括的なサーベイとして，Christodoulou (1996) を参照．
26) 以下，辻 (2001) を参照．
27) Martin (1986) によれば，1979-81 年に対外直接投資は 27 億ポンドから 51 億ポンドへ，対外証券投資は 10 億ポンドから 41 億ポンドに激増した．一方，国内の製造業投資は 75 億ポンドから 48 億ポンドに減り，また国内投資全体では 30 億ポンド近く，約 10 ％の減退となっている (pp. 264-265)．
28) Pike (1999), p. 569 Table 1 参照．
29) 植田 (2001) を参照されたい．
30) 以下，中川辰洋 (1998) による．
31) 国際展開は中国ばかりではない．現在，経営破綻した韓国の自動車メーカー大宇の，ポーランド工場 (ワルシャワ) を買収し，MG ブランドのスポーツカーを生産する計画がある (*Financial Times*, 7 June 2002)．なお華晨は現在，遼寧省政府の管理下にあり，「提携」は宙に浮いている (*The Guardian*, 16 Nov. 2002)．
32) 「地域内再投資力」やそのための産業間ネットワークを提唱している，岡田 (1998) を参照のこと．
33) 地域戦略として明確に位置付けたものとして，山﨑 朗『クラスター戦略』(有斐閣，2002 年) がある．
34) 「第三のイタリー」論を始め，外部資源の活用やネットワーク性をもつものとして，中小企業の再評価がなされることが多い．しかし，「協同」とくに同種のものどうしの場合には負のロック・イン効果が発生しやすい．その点，ポーターによる「競争」の強調も是認し得るし，大企業＝多国籍企業も最初から排除されるべきではない．また，「産業クラスター」が含むとされる地域の大学等研究機関は，地域における公共性を正しく体現する限り，「多様性」を構成するものの中でも重要な位置を占める．こうした意味で，今日の様々な「産業集積」論は，地域経済の全体性＝多様性を基軸として，総括される時期に来ているのではなかろうか．

参考文献

阿部 望 (1999)『現代イギリスの産業競争力政策』, 東海大学出版会.
安藤研一 (2002)「地域経済統合, 直接投資, 国際貿易：日系自動車企業の対英直接投資を題材にして」, 日本国際経済学会・第61回全国大会報告.
Bentley, G. (2000) "The Automotive Industry : Change and Challenge for the RDAs" in *Regional Development Agencies and Business Change*, ed. Bentley, G. & J. Gibney, Ashgate.
Birmingham Economic Information Centre (BEIC) 1999, "Inward Investment and Company Relocations", *BEIC Topic Report*, Birmingham ; (2002) "Economic Information — A Basis For Decision Making", http://www. Birminghameconomy. org.uk.
Brand, S., S. Hill & M. Munday (2000) "Assessing the Impacts of Foreign Manufacturing on Regional Economies : The Case of Wales, Scotland and the West Midlands", *Regional Studies*, Vol. 34, No. 4.
Centre for Urban and Regional Studies (CURS), University of Birmingham (2000) *Developments in the Automotive Industry 2000-2015*, Final Project Report.
Christodoulou, P. C. (1996) *Inward Investment : An Overview and Guide to the Literature*, The British Library.
Collis, C. and P. Roberts (1992) "Foreign Direct Investment in the West Midlands : an Analysis and Evaluation", *Local Economy*, Vol. 7, No. 2.
Collis, C., D. Noon and T. Edwards (1998) "Overseas Inward Investment and Regional Development: The Case of the West Midlands" in *Inward Investment, Business Finance and Regional Development*, ed. Hill, S. and B. Morgan, Macmillan.
Department of Trade & Industry (DTI) 2001, *Business Clusters in the UK — A First Assessment*.
Dunning, J. H. (1997) *Alliance Capitalism and Global Business*, Routledge ; (2000) "Globalization and the Theory of MNE Activity" in *The Globalization of Multinational Enterprise Activity and Economic Development*, ed. Hood, N. and S. Young, Macmillan.
Enright, M. J. (2000) "The Globalization of Competitive Advantage : Policies towards Regional Clustering" in *The Globalization of Multinational Enterprise Activity and Economic Development*, ed. Hood, N. and S. Young, Macmillan.
藤原貞雄 (2000a)「英国自動車産業と日系自動車企業 (1)」, 『山口経済学雑誌』, 第48巻第2号；(2000b)「同上 (2)」, 『同上』, 第48巻第4号；(2000c)「同上 (3)」, 『同上』, 第48巻第6号.
Gaffikin, F. and A. Nickson (1984) *Job Crisis and the Multinationals*, The Birmingham

Trade Union Resource Centre.

日高克平（1987）「研究ノート　多国籍企業理論における新潮流—内部化理論を中心にして—」,『商学論纂』, 中央大学, 第29号第2号；(1998)「グローバル・アライアンスの経営—初動環境・深化・相互学習の動態—」, 長谷川 廣編『日本型経営システムの構造転換』, 中央大学企業研究所研究叢書13；(2000a)「日本的生産システムの英国自動車産業への移転について」, 高橋由明ほか編『経営管理方式の国際移転』, 同上叢書18；(2000b)「欧州自動車産業政策と多国籍企業」, 鶴田・渡辺編著『グローバル化のなかの現代国家』, 中央大学社会科学研究所研究叢書8；(2001)「自動車産業における世界再編と統合化戦略」, 池上一志編著『現代の経営革新』, 中央大学企業研究所研究叢書20.

Hubbard, P. J. (2001) "The Politics of Flow : On Birmingham, Globalization and Competitiveness", *Soundings* 17.

伊丹敬之・松島 茂・橘川武郎編（1998）『産業集積の本質』, 有斐閣.

Jacobs, J. (1969) *The Economy of Cities* ［邦訳（1971）『都市の原理』, 鹿島研究所出版会］.

加藤和暢（2000）「M. ポーター—国と地域の競争優位—」, 矢田俊文・松原 宏編著, ミネルヴァ書房.

小林世治（1993）「多国籍企業論—内部化理論を超えて—」, 中川信義編著『国際産業論』, ミネルヴァ書房；(2000)「イギリスにおける外資受け入れと政策研究の課題」,『中央大学企業研究所年報』第21号.

Loewendahl, H. B. (2001) *Bargaining with Multinationals*, Palgrave.

Martin, R. (1986) "Thatcherism and Britain's Industrial Landscape" in *The Geography of De-industrialisation*, ed. Martin, R. and B. Rowthorn, Macmillan.

松原 宏（2001）「多国籍企業の立地と産業集積の理論」,『経済学研究』, 九州大学, 第67巻第4・5号.

中川信義（2000）「クロスボーダーなM＆Aおよびアライアンスと自動車産業の世界的再編成」,『証券研究年報』, 大阪市立大学証券研究センター, 第15巻.

中川涼司（2000）『国際経営戦略』, ミネルヴァ書房.

中川辰洋（1998）「ブレア労働党政権とポンド問題」,『青山経済論集』, 第50巻第1号.

小田宏信（1999）「グローバル化時代における日本の産業集積」,『経済地理学年報』, 第45巻第4号.

Office of National Statistics (ONS) 2002, *Business Monitor MA4 : Foreign Direct Investment 2000*.

岡田知弘（1998）「地域経済の再生に何が必要か」,『経済』, 第31号, 新日本出版社.

Pain, N. ed. (2001) *Inward Investment, Technological Change and Growth*, Palgrave.

Pike, A. (1999) "the Politics of Factory Closures and Task Forces in the North East Region of England", in Policy Review Section, *Regional Studies*, Vol. 33, No. 4.

Porter, M.E. (1990) *The Competitive Advantage of Nations*, The Free Press.

ポーター, M. E. (1999)『競争戦略論Ⅱ』, (竹内弘高訳), ダイヤモンド社.

Rover Task Force (RTF) 2000a, *Interim Report to the Secretary of State for Trade and Industry*; (2000b) *Final Report and Recommendations to the Secretary of State for Trade and Industry.*

関下 稔 (2002)『現代多国籍企業のグローバル構造』, 文眞堂.

Totterdill, P. (1989) "Local economic strategies as industrial policy : a critical review of British development in the 1980s", *Economy and Society*, 18-4.

Trade and Industry Committee (TIC) 2000, Select Committee on Trade and Industry, Session 1999-2000, 8th Report "BMW, Rover and Longbridge". http://www.publications.parliament.uk/cm1999000/cmselect/cmtrdind/383/ ; (2001) Select Committee on Trade and Industry, Session 2000-01, 3rd Report "Vehicle Manufacturing in the U.K.". http://www.publications.parliament.uk/pa/cm200001/cmselect/cmtrdind/128/

辻 悟一 (1997)「脱工業化都市への挑戦―英国・バーミンガム市の挑戦―」,『阪南論集 社会科学編』, 第32巻第4号; (2001)『イギリスの地域政策』, 世界思想社

植田浩史 (2001)「自動車生産のモジュール化とサプライヤ」, 中央大学『経済学論纂』, 第41号第5号.

若林直樹 (2001)「組織間ネットワークにおける連結の強さと信頼関係のマネジメント」, 研究代表者 若林『日本企業間のアウトソーシングにおいて組織間信頼の果たす役割』, 平成11-12年度科学研究費補助金奨励研究(A)研究成果報告書.

Whittaker, D. H. (1997) *Small firms in the Japanese economy*, Cambridge U.P.

第7章　小売業におけるグローバル調達の意義とその実像
──スーパーの生鮮食品調達にみるグローバル化とローカル化──

1．課題の限定

　現代の経済は，商品，技術・ノウハウ，資本などのあらゆる面でグローバル化する傾向が認められるが，近年とくに小売業の国際化が注目されている．

　従来，企業のグローバル化をめぐっては，多国籍企業論の研究者により，製造業分野での製品輸出から販売子会社の設立，現地生産にいたる国際的な事業展開を対象に分析が進められる一方，小売業分野における国際的事業活動については多国籍企業論のみならず小売研究の立場からも分析の俎上にのせられることは少なかった[1]．それは，製造企業の事業活動の国際化と比較し，小売企業のそれが微弱なものにとどまり，そのため，小売業は本来的にドメスティックな産業であるとの理解が支配的であったからである．しかし，1980年代半ばからヨーロッパを中心に小売企業が国境を越えて事業を拡大しはじめ，1990年代にその動きが加速化することになる[2]．この事態を受けて，1990年代後半には，小売業のグローバル化傾向が世界的な趨勢として注目されはじめ，事実発見を意図する研究が多数，発表されてきた．さらに最近になると，グローバル小売業研究の概念化に向けて理論的な整理を試みる Alexander & Myers や矢作などの業績がみられるようになっている[3]．

　もっとも，小売業における国際化の度合いは国別にかなり異なった様相を呈している．店舗展開にかぎってみても図7-1に示すように，①自国小売企業の国外進出が微弱であり，外資の参入も少ない未展開型，②自国小売企業の国外進出が少ない一方で，外資の参入が活発な参入傾斜型，③自国小売企業の国外

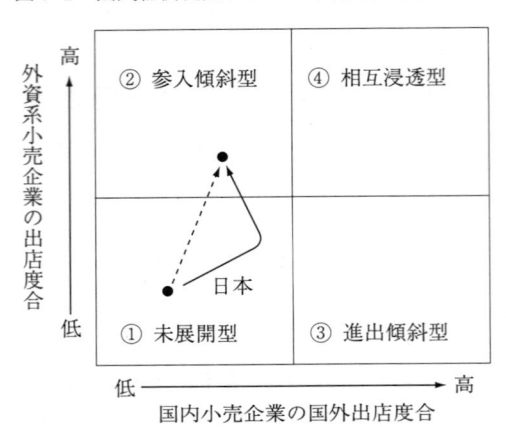

図7-1 国民経済視点からみた小売業国際化の類型

```
外資系小売企業の出店度合
高
  ② 参入傾斜型    ④ 相互浸透型
              ●
          ↗
        ／
      ／
    ●  日本
  ① 未展開型     ③ 進出傾斜型
低
  低 ───────────→ 高
    国内小売企業の国外出店度合
```

進出が活発にみられる一方，外資の参入が少ない進出傾斜型，④自国の小売企業の国外進出が活発であり，かつ外資系の参入がみられる相互浸透型，の4つに類型化できる．実証を欠く単なる概念図にすぎないが，国民経済を基軸に考える場合，小売業の国際化の局面とそのインパクトは当面，②と③の局面が存在するかぎり国別にやや性格の異なった問題として捉えられねばならないことがわかる．

　日本の小売企業による国際的な出店行動は，欧米とりわけヨーロッパの小売企業のそれと比較するならば，いくつかの例外的なケースを除き，全体としてみると緩慢なものでしかなかった[4]．他方，近年になると，カルフール，メトロ，ウォルマート，そしてテスコと日本市場への外資系小売企業の参入が相次いでいる．日本は，基本的には上記の類型のうち①未展開型から，②参入傾斜型へと移行しつつあるとみることができる．その結果，日系小売企業の海外出店よりも，日本市場への外資参入の動向とその日本的流通システムへのインパクトが研究上のより重要な焦点となってきている．この分析を試みた論稿として，加藤，菊池，青木，矢作，高橋，木立などの業績がある[5]．

　日系小売企業による国際化は，上述のように出店の国際化が緩慢なものであ

ったことから，むしろ調達面での国際化がより先行的に進展してきたと考えられる．この点については，例えば，原料をブラジルに求めることで劇的な価格の引下げを実現した大手総合スーパーによるバレンシアオレンジ濃縮還元果汁飲料の調達[6]やSPA業態における海外での委託製造によるアパレルの調達など，様々なケースを列挙することができる．

本章では，小売業グローバル化の諸局面の中で調達のグローバル化に焦点を絞り，まずグローバル・ソーシングの意義と成立条件について整理し，その上で，日系小売企業による生鮮食品調達を事例に実証的な分析を行う．最近における輸入野菜の急増という事実を捉えて，「世界の産地からの良質で安価な商品の開発輸入は，加工食品の価格競争とは別次元とみられてきた生鮮食品にも及ぶ」[7]との指摘があるように，グローバル・ソーシングを生鮮食品の分野にも一般的に適用できるとみる論調が少なくない．だが果たして，小売企業における食品とりわけ生鮮食品の調達戦略は，調達先地域のグローバルな拡張という1つの方向性のみで説明できるものなのであろうか．スーパーにおける中国からの生鮮野菜調達の現状と意向を中心にケース・スタディを行うことで，小売企業による生鮮食品調達のグローバル化傾向について検討を加えたい[8]．

2．小売業におけるグローバル・ソーシングの意義とその成立条件

(1) 小売業のグローバル化とグローバル・ソーシングの位置

グローバル小売業の概念がそうであるように，グローバル・ソーシングという用語について研究者相互に共通の理解があるわけではない．グローバル・ソーシングの概念について検討する上での手がかりとして，それが小売業グローバル化の多面的な局面の中でいかなる位置を占めるのかという点から確認しておこう．

小売企業がグローバル化する局面を整理すると，表7-1の通りである[9]．第1に，販売面における国際化の深化であり，それは当面，B to Cの市場が狭隘であり店舗販売方式を中心に考えてよい状況からは，出店地域を国内から国外

表 7-1　小売業グローバル化の主要な局面

グローバル化の局面	目　的	具体的な方法
販売競争 　出店の国際化	売上規模の拡大 国内市場の飽和化への対応	国内店舗→国外店舗 出店方式：合弁会社，完全子会社
商品調達競争 　調達の国際化	低価格仕入 品質差別化	国内から輸入への量的シフト 開発輸入，グローバル調達
供給システム競争 　効率性をめぐる国際競争	コスト節約 欠品・在庫最少化 商品鮮度向上	受発注のIT化，DC，3PL 　⇒ロジスティクスの整備
資本調達競争 　資金調達の国際化	資金力の強化 M＆Aの原資	海外投資家の開拓 国外株式市場上場

に拡張し，売上高に占める国外比率を高めていくことをその内容とする．第2に，販売する商品の仕入先を国内から国外に移す調達面での国際化がある．第3に供給システムの国際化であり，これは小売販売活動と商品調達活動の双方が国境を越えて拡張するのにともなって，必然的に生産国から店舗にいたるサプライチェーンが空間的，主体・資本の面，そして取引制度面でもグローバルな性格を帯びてくることの結果である．第4に指摘できるのが資本調達の国際化であり，国内，国外を問わず資金調達を行うことにより，グローバル小売企業にとって必須となる国外での出店費用や情報化・物流投資，あるいはM＆Aに要する巨額の資本を確保することが可能になる．

　こうした小売業のグローバル化局面のうち，もっとも基軸となるのが店舗網の国際的な拡張である．事実，売上高に占める国外比率の高まりがグローバル小売企業の指標としてしばしば用いられてきた．例えば二神は，小売グローバル・チェーンの要件として，①四大大陸以上に進出し，20カ国以上に店舗を展開し，②全売上高に占める国外売上比率が40％以上，③世界の複数国の小売市場で売上高が上位3位以内にランクされていること，を挙げている[10]．この定義がグローバル小売企業としての質的な転換を意味する根拠を明示していないという点で便宜的なものであることは否めない．だが，その本質的活動が消費

者に対する商品の再販売購入である小売商業資本にとって，商品の最終的な価値実現にこそ最大の困難があり，したがってまた店舗網を国際的に拡大するときには固有のニーズや購買行動をもつと考えられる進出先国の消費者にいかに受容されうるのかが最重要の戦略課題であることからも，小売販売面での国際化の進展が小売業のグローバル化を捉える第一義的な指標であることはほぼ自明のことである．従来，ドメスティックな産業と理解された小売業の分野で，特定の個別小売資本が各国別に多様で歴史的な生活様式をもつ消費者の購買過程を統合，包摂しうる状況が部分的ながらも生じたことの社会経済的な意味はきわめて重要なのである．

　こうしてグローバル小売企業を分析する論稿の多くは、小売販売面でのグローバル化に注目してきたのであり，他方，調達面や供給システム面でのグローバル化については十分立ち入って検討を加えてこなかった．たしかに，上述のような小売販売過程の重要性に対し，調達は再販売のための購入という準備的な操作段階であり，相対的には副次的な過程にすぎないという理論的根拠がある．とはいえ，国境を越えて巨大化・独占化を志向する小売企業にとって，適切な品質の商品を競争的な価格水準で大量かつ確実に入手するには，調達先を国際的に拡張することが避けて通れない選択肢になりつつあり，とくに最近のデフレ経済下において，小売企業が他の小売企業に対し価格上の競争優位を実現していく手段としてグローバル・ソーシングの有効性が一層高まっている．

　ところで，小売企業国際化のもっとも一般的に想定されるプロセスとは次のようなものである．小売企業が出店地域をグローバルに拡張するのにともない，その販売規模に見合った商品調達力を強化するために調達のグローバル化が取り組まれ，さらに，小売販売活動と商品調達活動の両面でのグローバル化の結果として，調達先から店舗にいたるサプライチェーンをグローバルな視野から調整し統合する必要性が生じる．商品の調達から供給，そして消費者への店頭販売にいたる一連のボーダーレスなプロセスが効果的かつ効率的に連結されてはじめて，ナショナル，マルチナショナルな小売企業に対しグローバルな小売企業はその隔絶した競争優位性を確立しうることになる．その意味では，グロ

ーバル小売企業への質的な転化は，出店の国際化のみで生じるものではなく，小売商業資本の母国にある本部，国内外に展開される店舗網，そして各地域拠点ごとの物流施設がネットワークとして相互に緊密に連動するかたちで統合され，グローバル化の多面的な融合効果が発揮される段階にいたってのみ生じることになる．

　それでは実際に，小売グローバル化がもつこれら一連の局面は，個別小売企業において並進的に進展するのであろうか．向山は，「開発輸入経験の蓄積が海外での商品販売，そのための拠点としての海外出店へと発展」[11] すると述べ，これらの相互浸透関係を強調する．事実，ウォルマートは，中国で店舗網を44ヶ所に拡大すると同時に世界55カ国からの商品調達のうち約3分の2を同国から調達し，中国市場を店舗展開のための消費市場と商品の調達市場との両面で位置づけつつある[12]．このように出店のグローバル化と調達のグローバル化とが相互促進的に進展する事例が見出されるのだが，だからといって，そこに不可分の連動性があると結論づけることはできない．それは，個別小売企業からみた特定国外市場のもつ消費需要面や小売構造などからみた進出先市場としての適格性と，ある特定商品の生産力と輸送条件など供給面での優位性とが必ずしも一致するとはかぎらないからである．端的にいえば，ある小売企業がタスマニアでビーフを調達するからといって，タスマニアに出店するとはかぎらない．資本制商品経済における生産と消費との矛盾，国別の社会経済発展の不均衡性が不可避であることからすると，中国において生じている状況は論理的必然ではなく，歴史的偶然にすぎないのである．

　要するに，小売業のグローバル化はその諸局面で並行的に進行するわけではなく，むしろ不均衡に進展することがより一般的なのである．出店の国際化と調達の国際化との関連性について若干の補足をすると，国外からの商品調達が契機となって当該国への出店が決定されることが例外的でしかないのに対し，国外出店を契機に当該国からの商品調達が始まることには小売企業の行動として合理性があり，とりわけ総合小売企業では国外での出店と同時に商品の現地調達が不可避となる[13]．この違いは，出店のグローバル化が一時に総合的な品

揃え物の実現を達成しなければならないのに対し，商品調達のグローバル化が部分的，かつ有機的，漸進的に進めることが可能であり，そのため小売業グローバル化の局面の中ではより自立的かつ先行的に進展しうることを示唆している．

(2) グローバル・ソーシングの戦略的意図とその実現条件

グローバル・ソーシングによって小売企業が獲得しようとする主な利益とは，商品の大量性，低価格性，品質差別性である[14]．第1の大量性は，世界規模で多店舗を展開する小売チェーンが標準的な品揃えを志向するとき，膨大な数量の標準商品を確保する必要に迫られることによる．第2の低価格性は，第1点とも関連し巨大な売上規模を背景に小売企業が供給業者に対し数量割引を要求し，さらに強大なバイイング・パワーを発揮することで価格支配力を強化できるからである．小売本部がメーカーと全店舗分の一括商談を行い，「グローバル・ワン・プライス」といわれる世界共通の有利な取引価格条件を引き出すとき，他の小売企業に対し絶対的な価格競争優位を実現することになる．逆に，製造企業がグローバル化している状況下では，小売企業がたとえ全国的な大規模チェーンであっても国内市場にとどまっているかぎり，メーカーとのパワー・バランスは不利にならざるをえない面も指摘できる[15]．それゆえ，強者と強者同士の提携としての戦略同盟が生じるのは，グローバル化する製造企業と小売企業とのあいだでのパワー・バランスの一定の均衡を基礎としてのことなのである．第3の品質や品揃えの製品差別化については，調達先の空間的な拡大により，従来，国内では手に入らなかった新奇性のある商品を入手しうる余地が直接的に拡大するが，より現代的な特徴に即していえば，PB（自主企画）商品供給の拡大などに典型的にみられるように，商品仕様を提示するなど生産過程への関与を強めマーチャンダイジング力を飛躍的に高めることにより，小売企業主導の垂直統合が進展することを意味する[16]．

小売企業における商品調達のグローバル化は，通常，次のようなステップを経て進展する（図7-2）．①国内調達を基本とし，卸売企業を介して部分的に国外商品を調達する段階，②商社などの貿易の専門的な仲介者を通して，国外商

図 7-2　商品調達におけるグローバル化の段階

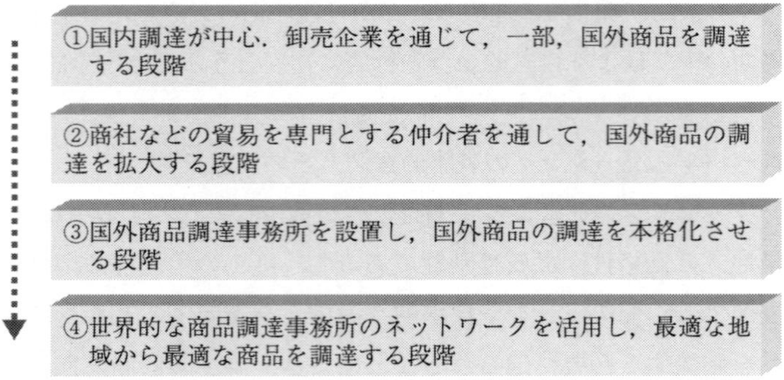

①国内調達が中心．卸売企業を通じて，一部，国外商品を調達する段階

②商社などの貿易を専門とする仲介者を通して，国外商品の調達を拡大する段階

③国外商品調達事務所を設置し，国外商品の調達を本格化させる段階

④世界的な商品調達事務所のネットワークを活用し，最適な地域から最適な商品を調達する段階

④ ⇒ グローバル・ソーシング

品の調達を拡大する段階，③国外に自ら商品調達事務所を設置し，国外商品の調達を本格化させる段階，④世界的な商品調達事務所のネットワークを活用し，最適な商品を最適な地域から調達する段階，である．グローバル・ソーシングとは，高度な効率性と有効性を実現するため，調達活動が国境という制約を超越して展開する第 4 段階のことにほかならない．

　従来，商品の輸出入に関わる国境措置などの政策的な規制がグローバル・ソーシングを制約する最大の要因であった．だが 1980 年代後半以降，貿易の自由化の流れにより，徐々にそれらの障壁は弱まる傾向にある．とはいえ，それ以外にも，グローバル・ソーシングを実現し，かつその利益を獲得するにはなお様々な制約条件が横たわっている．

　IT 革命は情報流の機能を飛躍的に高め，取引流通面では時間的・空間的な制約を大幅に解消した．だが，デジタル商品でないかぎり，取引の完了には実際にモノの移動を遂行する実物供給システムが不可欠であり，皮肉にも情報流が高速化すればするほど，それと物流との速度の格差が拡大する[17]．グローバル・ソーシングの実現にとって，商品の品質・鮮度管理，物流・在庫管理，アベイラビリティ，トレーサビリティと安全性の確保などに関わるロジスティクスおよびサプライチェーンをグローバルなレベルで構築することがその前提条

件となる[18]．その際，国際的な物流網を自前で構築することは不可能なばかりか不効率になりがちであり，国際物流の各課業にか1関わって優れた機能を有するサードパーティの介在が要請されることになる．

さらにグローバル・ソーシングが競争優位性を発揮するためのもっとも基礎的な条件に，生産段階においてグローバル企業が成立している点が挙げられる．小売販売機構が要求するボリュームよりも相対的に小規模かつ分散的な生産・供給システムしか存在しない商品分野では，購買の大量性が優位性を発揮するとはかぎらない．それどころか，生産の小規模分散性が強く，供給の安定性を欠くために，そうした商品の大量な調達は大量化・標準化に多大の労力とコストを要し，かえって規模の不経済性を招くことになるからである[19]．

グローバル・ソーシングを目指す先進的な取組みがウォルマートのリテイルリンクやGNX (Global Net Xchange)，WWRE (World Wide Retail Exchange) である．根本・為広によれば，英国大手スーパーのセインズベリは全商品調達の75％を，PBではそのすべてをGNX経由で調達するとの意向を表明し，またGNXでは生鮮食品を取り扱うトレーディング・プロデュース・ドットコムと提携することで，食品のフルライン供給ができる体制の構築を進めているという[20]．今日なおインターネットを通じた国際的な取引にとって阻害要因となっているのが国別に異なる取引業務プロセス・システムであるが，GCI (Global Commerce Initiative) では，その国際標準化のための基盤整備に取り組んでおり，この制約が早晩，解消されていくとの見通しを述べている．

とはいえ，小売企業におけるグローバル・ソーシングの現状とその到達点は必ずしも十分明らかにはなっていない[21]．少なくとも既述のような制約条件を念頭に置くならば，商品種類別にその状況はかなり異なるとみなければならない．一般的には調達のグローバル化は，資材などの生産財分野で進展しやすく，再販売される消費財では困難性が大きく，なかでも消費者の食生活の地域性から強い影響を受ける食品については，消費需要の多様性からはるかに強い制約を受けざるをえない．消費面からの制約に加え，供給業者は小規模性以外に，供給する商品の特性でもローカルな性格を少なからず残している．加えて，加

工食品以外の腐敗性の高い生鮮食品では，コールドチェーンなどの物流インフラの未整備が決定的な制約条件となる．次節以下では，スーパーにおける輸入野菜取扱について既存文献・資料とケース・スタディに基づいて明らかにしながら，日本の小売企業による調達の国際化の実態について，より詳細な考察を加えたい[22]．

3．小売企業における輸入野菜調達の拡大とそのプロセス

(1) 小売企業の輸入野菜調達の拡大とその要因

小売企業による輸入野菜の利用について，これまでおよそ次のような指摘がなされてきた．1996年の時点で，小売業態別にやや違いがあるものの，野菜輸入比率はおよそ1割であり，その状況はスーパーでも一般小売店でも変わりがない．輸入野菜が品目数で増加し，とくに品揃え上，重要かつ不可欠な品目について定番商品化がみられる．ただし，同じ輸入野菜であっても，ハンドリングの面で異なる商品カテゴリーに分類される冷凍野菜と生鮮野菜とは明確に区別する必要がある．冷凍野菜については輸入比率が急速に高まっている一方，生鮮野菜では依然として国産が主体となっている．

小売企業が輸入野菜を利用する理由は，小売企業が品揃えの周年化，定番化，価格の引下げと安定化を追求していることにある．国産野菜の場合，小規模分散的な生産構造の下，供給の不安定性が大きく，とくに卸売市場を経由した流通チャネルでは価格の乱高下が不可避であるのに対し，輸入野菜では供給の安定性が高い．つまり，小売企業の調達ニーズは定質，定価，定量，定時という「四定志向」にあると定式化され，そのため輸入野菜へのシフトが生じていると理解されてきた[23]．

多店舗化を進め，チェーン・オペレーションを採用し，経営のシステム化を図ってきた巨大スーパーに代表される大規模小売企業において，調達面で「定質，定価，定量，定時」という調達ニーズが強まるのは当然のことである．「四定志向」は，チェーン企業のシステム的な特性から派生するニーズにほかなら

ない．ただし，「定量」の意味が，例えば毎日何ケースといった「一定の決まった数量」ということではない点には注意を要する．供給の安定性が意味するところは，小売側が必要な時，必要な数量という要求を強め，これに対し確実に対応できる供給力・ロジスティクス力が供給側に求められているということである．消費の不確実性が高まる中でITという技術的基盤を活用する小売企業の調達行動の特徴は，在庫圧縮と欠品回避を両立させるため販売状況に応じた弾力的な数量発注が追求されるという点にある．つまり，小売企業は調達にあたって，従来型の投機的なシステムにおけるリスクや硬直性を回避し，需要に即応した延期的システムへの転換を志向しつつある[24]．

(2) 輸入野菜定着のプロセスと調達行動

　輸入野菜定着のプロセスをみると，当初，日本で生産できない，あるいは特定の時期に生産できない品目の輸入から始まったが，徐々に小売側の品揃えにおける必需性の高まりから輸入品利用が恒常化し，とりわけバブル崩壊後には低価格志向への対応から国産から輸入への代替が本格化していった．こうした変化にともない，地域別には，当初，気候条件の異なる米国，豪州が主体であったものが，気候条件の類似するアジアとくに中国へとシフトしつつある．つまり，従来，国産と相互補完的であった輸入野菜が時期的にも品目的にも国産と直接的に競合する局面が拡大してきている．

　日本市場におけるこうした変化を背後で促進しているのがグローバルな産地間の野菜輸出競争である．中国，韓国など東アジア野菜産地が米国や豪州に対し日本市場への空間的近接性から時間・コスト面で優位に立つようになっているが，あわせて東アジアにおける新たな農業形態の展開が注目される．例えば，中国ではシンガポール，台湾，ニュージーランド，オーストラリア，米国などの国外資本の出資と技術供与を受けて，開発輸入や合弁方式などにより，近代的な生産・供給方式が構築されつつある．

　小売企業の側からみると，自社の仕入要求を満たすために輸入野菜の調達を次のように変化させてきた（表7-2）．輸入野菜の利用方法は，不足時の補充・

表7-2 輸入野菜調達方法の変化

小売企業における 輸入野菜の利用方法	不足時補充 販促商品 →	定番品揃え 恒常的利用
調達のグローバル性	低 位 →	高 位
輸入方法	スポット	長期契約　開発輸入
コーディネート主体	なし(既存卸へ依存) 商社など中間業者	自社で取組み
商品仕様への関与	なし　低関与	あり　高関与
流通チャネル特性	開放的チャネル	閉鎖的チャネル

　代替品から定番品へ，販促商品から恒常的利用へと変化し，これにともない輸入方法はスポットから長期契約，開発輸入へとシフトする[25]．コーディネート主体はグローバル性が低い段階では存在しないが，徐々に商社，さらには自社がコーディネート機能を果たすようになる．商品仕様など生産・供給方式への関与はそれがまったくなかった段階から高位な段階へと移行し，両者の提携関係が強化される．そして，チャネル特性としては開放的なものから閉鎖的なものへと変化することになる．

　大まかにいえば，1980年代後半から野菜輸入方法はスポット輸入から開発輸入にシフトし，加工業者，商社，大手量販店によって調達のグローバル化が取り組まれてきた．しかし，最近ではさらにその一定の変質が生じつつある．小売企業における輸入野菜へのシフトの度合いと特徴とはどのようなものかについて，より立ち入ってみてみよう．

4．スーパーにおける輸入野菜調達の現状と調達戦略の方向性
　　　――ケース・スタディに基づいて[26]――

(1) 小売A社～野菜の品揃え差別化戦略
　大手食品スーパーA社は，2001年度に輸入野菜の取扱が冷凍・加工品を含め

全体で約3割に達したが，生鮮野菜にかぎってみると約1割であり，傾向的にもここ数年，横ばいで推移している．生鮮輸入野菜の多くがパプリカ，ブロッコリー，オクラ，生シイタケ，カボチャ，アスパラ，タマネギなど国産の供給が不足し，輸入調達を必須とする品目で占められている．

食品スーパー1社の取扱規模で開発輸入に取り組むにはリスクが大きすぎることから，野菜輸入には商社などの中間業者を介在させている．最近では，中国野菜の輸入量の増加を背景に商社などの供給主体が需給調整能力を高度化させてきたことで，輸入野菜についても国産と同様の発注リードタイムでセンター・店舗までの納品が実現されるにいたっている．つまり，スーパーの品揃えにおいて輸入野菜が定番化されるようになったのは，輸入野菜のベンダーが国産と大差ない供給サービス水準を実現するようになったことが大きい．

しかしながら，同社では，現在の輸入野菜をめぐる最大の制約要因が安全性への不信という消費者のイメージにある，と指摘している．現在の野菜品揃え戦略としては，国産と輸入を併売するとともに，原産国(地)表示の徹底を図っており，当面，輸入野菜に重要な位置づけを与える計画はない．そのため，同社は輸入よりむしろ国産での差別化とその調達力の強化を重要課題として位置づけている．1990年代半ばにスタートした地場野菜産地の開発は，そうした商品政策の重要な一環であり，近年，地場野菜の定義を「近隣」から「同じ県内の農家，農協からの仕入」に変更し，導入店舗の拡大を進めている．同社が国産を中心とする調達戦略を採用する理由は，同社が商品政策において価格よりも鮮度・品揃え訴求を重視し，より具体的には主力品目で複数ブランドを置くなど品揃えの深さによって店舗の差別化を図ろうとしていることにある．

(2) 小売B社～中国野菜の開発輸入への取組み

食品スーパーの共同仕入機構であるB社は，2002年度からブロッコリー，長ネギなど中国野菜の調達・供給を開始した．この新商品開発プロジェクトに取り組んだのは，通常，野菜のマーチャンダイジングを担当する青果部ではなく商品本部商品開発チームであった．従来，同社青果部では中国での農業生産の

小規模性，生産者の契約遵守意識の低さ，さらには品質・安全性チェックが困難との認識から，中国野菜の調達には慎重な立場を採ってきた経緯がある．しかし近年，中国野菜経営の大規模化による生産条件の変化や高速道路網や温度管理技術など物流インフラの整備が急速に進展し，「消費者に品質・安全性を保証できる見通しが立った」と判断するにいたり，中国野菜の調達プロジェクトに取り組むことになった．これら事前の現地情報の収集と，さらにその後の円滑な輸入業務を遂行する上で，同社の現地駐在事務所が果たした役割は大きい．

同社では，中国の野菜供給業者を2社に絞って取引先として指定し，これらとの密接な提携関係の構築を目指している．うち主力となる業者は，沿岸部を中心に北海道から沖縄までに相当する地域に直営，契約含めて数千haの農場を擁し，リレー出荷で通年供給を実現し，現在，年間売上高の約7割が日本向け輸出である．また，堆肥工場と専属契約を結び，有機栽培での安定供給を行う体制を整えている．これらの指定供給業者に対しては，日本品種の導入を義務づけ，契約社員である有機農法の専門家を派遣し，現地での技術指導に当たらせている．こうした生産過程へのほぼ全面的な関与を行うことにより，一定の品質・安全性水準の商品の確保を実現している．温度管理された物流チェーンの完結により，約1週間のリードタイムでも品質や鮮度を保持したまま，商品を店頭に供給することが可能になっている．

供給方式としては，3ヶ月前完全予約発注制を採用し，輸送は週1回1品目1コンテナとすることで，取引関係の安定化と流通コストの節減を図っている．つまり，ここでの輸入野菜調達方式は，弾力的な調達ではなく安定性を重視した投機的システムであり，いわゆる「四定」を追求する開発輸入の古典的なパターンである．現状では，店舗からの注文があってもそれ以上の供給はできない「売切りご免」の定量供給である．当面，大量の見込み発注がスーパー側にとって過大なリスクとなるとの懸念から，この提携的な取引は数量的に安全な水準に抑えられているからである．

ところで同社は，野菜の調達にあたって輸入のみを積極的に拡大しているわけではなく，国産優良産地との提携にも力を注いでいる．国内産地と共同で減

農薬減化学肥料のタマネギを商品開発したのがその一例である．発注を22トン単位とし，フレキシブル・コンテナ形態で産地からトレーラーと船で首都圏のセンターに直送され，その結果，輸送コストは従来のトラック，ダンボール輸送に比べてほぼ半減した．

要するに，B社における野菜調達戦略は，国産と輸入を問わずその双方で，品質を差別化しながらロジスティクスの面で効率的な調達システムを構築することに置かれている．当面，国産か輸入かの選択は消費者が決めることであるとし，併売を行いながら，小売業者としては産地の表示を徹底させることが重要との立場を表明している．

(3) 小売C社〜開発輸入から地場野菜開拓へ

大手総合スーパーのC社は，青果物の仕入・販売規模が巨大であることを基礎に，かなり早い時期から野菜の開発輸入への取組みを進めてきた．当初は，商社からの情報提供に大きく依存していたが，すでに自社でコーディネートする段階に移行している．その理由は，第1に自社独自の現地情報力が高まったこと，第2に小売業として収集した消費者ニーズ情報を最大限活用した商品仕様をより直接的に生産者に伝達し商品に反映させることができること，第3に在庫調整を担当するサードパーティ物流企業を介在させることで，商社機能を排除することが可能になったからである．

同社の輸入野菜比率はピーク時と比較すると低下気味で推移している．①消費者の国産志向，②安全性やトレーサビリティ確保の不十分さ，③国産の価格下落時の逆ザヤ・リスク，があることから，当面，さらに新たな品目で中国野菜を定番化する意向はない．一方で，2002年から国内産直の強化に取り組んでいる．生産者の「顔の見える」ことを訴求するブランドではIDコードにより生産者，栽培履歴を消費者がチェックできるようにし，「農」を強調するブランドでは店舗周辺農家からの朝採り野菜を調達し，種付けから収穫までのスケジュールを立て，計画的な生産販売を目指している．

こうした取組みは，本部集権化という従来のチェーンストア理論に忠実な経

営戦略を，部分的であれ見直すという意味をもつ．小売企業が効率性や価格競争を重視しチェーン・オペレーションに忠実であればあるほどグローバル・ソーシングへの指向性が強まる一方，個店戦略を採用し商品の品質や品揃えの差別性を重視する場合にはローカル・ソーシングが追求され，両者の調達戦略が並行的に展開されることになる．

5．結　語——小売企業における商品調達の二面的展開——

今日，スーパーに代表される巨大小売企業が商品調達のグローバル化に取り組むのは，商品の大量性，低価格性，品質差別性などの利益の獲得を目指してのことであった．従来，国際的な調達が困難とみられていた生鮮食品についても，大手スーパーが開発輸入方式により輸入野菜の調達を本格化させる動きがみられる．考察の結果，小売企業がグローバル調達を行う条件として次のような点が指摘できる．

第1に，小売企業自らが企業規模の拡大を基礎に現地駐在事務所や現地店舗を設置し，国外の情報収集力を飛躍的に高めてきたことが挙げられる．もっとも，より重要なのは以下のような点である．第2に，日本の小売企業やそれと提携関係にあるコーディネータが，取引を行うにあたって種子の供給，栽培方法の指定，栽培指導など，生産過程への関与を行っている．中国野菜が労賃水準の低位性から価格優位性があることは自明であるが，あわせて品質差別化が重視される日本の小売市場で受け入れられるには，品質の高位性と安全性が保証されなければならない．小売企業がグローバルな調達を定着させるには，開発輸入方式などをはじめ，現地の生産過程への主体的な関与が不可欠となっている[27]．

さらに，空間的・時間的懸隔からの制約条件は，ロジスティクスの改善により，急速に解消されつつある．すでに中国沿岸部での高速道路網の整備と冷凍・冷蔵車の導入，品温管理の可能なリーファ・コンテナの利用などが進み，さらに，国内到着後は低温倉庫で保管されることで，鮮度保持を実現するコー

ルドチェーンが完結している．野菜の生鮮性という商品の物的特性は，すでにグローバルな調達を制約する要因とはなっていない．また，ロジスティクス機能は小売企業が自ら内部化するよりも，それを専門的に遂行するサードパーティに依存することが多く，その際，サードパーティ企業が優れた在庫調整機能を果たすことで，小売企業の側からは短リードタイムでの発注など国産と同様の供給サービス水準が実現されるようになっている．

　こうして，現地情報力，生産過程への積極的関与，サードパーティ活用を含めたロジスティクス力の強化を基礎に，小売企業主導による生鮮食品サプライチェーンが国境を越えて構築されつつある．

　だが，最近のネギや生シイタケの暫定セーフガードの発令，さらに2002年に多発した中国野菜の残留農薬問題は小売企業の調達行動に決定的な影響を与えた．とくに残留農薬問題が，消費者の中国野菜に対する原産国イメージを大幅に悪化させ，こうした消費者の意向ないし反応が小売企業の中国野菜調達の拡大に歯止めをかけることとなった．このことは，一面で，小売企業の品揃えにあたって消費者の国産志向，安全性志向を無視できないという事実と，もう1つの側面として，小売企業が消費者に対し自社の輸入野菜の安全性を保証し得ないリスクを全面的には否定できないこと，いいかえると海外産地コントロールの困難さ，海外産地との提携における信頼構築の困難さが依然として大きいことを示唆している．

　そうしたリスクを抱えている以上，大手小売企業は，輸入野菜の調達を拡大する一方で，あわせて地場野菜や品質指定の産直野菜など国内調達を強化する取組みを進めている．実態は，ジャーナリスティックに叫ばれるほどに，小売企業が輸入野菜に一面的にシフトしているわけでは決してない．要するに，小売企業における野菜の調達戦略の方向性は，国内か国外かを問わずグローバル化とローカル化の両面で提携的なサプライチェーンの構築が目指されつつあることにある．

　もちろん，消費者が輸入か国産かで商品選択を行っていること自体，中国野菜と一括りにできない実態からは合理的な行動とはいいがたい．たしかに，現

状において，海外との信頼関係に基づくサプライチェーンを構築しえていないケースは少なくないのではあるが，逆に，今回の残留農薬問題が契機となり，中国における野菜生産・流通において安全性やトレーサビリティを確保できるサプライチェーンの構築を目指す取組みが本格化するとみるべきであろう．

とはいえ，ローカルな調達には，それ自体として存続・拡大する内在的契機が存在する．いうまでもなく小売企業による調達戦略は品揃え戦略や顧客ターゲットの違いによって規定されざるをえない．低価格訴求やボリュームマーケットを重視する場合にはグローバルな調達の利点は大きいが，品揃えの深さや高品質での差別化を追求する企業にとってローカルな調達に不可欠の位置づけが与えられる．より一般化すると，チェーン・オペレーションを重視し標準化志向の強い小売企業ではグローバル調達へのシフトが進展する一方，個店戦略を重視する小売企業においてはローカルな調達に積極的な意義が見出されることになる．それは，グローバル・ソーシングが大量の標準品の供給を前提することからも明らかなように，短期的には品揃えの差別化をもたらすとしても，究極的には消費者に対し画一的な品揃え物しか提供しえないからである．消費者が本来的に食生活様式の多様性に大きな価値を見出すとするならば，グローバル調達よりもローカルな調達に決定的なプライオリティが与えられるのである[28]．

1) グローバル・マーケティングの解明すべき問題領域を詳細に検討している藤沢武史「グローバル・マーケティングの研究課題」関西学院大学商学研究会『商学論究』第49巻第4号，2002年，をみても，そこでは暗黙裏に製造企業のみが考察の対象として想定されている．最近になってようやく，大石芳裕が小売業を明確に意識して多国籍企業問題を論じている（大石芳裕「多国籍企業の戦略と再編」多国籍企業研究会創立30周年記念大会　21世紀多国籍企業の新潮流，報告レジメ，2002年）．
2) McGoldrick, P. and Davies, G., *International Retailing*, Pitman Publishing, 1995, p. 2.
3) Alexander, N. and Myers, H., "The Retail Internationalization Process", *International Marketing Review*, Vol. 17 No. 4/5, 2000, あるいは 矢作敏行「小売国際化のプロセスについて」法政大学経営学会『経営志林』第38巻第4号，2002年．
4) 日系小売企業の国際化の微弱さは，イギリスの小売業研究者からも指摘されてい

る（Treadgold 1990/91, Davies 1993，などを参照）．日系小売企業の海外出店を柱とする国際化の動向を分析した業績には，向山雅夫『ピュア・グローバルの着地』千倉書房，1996年，木立真直「国際小売企業における標準化・適合化の調和プロセス」日本マーケティング協会『マーケティングジャーナル』第72号，1999年，川端基夫『アジア市場幻想論』新評論，1999年，川端基夫『小売業の海外進出と戦略』新評論，2000年，矢作敏行「日本の小売市場の国際化プロセス」ロス・デービス／矢作敏行編・外川洋子監訳『アジア発グローバル小売競争』日本経済新聞社，2001年，などがある．

5) 代表的な論文として，次のようなものを挙げることができる．①加藤 司「流通外資の競争力」日本マーケティング協会『マーケティングジャーナル』第68号，1998年．②菊池宏之「外資系流通業の進出と中小流通業の戦略課題」専修大学商学研究所『商学研究年報』第25号，2000年．③青木俊昭「巨大流通外資の市場参入とパートナーシップ」青木俊昭・斎藤雅通・青山悦子『日本のビッグインラストリー 5 流通』大月書店，2000年．④矢作敏行「日本の小売市場の国際化プロセス」ロス・デービス／矢作敏編・外川監訳，前掲書，2001年．⑤高橋佳生「外資系流通業の参入による商慣行への影響」流通経済研究所『流通情報』No. 390, 2001年．⑥向山雅夫「市場の異質性を超越するグローバル小売企業」流通科学大学流通科学研究所『モノグラフ』No. 8, 2002年．あるいは，⑦木立真直「小売業のグローバル化と日本的流通システム」同志社大学商学会『同志社商学』第53巻第5・6号，2002年．

他方，海外とくにヨーロッパの国際小売企業の動向を分析した研究として，矢作敏行編著『欧州の小売りイノベーション』白桃書房，2000年，相原 修「M＆Aと海外進出で巨大化するカルフール」流通システム開発センター『流通とシステム』No. 108, 2001年，などがある．

6) 鈴木安昭・関根 孝・矢作敏行編『マテリアル流通と商業』有斐閣，1994年，167ページ．

7) 『激流』2001年10月号，国際商業出版，21ページ．

8) 木立真直「小売・外食業におけるグローバル調達」日本農業市場学会『農業市場研究』第11巻第2号，2002年．本稿は，上記の論文をベースに大幅に削除，加筆，修正したものである．

9) Dawson, J., The Internationalisation of Retailing, *Working Paper Series* No. 93/2, Department of Business Studies, The University of Edinburgh, 1993, あるいは Kidachi, M. & Dawson, J., Internationalization Approaches of Japanese Retail Operations in the UK, *Working Paper Series* No. 98/3, Departmennt of Business Studies, The University of Edinburgh, 1998, を参照．

小売グローバル化の局面については，いくつかの区分があり，例えばSparksは

調達，小売店舗，管理ノウハウの3つに分類している (Sparks, L., Reciprocal Retail Internationalisation : the Southland Corporation, Ito-Yokado and 7-Eleven Convenience Stores, *Service Industries Journal*, 15(4)). 小売ノウハウ・業態などの国際的移転の重要性を否定するものではないが，技術移転には資本関係や経済的契約をともなわない視察などが含まれることから，ここでは除外しておく．

10) 二神康郎『欧州小売業の世界戦略』商業界，2000年，において，国際化比率の概念や進出先国小売市場での3位以内を占めることの重要性が述べられている．また，二神康郎「小売業のグローバル化と国際比較」『日本フードシステム学会大会報告要旨』，2000年，66ページ，では，さらに多国籍ベースでの大量仕入れ契約と同時セール（特売）が挙げられている．

11) 向山，前掲書，1996年，167ページ．

12) 『日経流通新聞』2003年1月28日号．

13) 「カルフールは，海外進出に際しては商品をほとんど現地で調達するのが鉄則であるという．ところが，台湾においては店舗数の増加に伴なって自社開発PBの比率を高めている．」（『食品商業』2001年4月号，11月号，向山，前掲論文，2002年，19ページ）．つまり，国際化の発展段階によって調達の国際化が変化するということなのだが，総合小売店と専門小売店とでまた異なった展開がみられる．

14) Fernie, L., Internationalizaiton of the Supply Chain, Sparks, L. and Fernie, L., *Logistics and Retail Management*, Kogan Pages, 1997, p. 49.

15) デビィット・ウォルターズ／小西滋人・他訳『小売流通経営』同文舘出版，p. 152, 2002年（Walters, D., *Retailing Management : Analysis, Planning and Control*, Macmillan Press, 1994）.

16) 向山は，調達の高度化を空間軸と生産への関与度という2つの軸のマトリックスで整理している．向山，前掲書，1996年，177ページ．

17) 一般商品の取引におけるグローバル化は，ITにより商流の空間的な懸隔がほぼ全面的に取り払われた反面，物流上の制約条件が以前にも増して顕在化することとなった．他方，金融の世界でITを基盤とするグローバル化はとどまるところを知らない展開をみせる．金融業が取り扱う資金は，質的には象徴的かつ無差別で量的にのみ異なる独特の商品であり，コンピュータ処理に最適のものだからである．IT革命と流通の関連については，木立真直「IT革命と流通の転換」阿部真也・他編『流通経済論から見る現代』ミネルヴァ書房，2003年，を参照．

18) 向山は，国際調達において，情報力とロジスティクス力が必要であり，効率的な最適商品供給システムを構築・運営しなければならない，と述べている（向山，前掲論文，2002年，19ページ）．

19) GNXは2000年2月カルフール，シアーズ，オラクルが世界で最初に設立した小売業のオンライン商品購買連合であり，クローガー，メトロ，セインズベリ，コー

ルズ・マイヤーなどが参加している．WWRE は 2000 年 3 月の設立で，K マート，アホールド，テスコ，イオン，西武百貨店などが参加する．ウォルマートは単独でリテイルリンクを構築しており，1999 年からインターネットで調達，生産，輸送，補充を店別売上動向と在庫状況に応じて稼動させている．

20) 根本重之・為広吉弘編著『グローバル・リテイラー』東洋経済新報社，2001 年，p. 257-271.
21) 木立，前掲論文，2002 年，49 ページ．グローバル調達を取り上げた論稿として，川端庸子「小売業の国際化における GNX と WWRE」明治大学大学院『経営学研究論集』第 16 号，2002 年，などがある．
22) 1980 年代までの小売・外食業の一般的動向については，木立真直「食品関連産業の進展と流通再編—小売・外食部門からのアプローチ—」日本農業市場学会『農産物市場研究』第 33 号，1991 年，を参照のこと．
23) 輸入野菜問題について網羅的な紹介を行っているのが藤島廣二『輸入野菜 300 万トン時代』家の光協会，1997 年，である．
24) 木立真直「食品産業の構造変動と食品流通システムの転換」土井時久・斎藤 修編『フードシステムの構造変化と農漁業』農林統計協会，2001 年，22-23 ページ．
25) 木綿良行「わが国大手小売業による食料品の直接輸入・開発輸入の現状と課題」流通問題研究協会『研究資料　これからの流通への着眼・三題』No.135，1998 年．
26) 小売企業と野菜ベンダーに対するインタビュー調査を 2002 年 4～6 月にかけて実施し，小売企業（生協を含む）4 社，野菜ベンダー 3 社の合計 7 社から協力を得た．
27) 中国における野菜生産は，沿岸部を中心に台湾，シンガポール，アメリカなど外資との合弁で新技術が導入されることで，新たな青果物のグローバルなビジネスの一環として高度化する動きには十分留意する必要がある．
28) 食生活のグローバル化については，木立真直「アメリカ型食生活の広がりと食のグローバル化」中野一新・杉山道雄編『グローバリゼーションと国際農業市場』筑波書房，2001 年，を参照．

第8章　日中貿易摩擦と二国間経済・貿易関係について

序

　日中両国は近隣国であると同時に，重要な経済・貿易上の協力的パートナーである．日中関係の健全な発展は経済・貿易関係に基礎を置いている．日中関係は，1972年に国交正常化が実現されて以来，日中両国の共同の努力によって，経済・貿易協力が単一の貿易関係から二国間貿易，直接投資，政府借款，無償資金協力，研修生協力などを含む多様な形態に発展してきた．そして新たな協力領域（分野）を開拓し続けてきた結果，多様な協力形態が並存するようになり，相互に促進し合い，ともに発展する局面が形成されてきた．日中二国間の貿易額は1972年の11億ドルから2000年には831億ドルを記録し，28年間で75倍に拡大した．さらに，2001年の二国間貿易額は今までで最も速いペースで1000億ドルの大台を突破するものと見込まれている．日本は7年間連続で中国の最大の貿易パートナーとなり，中国も日本にとっての第2位の貿易相手国となっている．近年，日中両国は中国のWTO加盟問題，欧亜会議，APECなどの多国間経済協力組織において積極的な協力を行ってきている．

　1998年と2000年に，江澤民国家主席と朱鎔基首相の日本訪問が相次いで成功し，1999年には当時の日本国首相故小渕恵三氏も中国を訪問した．日中両国政府は，科学技術，産業技術，エネルギー開発，地域開発，環境保護などの分野において，一連の二国間協力協定に調印し，また中国の改革・開放に対する支持姿勢の堅持，国有企業改革の深化，中小企業経営の改善，人材育成の加速化などの問題についても両国の認識が一致に達した．以上のことは，両国の新

世紀における経済・貿易関係の発展のための堅固な基礎を築き，温和な環境を提供し，関係のさらなる発展のための新たな材料を増やすことにもなるであろう．

1．日中経済・貿易関係の今後の基本趨勢および主要な協力分野

日中両国政府の指導者の相互訪問の成功を契機として，21世紀初頭の日中経済関係は基本的に安定的かつ健全な方向に発展し，二国間経済・貿易協力も次第に拡大し，さらに深化し続けていくことになるであろう．摩擦の減少，二国間貿易の拡大，協調政策，日本側からの対中投資，円借款の実施など，従来からの重要な協力項目のほかに，21世紀初頭の日中経済・貿易協力は主として以下の諸分野において行われることになるであろう．

1．科学技術における協力．世界経済の統合の飛躍的な発展と変化，また知識経済の興隆を前に，日中両国は今後科学技術協力を二国間経済・貿易協力の新たな突破口として技術貿易を拡大し，技術交流を強化して，経済・貿易協力に新しい活力を注ぎ込んでいくことになるであろう．

2．農業分野の協力．中国は農業大国であり，農業問題は長期的な国家安定にかかわる重大問題である．それゆえ，中国政府は農業の国際協力を重要視しながら，一貫して農業に関する項目を外資導入の奨励項目として一定の優遇措置を実施してきた．一方，日本は先進的な農業栽培技術を持ち，また人材面と資金面においても大きな優位性を有している．したがって，日中両国は農業分野においても協力の大きな潜在的な可能性があるであろう．

3．林業部門の協力．中国にとって，植樹造林や森林保護を工夫しうまく遂行することは，環境保護，生態系バランスの維持を実現する上で重要な一環である．日中両国政府が1998年末に共同発表した「21世紀に向けての技術協力の強化に関する行動計画」によれば，日本側は今後植樹造林，森林保護に関して中国側に資金提供と技術支援を行うことになっている．

4．環境保護に関する協力．人類が21世紀に突入したというこの重要な時期

において，環境と経済の一体化，持続可能な発展戦略，社会各層および一般国民の環境保護意識の高まり，生態環境に適した技術や製品の開発，環境保護分野での国際間の経済・技術交流は，今日の世界における不変の趨勢である．

　日本は環境保護に関して大きな経験や教訓を有し，先進的な技術と設備を開発した．日中両国間は既に環境保護政策，技術，産業などの面において，各種レベルの交流を行ってきている．この2，3年来，中，日，韓三国間の酸性雨防止・監視システムの構築，および大連，重慶，貴陽の三都市の発電所の脱硫装置の設置など重点項目をめぐって協力が実施され，日本政府はそのために中国側に405億円の特恵借款を供与した．

　5．産業技術に関する協力．現在，中国はちょうど経済移行期および産業構造の調整期にあるが，日本も数十年間の高度成長期を終えて次第に経済停滞期に入り，同じく構造調整に直面している．このような重要な転換期にこそ，両国は協力関係をいっそう強化すべきである．というのは，中国企業はコストが低い，日本企業は資金が充実し技術が先進的であり管理経験が豊富である，という特徴があり，これを利用すれば，比較優位の相互補完，相互利得が実現できるからである．あるいは日中双方が提携して国際競争に参加し，第三国でプロジェクトの引き受けや投資を行えば，投資プロジェクトのコストを大幅に削減し企業の競争力を強めることになり，これは，日中それぞれの企業の優位性の向上と経営の発展に資することになるであろう．

　6．地域開発に関する協力．いかにして中西部を開発し，沿海地域と内陸地域との間に存在する経済，社会，文化，生活などの面の格差を次第に縮小させていくかは，中国が西部大開発戦略を実施し，均衡的経済発展を実現する上での重要課題の一つである．日本が持つ国土開発と地域総合開発に関する先進的な経験は，中国への有益な支援・援助となる．既に発動された第四次対中円借款計画においては，中国の中西部地域，内陸地域の経済開発の加速化が日本の対中重点援助プロジェクトの一つに数えられている．たとえば，ユーラシア・ランドブリッジの建設支援などは，近未来におけるその具体的な協力項目とされている．

7．金融部門における協力．1990年代に入ってから，国際的な金融危機が頻発し，世界各国の経済に大きな影響を及ぼした．とくにアジア金融危機以来，いかにして金融リスクを予防し，国家の経済安全性を確保するかは世界的な重要課題となっている．日中両国は国情や金融体制が異なり，アジア金融危機から受けた影響とダメージの程度も違うが，アジアの大国として，両国が金融部門，とりわけ為替システム，金融リスクを予防するためのマネージメントならびに制御システムにおける協力と協調を強化することに責任を負うことが必要であり，さらにこのことをつうじてアジア各国，地域の経済の安定的成長の実現や，アジア・太平洋地域の金融秩序の安定化にむけて，両国が共同で努力していくことが必要である．

また，ユーロ通貨圏の発足という挑戦を前に，中，日，韓三国と東南アジア諸国連合（ASEAN）10ヵ国（いわゆるアセアン10プラス3）が，アジア通貨体制および金融協力システムを構築するのかどうか，あるいはいかにそれを行っていくのかという一連の問題について，真剣かつ斬新な議論と協調関係を築いていくことが求められている．

2．注目される日中両国間の貿易摩擦問題

ところが近年，日本経済の低迷と中国の対外経済政策および関連の法律制度の頻繁な変更の影響で，日中両国間の経済・貿易協力の発展が失速状態に陥った．もっとも注意に値するのは，最近日中貿易関係の中にさまざまな非協調的な貿易摩擦が生じており，そしてそれが激化する傾向にあることである．また，いくつかの商品の貿易取引をめぐっては明らかに差別的な取扱いがなされていることである．これらは，両国間の経済貿易の協力関係の順調な発展の阻害要因となっており憂慮すべきこととなっている．

2001年4月11日，日本の在中国大使館は中国政府に対して，同月23日から11月8日までの200日間，中国から輸入する長ネギ，生椎茸，畳表の三種類の農産品に対して「セーフガード」を実施し，制限数量以内の輸入品に対しては

3-6％，超過輸入部分に対しては106-266％の関税を賦課することを正式に通達した．その後，日本政府はさらに6月8日より中国からのすべての家畜および家畜類製品の輸入を全面禁止とした．これは日本が外国製品に対して初めて行った事実上の数量制限である．さらに何人かの日本の政府要人は，今後日本国内のほかの産業が，中国からのほかの輸入製品に対しても数量制限を課すべきであるという国内の声を考慮するならば，輸入制限の対象とされる中国製品のリストはますます長くなっていくであろうとまで言及した．そして2001年7月16日，日本政府が中国からのタオルを主要対象とする輸入制限の実施問題に関する中間調査データを公表したことは，日中両国間の紡績品貿易の正常な発展に暗い影を落とすことになってしまった．

　緊急輸入制限措置（Safeguard，略称SG）は，1948年1月に臨時的に発足した「関税と貿易に関する一般協定」（General Agreement on Tariffs and Trade，略称GATT）の第19条に由来する．本条項は，もしある種の輸入製品の輸入量が激増することによって，国内の同じ産業に重大な損失を被らせた場合，輸入国は一定の条件のもとで関税を上げるなどの手段を講じて輸入数量を制限することができる，と規定している．その後も本条項は，1994年にGATTの第19条およびWTOのフレームワークの下に確立された「セーフガードに関する一般協定」（Agreement on Safeguard）の中にも主要条項として残されることとなり，これらはアンチ・ダンピング措置と並んでWTOが認める輸入をコントロールする主要な手段の一つとなっているのである．

　現行のWTOの「セーフガードに関する一般協定」によれば，「セーフガード」の発動条件は非常に厳格であり，国内の関連産業の損害程度についての調査・検証，事前・事後の開示，事実認定，措置の実施期間および制限の程度などに関して非常に厳しい規定がある．たとえば，WTO「セーフガードに関する一般協定」の第2条第1項の規定によれば，「加盟国が以下の規定に基づきながら，国内に輸入されているある製品の数量が同類製品の国内生産量と比べて絶対的あるいは相対的に増大しており，そして同類製品を生産する，ないし直接的な競争相手となる国内産業に重大な損害を与えている，あるいは与える恐れがあ

ると判断しうる場合にはじめて，当該製品に対するセーフガードを発動できる」とされている．「重大損害」であるかどうかという性質の判断基準については，同協定の第4条第2項(b)が；

The determination referred to in subparagraph(a) shall not be made unless this investigation demonstrates, on the basis of objective evidence, the existence of the causal link between increased imports of the product concerned and serious injury or threat thereof. When factors other than increased imports are causing injury to the domestic industry at the same time, such injury shall not be attributed to increased imports.

「客観的証拠に基づいた調査によって，その製品の輸入増大と重大損害あるいは重大損害の恐れとの間に因果関係が存在することが証明できない限り，同協定の第4条第2項(a)のいう「重大損害」と判断してはならない．もし同時期に，輸入増大の以外の諸要因によって国内産業が損害を被った場合は，輸入増大がその原因とみなされるべきではない」，と規定している．また，調査の順序と規約については，同協定の第3条第1項が；

Article 3

Investigation

1. A Member may apply a safeguard measure only following an investigation by the competent authorities of that Member pursuant to procedures previously established and made public in consonance with Article X of GATT 1994. This investigation shall include reasonable public notice to all interested parties and public hearings or other appropriate means in which importers, exporters and other interested parties could present evidence and their views, including the opportunity to respond to the presentations of other parties and to submit their views, inter alia, as to whether or not the application of a safeguard

measure would be in the public interest. The competent authorities shall publish a report setting forth their findings and reasoned conclusions reached on all pertinent issues of fact and law.

　「(セーフガード)調査はすべての利害関係者に合理的な公報を作成し，輸入業者，輸出業者および他の利害関係者が証拠およびかれらの観点を提示したり，他の関係者の陳述に回答したりする機会を提供する．とくにセーフガードの実施にさいしては，公共の利益に合致するかどうかを判定するために，公聴会ないし他の適切な方法が提供されなければならない」，と規定している．

　WTO の「セーフガードに関する一般協定」の趣旨にしたがえば，セーフガードの発動においては以下のような基本原則が遵守されなければならない．第一は，無差別原則，つまりすべての WTO 加盟国を同一視し，国別に差別を設けてはならないということである．第二は，対等の原則であり，セーフガードの実施対象とされた相手国に対して，実情を考慮した上で「なんらかのかたちで貿易補償を充分に」与えなければならない，こうしなければ，相手国からの貿易面での報復を受ける可能性が高いからである．

　セーフガードを発動するにあたっての原則や条件が繁雑でかつ厳しすぎるため，当該条項の成立以来，実質的にそれを発動させたことのある国家ならびにその発動の回数は決して多くはなかった．WTO 発足 (1995 年 1 月 1 日) まで，GATT 締約国によるセーフガードの発動は合計で 150 件 (そのうち 70 年代以降は 76 件) で，同じ期間の 3000 数百件にも及ぶアンチ・ダンピング運動より遥かに少なかった．また，発動国は主にアメリカ，EU，カナダ，オーストラリアなどいくつかの先進国と地域グループに集中しており，制限対象となる製品の多くは農産品であった．

　今まで日本がセーフガードを発動させたことはなく，今回中国が日本の初めての輸入制限の対象国になった．こうした状況は，両国の経済・貿易関係の歴史において初めての事件であり，それゆえ必然的に広範な関心を呼び起こすこ

とになったのである．

　日本側が，中国の輸出商品に対してとった間違った決定と差別的な取扱いをできるだけ早く是正し，貿易紛争を適切に解決するようにさせるために，中国対外貿易経済合作部は2001年6月18日にやむを得ず対抗的な報復的貿易措置と対策を提出し，同21日正式にそれを在中国日本大使館に通達した．その内容は，6月22日から自動車，携帯電話・自動車電話，エアコンの日本製品に対して現行関税の上に100％の特別関税を課すというものであった．特別関税が課される関連製品を中国輸出入税則に照合すると，乗用車，四駆車（ジープ），客運用車（バス）などを含む60品目が当てはまる．これらの措置をもって，日本が4月23日から中国の農産品三品目に実施した不公正な緊急輸入制限に対抗する，というのが中国側の姿勢であった．

　中国側の通達が公表されて以後日本国内では大きな波紋がおきた．これは，日中国交正常化以来の30年間で初めての大規模な貿易摩擦であったといってもよいであろう．日中両国は大変深刻な貿易衝突を孕むこととなった．中国政府が日本からの輸入工業製品三品目の関税引き上げを公表したのち，日本の小泉純一郎首相は，日本側が中国側の意見によく耳を傾け，そして双方が協議を通じて一種の平静かつ建設的な態度で目下の状況を改善していかなければならない，と言明した．また経済産業省の平沼越夫大臣も，次のような提案を行った．われわれは日中貿易関係に関する法律を制定すべきであり，これは両国に大きな利益をもたらすであろう．日中貿易関係の緊密な発展とともに，貿易をめぐるさまざまな問題が顕在化することは避けられないが，貿易紛争のような日中両国間に存在している問題に対しては，両国が国際ルールにしたがいながらケース・バイ・ケースで問題を解決することが期待されている．

　ところが，同じ日本の内閣の中でも異なった意見が上がっている．中国の農産品に対するセーフガードの発動を一貫して提唱している農林水産省は，依然として強硬な姿勢を崩していない．外務省と経済産業省は初期の段階では日本国内の保護貿易主義への不満を示していたが，見解上の混乱が収まるにつれて，日本政府の意見は，中国の行動は日中貿易協定およびWTOの関連原則に違反

しているとの理由づけで，日本製品に対する関税引き上げの撤回を中国側に強く要求するという方向で一致を見るに至った．経済産業省の平沼赳夫大臣は7月，日本は絶対に中国に「降服」することはないと態度を一変させ，東京が中国の農産品三品目のセーフガードを撤回しないことを強調する一方で，中国が国際貿易規則にしたがって行動するようにと訴えた．

日中両国間の貿易摩擦をどのように評価するかについては日本各界の意見は同じではない．政府側は，日本が引続きセーフガードを実施すると強調しているが，産業界側は中国に課した「緊急輸入制限」の撤回を政府に要請した．日経連会長，トヨタ自動車株式会社会長の奥田碩氏は，2001年6月20日の発言の中で政府に輸入制限の撤回を呼び掛けた．奥田氏は，日本が自由貿易を標榜する以上，たとえWTOの規則にしたがってセーフガードを発動したのであるといっても，この措置は決して賢明な方法ではなく，セーフガードの撤回こそ問題を解決する道である．また，貿易摩擦を早急に解決し，両国の関係をこれ以上悪化させないためには，政府が中国側との対話を一層促進するよう努力すべきであると提案した．日本の富士総合研究所の800社の企業を対象とするアンケート調査の結果によると，43.4％の企業は日本の保護貿易主義に賛成できないとする一方，38.2％の企業はある状況の下ではそれが必要であると考えている．

全体としてみれば，日本国内の世論の主流は，政府のやり方を支持する方向にはない．すなわち，日本の政党が国内選挙のために我意を押し通したことが，重要な日中貿易関係にダメージを与えることとなったのである．このような政治家的ではない政治屋的なやり方はより広範な損失につながる可能性があり，このようなことをする日本政府は無責任である．「日本経済新聞」の社論は，もし日本の発動したセーフガードが貿易保護主義の連鎖反応を呼びおこすことになったら，その時日本が如何なる主張を提起しても徹底的な崩壊という運命から逃れることはできないであろう，と述べた．また「読売新聞」は，中国の貿易報復の対象とされた三品目は日本の中国向け輸出で急成長している製品であるため，日本が発動したセーフガードは自国の長期的な利益にとっては不利

である，と報じた．

　日中両国は最近，貿易摩擦問題をめぐって何回か正式会談を行っている．双方は，日本側がネギ，生椎茸，畳表の中国の農産品三品目に輸入制限を実施していること，そして中国側が日本の自動車，携帯電話・自動車電話，エアコンの三品目に特別関税を賦課していることについて話し合い，それぞれが自国の観点を表明し合った．会談全体の雰囲気は基本的に穏やかであり，双方がともに協議や会談の強化を通じて貿易紛争を早期解決したいという積極的な姿勢が見られるものではあったが，会談は実質的な進展には至らなかった．

　何回にもわたる会談が最終的な合意に至らなかったにもかかわらず，日中双方は一貫して両国の経済・貿易関係の主流は良好であることを強調し，また1972年の日中国交正常化以来，二国間の経済・貿易協力が豊かな成果をあげたことを高く評価し，このような協力はさらに大きな発展を見せるであろうと展望している．

3．日中両国間の相互制裁から「相互利得」へ

　日中両国間に勃発したこの貿易衝突の原因は一体どこにあるのか．まず，日本国内の複雑な「選挙政治」と長引く経済の低迷局面をあげることができる．その一，現在，日本政府の与党の選挙民の多くは農村にいるため，より多くの得票を得るには農民からの要求を無視してはならない．このような政治的利害だけを考慮して選択した措置はしばしば他国との貿易関係に影響を及ぼす．経済学の視角から分析すれば，近年中国の一部の産業の生産水準が向上しつつあるのに対して，日本の一部の産業が「比較優位産業」から「比較劣位産業」へと転落しつつある．その結果，日中両国間にいくつかの貿易摩擦が生じても，それは正常な現象であると言うべきである．実は，このような「国家間の対立」は国境を越えた「産業と産業との間の摩擦」，つまり比較優位産業と比較劣位産業との間の摩擦を反映している．自由貿易理論によると，どの国も経済と産業の絶え間ない発展とともに，適切にその経済と産業の構造を調整し，生産要

素を既に比較劣位産業に転落した部門から新しい比較優位産業部門に移転させなければならない．しかし，現実には，このような調整と移転はしばしば強い抵抗に遭遇する．というのは，このような調整と移転によって一部の劣位産業部門が淘汰され，それまでその部門にいた従業員も職を失ってしまうが，こういう場合には，利益が損なわれた人々は必ず政治的代弁者に自分の代わりに利益を主張することを付託するからである．その二，日本は国内経済が長期的に低迷していることである．経済が不景気な時期ほど，政府は保護貿易措置を実施する可能性が高い．

　次に，今回の貿易摩擦にはより広範かつ深刻な国際的背景が存在している．近年，国際市場における競争は日々激化しており，とくに世界経済全体がデフレ下にあって新保護貿易主義が台頭しつつあり，多くの国々が何とか他国の市場を開拓しようとする一方で，自国市場はできるだけ保護したいと考えて，強行に外国製品を排斥したり敵視したりしている．世界全体を見れば，先進国間，そして先進国と発展途上国との間で，アンチ・ダンピング，セーフガードを内容とする貿易紛争がますます深刻になる傾向にある．たとえば，アメリカとEUとの間の「バナナ紛争」，イギリスとフランスとの間の「牛肉紛争」などである．20世紀の90年代以降，中国の対外輸出は急速に拡大し，伸び率が強い勢いを見せた．中国は貿易大国の一つになりつつあり，そしてアメリカ，EU，日本などの先進国グループ，またいくつかの発展途上国との二国間貿易取引においてある程度の貿易黒字を計上するようになっている．このような状況のもとで，いくつかの国，とくに主要貿易パートナーは中国の輸出商品に対して注意や警戒を呼びかけ，ひいては貿易制裁を行っているのである．

　例としてアンチ・ダンピングを見てみよう．中国対外経済貿易部の統計によると，1979年から2000年9月まで，中国の輸出製品は累計で28の国から378回のアンチ・ダンピングを申し立てられた．この措置は，直接の額だけでも中国の輸出に100億ドルものマイナスの影響を及ぼした．アンチ・ダンピングと申し立てられた製品の分類から見ると，化工，五鉱，機電，電子，紡績，軽工業などの広範な産業の4000品目に波及しているが，その多くは中国の伝統的な

大口輸出製品——たとえば靴，トランク・鞄，自転車，カラーテレビなど——である．またWTOアンチ・ダンピング委員会の統計によると，1987-1999年の間に各加盟国が申し立てたアンチ・ダンピング案件は合計2196であるが，そのうちの1034件がダンピングと裁定され，その裁定率は47％であった．そのうち，中国製品を対象とするアンチ・ダンピング調査案件は247で，うち158件がダンピングと裁定され，その裁定率は64％に達し，全体の平均裁定率より17ポイントも高くなっている．明らかに，中国は現在，国際市場におけるアンチ・ダンピングの最大の対象国であり，そして最大の被害国でもあるのである．

経済の国際化あるいはグローバリゼーションが日々深化している今日，どの国の経済発展および政策調整も世界的大環境と密接にかかわり，相互影響，相互浸透，相互制約，相互協調の関係下に置かれている．また，世界各国の経済は相互浸透と相互依存の関係がいっそう強化されている．A国の利率調整がB国の資金の流出をもたらすことがある一方で，逆にB国の為替変動がA国の製品輸出に影響を及ぼすこともあるのである．それに経済のグローバリゼーションという状況下では，一国が一方的に他国に対して執る「貿易保護」，「貿易摩擦」，「貿易制裁」のような措置は，もはや自国保護の手段ではなく，むしろ諸刃の剣というべきであり，他国を制裁するどころか自国の利益が損なわれることになることは避けられない．したがって上策というべきは，話し合いなどを通じて互恵互利を実現できるような協調を図っていくことであり，双方の経済・貿易の発展を促進し，ひいては「相互利得」に到達するよう解決を図っていくことである．

日中両国は貿易，投資，金融などの面において非常に密接な関係を持っているので，双方の経済発展，市場動向，政策趨勢のいずれもが相手にとって大変重要である．ここで，日中両国間の貿易の相互補完性を指摘しなければならない．2000年の日本の対中輸出商品の構成が示しているように，家電製品，通信機材，IT製品およびその部品，乗用車，自動車部品，紡績品，鋼材，非鉱物製品などが大幅に増加し，対中輸出総額の53.8％を占めており，他方，中国の日本向けの輸出品の大別分類は主に紡績品，機械電子製品，食品，金属および金

属製品と鉱物性燃料であり，これらの製品の輸出額は対日輸出総額の74.9％を占めた．見られるとおり，中国の対日輸出品の多くは労働集約型の初級製品であるのに対して，日本からの輸入品はそのほとんどが高付加価値の技術製品である．それゆえ，日中両国間の貿易を引続き急速に拡大させるには，自らの比較優位性を発揮すると同時に比較劣位性を補い，また相手の資源の豊富さを利用して自らの不足を満たす，つまり有無相通ずるという良性的蓄積を通じてこれらを実現していくしか方法はないのである．「摩擦の中から発展の道を求めること」は，日中二国間の協力的パートナーシープを保つ上での主要な方針でなければならない．もし農産品問題の解決が不適切なために，両国全体の経済・貿易関係が損なわれるようなことがあれば，それは双方の損失につながることにほかならず，そこには真の勝者は決して存在しない．

とくに世界経済の成長が減速化し，世界全体の輸出が減少しているような今日の情勢のもとでは，貿易摩擦が激化することは「共倒れ」を意味することになりかねないであろう．会談や協議を通じて「共益」を実現することこそ上策である．かかる意味から考えるならば，日本側は積極的な措置を講じて，日中間の経済・貿易関係にダメージや悪影響を与えるようなことを最小限に回避しなければならない．もちろん，中国にとっては，WTOに正式に加盟が成功した後にも，どこか他の国との経済摩擦は拡大し続けるであろう．経済のグローバリゼーションという背景のもとでは，摩擦そのものは自然なことであり，競争は回避できないものであることを中国の企業は知らなければならない．摩擦を避けるには，自国の製品開発に力を入れ，製造業全体の製造能力を向上させるしかない．つまり，そうすれば低付加価値製品について自分と同じレベルの発展途上国と競争する必要がなくなるからである．同時に，輸出の多元化，製品差別化，高付加価値化にも心を砕くべきである．また，政府部門と業界団体は対応策の決定において協調し，情報の提供，予防警戒システムの確立などの面においても相互の役割を果たしながら，情勢の不安定な国際貿易競争の中で，できるだけ早く国内産業を成熟化させるよう努めていかなければならない．

日本にとって，中国は大きな潜在的需要を持つ市場である．日本の輸入商品

のうち，中国商品は14.5％を占めており，アメリカに次いで第2位となっている．2000年，日本の対中貿易額は前年度に比べて29％増大し，歴史上最高記録を更新した．日本の貿易総額に占める対中貿易額は初めて10％を突破した．その原因は，中国はIT産業の一大基地になりつつあることや，繊維製品と農産品の日本からの委託生産が拡大し続けていることにある．経済・貿易実務からしても地理的条件からしても，日中両国それぞれには他の国では代わることのできない優位性と補完関係が存在している．中国の広東地域や上海周辺の沿海都市に，コンピューターや情報技術関連の工場が次第に引き寄せられている．日本企業は部品を中国に運び，現地で製品の加工や組み立てを行い，そして日本市場に逆輸入している．それと同時に，日本は次第に中国の西部地域に対する投資比率を拡大している．2000年，日本が投資した23のプロジェクトのうち，重慶市モノレールの建設，新疆水資源管理および砂漠化防止などを含む10のプロジェクトが内陸地域で行われた．2005年には，中国における日本資金の利用額は600億ドルに達すると予測されている．経済・貿易分野における日中両国間の協力の潜在力には大なるものがある．

　日中両国は同じアジア・太平洋地域の重要な大国である．日本はアジア最大の先進工業国であり，中国はアジア，そして世界最大の発展途上国である．そうである以上，日中両国間の経済協力には大きな発展の余地があると言うべきである．日中両国間の長期，安定的な経済・貿易協力を発展させ，双方の経済発展を促進することは，両国間の政治関係を強化，発展させ，両国民間の相互理解と伝統的友誼を深めることだけでなく，アジア，太平洋地域全体，さらに全世界の平和と安定，繁栄にも貢献することにもなるであろう．2002年は日中両国国交正常化の30周年の年であるが，日中両国の友好的協力こそ，双方がともに発展することを可能にする基本のものである．したがって，日中両国はいままで築いてきた良好な協力関係を大切にしながら，妨害の排除に力をあわせ，良好な日中経済・貿易協力関係を全面的に推進し，21世紀におけるアジアと太平洋地域および世界の経済発展に然るべき貢献をしていかなければならないのである．（原文脱稿日2001年8月6日）

第8章　日中貿易摩擦と二国間経済・貿易関係について　251

〈補　論〉

　本稿が『教学と研究』誌に掲載されてまもなく，2001年12月21日，日中両国政府は8カ月にわたる農産品問題の交渉について最終的に，日本側が中国からの三種類の農産物に対する「セーフガード」の本格的決定期入りを見送り，中国側が日本からの三種類の工業製品に対する報復的措置としての特別関税を取りやめる，という「相互利得」的な協議を達成した．また中国のWTO加盟（2001年12月）後の2002年には，日中両国間の経済・貿易協力は一層進んで，両国間貿易額が史上最高の1,000億ドルの大台を突破した．日本の対中輸出貿易と投資も急増している．（2003年3月25日　原著者記す）

参　考　文　献

Agreement on the Implementation of Article VI of the GATT 1994.
経済企画庁総合計画局「進むグローバリゼーションと21世紀経済の課題」，大蔵省印刷局，1997年．
小宮隆太郎「日本の産業，貿易の経済分析」，東洋経済新報社，1999年．
宮崎義一「泡沫経済的経済対策―複合蕭条論」，北京人民大学出版社，2000年．
孫景超　張淑英「戦後的日本経済」，社会科学文献出版社，1998年．
Text of the General Agreement, Article VI, GENEVA, 1986.
通商産業省通商政策局「不公正貿易報告書―WTOから見た主要国の貿易政策」，通商産業調査会出版部，1997年．
WTO WT/TRP/S76, Trade Policy Review Japan Report by the Government, 2000.
WTO WT/TRP/S76, Trade Policy Review Japan Report by the Secretariat, 2000.
山澤逸平「亜州太平洋経済論―21世紀APEC行動計画建議」，上海人民出版社，2001年．

〈訳者あとがき〉

　本稿は，陳建氏が本チーム（「グローバリゼーションと多国籍企業」）主催の公開定例研究会（2001年10月29日）において行った研究報告「WTO加盟と中国の貿易戦略」のベース論文を訳出したものである．原掲載誌は氏の本務先である中国人民大学の紀要で，1953年創刊の中国でもっとも権威のある経済研究誌（中国教育部委託誌）のひとつである『教学と研究』の2001年11月号（2001年11月20日発行）である．翻訳にあたっては，著者陳建氏はもとより，氏を通じて『教学と研究』誌編集部より許諾を得ている．

　本論文の著者である陳建氏は1954年中国・広東省湛江市生まれで，2003年4月現在49

歳．中国人民大学国際経済系副主任・教授で，同大深圳研究院常務副院長，太平洋経済研究所所長の要職にあるほか中華日本学会常務理事，中国日本経済学会常務理事，中国世界経済学会理事を務められている．また，日本貿易振興会（ジェトロ）・アジア経済研究所の客員研究員なども兼務されており，日本での滞在経験も豊富である．

　本稿訳出にさいして，陳建氏は訳文原稿に目を通され，原文の若干の修正とともに訳文そのものについても，いくつかの貴重な助言を送ってくださった．また，論文執筆時点からの時間的経過を考慮して，簡潔な日本語で〈補論〉を書かれ，同封してくださった．氏の細やかな配慮に対して深甚なる謝意を表するものである．

　なお，下訳の作成において，張黎氏（中央大学大学院商学研究科博士後期課程在籍）には，訳語に関するアドバイスなどさまざま相談にのっていただいた．氏のお骨折りに対しても心から感謝したい．出来るだけ平易な訳文を心がけた結果，原意を損なわない範囲で大幅に意訳した箇所などもある．読者諸兄の忌憚のないご批判をお願いする次第である．[注]

　　注）　文中の人名の肩書きは論文執筆時点（2001年8月）のものであり，ここではあえて原文のまま訳出している．

第9章　産業空洞化と日本経済

はじめに

　1990年にバブル経済がはじけて12年が経過したが，日本経済は一向に景気の本格的な回復を見ないまま，依然として深刻な不況に喘いでいる．

　2001年4月に発足した小泉内閣は，それまでの自民党政権の腐敗した政治を刷新するというスローガンを掲げて，国民の「高い支持率」を獲得し，その事実を背景にいわゆる「構造改革」を強行する姿勢を内閣発足以来一貫して取り続けている．しかし，小泉首相の決まり文句「構造改革なくして景気回復なし」も，一向に回復しない景気の前にすっかり色あせ，小泉首相が声高に「構造改革」への取り組みを言うたびに，国民の間には白けた空気が広がってきた．はっきりしているのは，小泉政権下では，「構造改革には国民の痛みは避けられない」という国民負担の政治が強行されるということである．

　それでは，小泉内閣の下での構造改革とは何であったのか．はたして，日本経済の回復の兆しは見えてきたのか．ここ数年，年間2万件近くにおよぶ企業倒産，5.5％に達した失業率，350万人を数える失業者数（2003年1月），そして，2003年4月からの医療・年金・介護保険料の引き上げによる4兆円を超える国民負担の増大など，国民の「構造改革」で受ける痛みは尋常ではない．しかも，法人税の引き下げと抱き合わせで，将来16％にまで引き上げられる消費税の引き上げが日本経団連の奥田会長から提言されるなど，将来にわたって国民負担を増大させる政策が，財界を中心に推進されようとしている（日本経団連「活力と魅力溢れる日本を目指して」2003年1月）．国民の痛みを強いるだけで日本経済ははたして立ち直りのきっかけを見いだせるのか．答えは「否」というほかな

い．それどころか，小泉内閣が発足してからの2年ほどの間に株価が半値になるなど，日本経済は確実に悪化していることは誰もが認めるところである．

一体何が原因でこのような状況になったのか．経済のグローバル化の進展とそれに対応した構造改革の推進と急速に進行する産業空洞化が今日の日本経済を深刻な不況に陥らせていることは明らかである．本章では，グローバリゼーションの展開形態として，わが国に顕著に現れてきた「産業空洞化」の問題を取り上げ，それが，日本経済にいかなる影響を与えているのかを検討することにしたい．

1．「構造改革」と日本経済

今日の日本経済の深刻な不況は，グローバリゼーション，とりわけ産業空洞化と密接な関係がある．1980年代後半以降，プラザ合意による急速な円高によって顕著となった製造業の生産拠点の海外移転は，1990年代を通じて進展する円高と世界市場での競争激化（いわゆるメガコンペティション）とともに増大してきた．日本の労働者の名目賃金の20分の1から30分の1というアジア諸国や中国の低賃金労働を利用しようとする多国籍企業は，国内工場の閉鎖と下請け企業の切り捨てを行い，日本の製造業の基盤を支えてきた多くの中小企業とその技術集積地の衰退を引き起こしている．1990年代を通じても，大企業の高い収益性は維持される一方，失業率が持続的に上昇し，2001年12月にはついに過去に例のない5.5％を記録した．その後，失業率は高水準で推移し，2002年度平均の完全失業率は5.4％と，過去最悪となったのであり，この原因の一端が，ここ数年2万件前後に達する企業倒産にあることはいうまでもない．不良債権処理を最優先とする現政権の「構造改革」が，結果として，一部ゼネコンや大手流通企業などの上場企業の経営破綻も含みながら，多くの中小企業の経営を破綻させ，大企業の大規模リストラとも相俟って失業率の加速度的上昇を引き起こしていることは明らかである．

ところで，小泉構造改革の目指しているものは一体何なのか．2001年6月に

経済財政諮問会議が打ち出したいわゆる「骨太方針」は，不良債権の早期処理，財政再建，新産業の創出を通じて，日本経済の景気回復と新たな国際競争力の構築を目指したものであるが，その結果，加速された不良債権処理によって，今まで日本経済を支えてきた多くの中小企業が淘汰され，2001年度に7万人もの人員削減を実施した電機産業に典型的に見られたような大企業の大規模リストラが強行されることになった．ここで留意すべき点は，大企業の生産拠点が海外に移転されるに従って，受注の激減した下請け企業がまず破綻の洗礼を受けるということである．産業空洞化は，確実に下請け中小企業の経営を困難なものにし，電気機械，自動車など，中核的な国内産業に関係する中小企業の強制的な淘汰を引き起こしている．グローバル化した世界市場で日本の多国籍企業は国際競争力を強化するために，インターネットを駆使した世界最適調達システムの導入など徹底的な市場競争原理の導入と，高コスト構造の見直しを進めてきたが，その結果が，下請け中小企業の淘汰と大企業の大規模リストラの実施であった．ここに，グローバリゼーションの一つの帰結がある．

　言うまでもなく，円高は，円で表示される輸入原材料価格の低下をもたらすが，逆に，ドル表示の名目賃金を上昇させ，それが，日本の製造業のコスト上昇要因となっている．日本の輸出産業は，このコスト上昇を徹底的な生産の合理化で克服しようとして，リストラを推進し，大幅な人員削減を行ってきた．経済産業省産業構造審議会新成長政策部会の最終報告「イノベーションと需要の好循環の形成に向けて」（2001年12月）は，その第6章第4節で雇用構造の試算をし，産業空洞化の歯止めがかからなければ，2006年から2010年までの年平均成長率は0.5％にとどまり，2010年までに製造業でさらに250万人の雇用喪失が発生すると試算している．また，経済産業省「2000年海外事業活動基本調査」によると，2000年度の製造業の海外生産比率は14.5％で，1990年度の6.4％の2倍以上に上昇している．とりわけ，自動車33.2％，電気機械25.2％などが高い水準にあり，日本の中核産業の産業空洞化が加速していることがはっきり分かる．海外進出企業に限ってみた場合，海外生産比率はすでに34.1％に達しており，産業空洞化が多国籍企業の積極的な生産拠点の海外移転によっ

て進行しているのは明白な事実である（国際協力銀行の調査によると，海外生産比率は2000年度にすでに23％に達し，2004年度には29.9％まで上昇すると予測されている．後者の数字は，他の先進諸国のそれとほぼ同じ水準であり，日本でも生産拠点の海外移転と産業空洞化が急速に進展していることが分かる）．

　グローバル化した世界市場において，日本の多国籍企業が国際競争力を維持し，強化するために生産拠点を中国などアジア諸国に積極的に移転するのは，それら企業の国際競争力を最大化するための措置であり，そこには，国民経済における企業の責任を果たすために何が必要かは，ほとんど考慮されていない．しかも，今日，多国籍企業の海外移転は，単に，コスト削減を狙った生産拠点の移転だけではなく，特に，電気機械産業に見られる中核技術と研究開発拠点の移転が顕著になってきた．とりわけ，その傾向は，中国に対して顕著であるが，その理由としては，中国の巨大な市場に参入するための製品開発を現地の生産拠点と統合することによって効率的に進めるためであり，しかも，そのために必要な人材を日本に比べて低コストで確保できるという事実を指摘することができる．ここには，単に，安価な労働コストを利用して，大量生産拠点を構築するということだけではなく，巨大市場での競争上の優位性を確保するために，研究開発部門まで現地に構築するという意味での，産業空洞化の新たな段階への移行が始まっている．

2．グローバリゼーションの本質

　それでは，今日のグローバリゼーションはどこにその歴史的特徴を持っているのであろうか．第一は，多国籍企業が，急速なIT革命の進展の上で，世界的規模での統合的経営を可能にしてきたことである．インターネットを経由した情報伝達・交換は，多国籍企業の生産条件と経営環境の迅速な最適化を可能にし，そこから世界最適調達システムの導入や，親企業と海外展開した子会社あるいは生産拠点との間での意志決定の同時的実施が可能となり，企業の利潤極大化のためには，企業の国籍問題は相対的に低下してきたことである．いわゆ

るグローバル企業とも言える多国籍企業の世界市場での投資行動の前では，国民経済の国境概念はそれ自体として問題とされなくなる．生産拠点の移転は，研究開発拠点の移転を引き起こし，さらに意志決定機関の移転あるいは分散が進行して行くだろう．産業の空洞化は，研究開発機能および経営機能の空洞化を伴って進行するに違いない．

　第二は，アメリカが主導してきたGATTやその後継機関のWTOを梃子とした貿易と資本取引の自由化の枠組みが，先進資本主義諸国の市場にとどまらず，発展途上国を含むすべての市場に強制的に適用されるようになってきたことである．アジア諸国や中・南米諸国，そして，東欧諸国は，積極的に外資を導入して自国の工業化を推進する政策を採用したが，このことは，先進諸国の多国籍企業のコスト削減の実現と，新たな市場開拓に貢献することとなった．この結果，これらの国々のいくつかは，短期に急速な経済成長を実現したが，それは，外国企業に自国市場を開放することと引き換えに実現したものであり，国際的独占を形成する多国籍企業の支配を促進することとなった．例えば，自動車産業をみると，世界的な過剰生産能力の下で，ダイムラーとクライスラーの合併やルノーと日産の資本提携など各国の主要な企業を巻き込む世界的な規模での再編統合が1990年代後半に一挙に加速し，将来的には，GM系，フォード系，トヨタ系，ダイムラー・クライスラー系の4大企業群に，あるいは，ルノー・日産系を加えたら5大企業群に統合されるとも言われている．

　このような世界市場環境の下では，発展途上国の工業化政策は，世界市場に強固な支配権を確立しようとする国際巨大自動車資本の世界的部品調達システムに完全に組み込まれることになることは明らかなことである．世界最適調達システムは，IT革命の成果を最大限に生かしたインターネットによる情報伝達の革命的な技術革新によって初めて可能になったものであり，多国籍企業のグローバル化を極限化する手段となった．もはや，このような多国籍企業のグローバル化戦略の下では，下請け部品メーカーなど国内の関連企業と親企業との関係は不安定化し，下請け企業は国際的なコスト競争に直面させられ，日本に比べてはるかに低い賃金で生産された製品の低価格に太刀打ちできず，市場

から排除されることになるだろう．親企業と同時に生産拠点を海外に移転する下請け部品メーカーもあるが，その多くは，中核的な部品を生産する大手の部品メーカーであり，それ以外の中小部品メーカーは，国際的な価格競争にさらされ，容赦なく切り捨てられていく．世界最適調達システムは，多国籍企業に莫大なコスト削減効果を実現し，巨額の利益を保証することになるが，その反面，国内産業を支えてきた多くの下請け中小企業の淘汰を不可避的なものとした．

しかし，例えば，日本の労働者の名目賃金の20～30分の1という中国の労働者の賃金水準と日本の労働者の賃金水準だけを取り出して比較し，日本国内の生産コストが高いと決めつけるのはそもそも無理がある．価格体系全体の比較を通じて，両国間の賃金水準の比較が行われるべきであろう．わが国の多国籍企業は，ドルで表示された日本の労働者の名目賃金の高さを理由にして，安価な労働力を調達するために生産拠点の国外移転を推進してきたが，移転先は，次々に安価な労働力を利用できる国に取って替わられてきた．このような多国籍企業の行動は，世界の労働者の労働条件を結果としてますます悪化させていくことになるということに留意しなくてはならない．

もちろん，発展途上国が工業化を通じて国民所得の引き上げを図ろうとすること自体は，あり得る選択肢であるが，この選択自体が，国際的独占資本としての先進諸国の多国籍企業による競争力の最大化と利潤の極大化に包摂されるとするならば，発展途上国の自立的な経済発展は困難なものになるだろう．グローバル化を強める多国籍企業の投資行動によって，先進諸国の産業空洞化と労働条件の切り下げが当然視されることがあってはならないのである．

3．日本経済の産業空洞化と対外経済関係

日本経済の産業空洞化を考える場合，多国籍企業が生産拠点を移転する中国やその他のアジア諸国における経済発展との関係をどのようにとらえるのかということが問題となる．特に，日本など先進諸国が，家電，自動車，半導体，

繊維など主要な産業部門の生産拠点を中国国内に移転した結果，中国の工業生産力は「世界の工場」と言われるほど巨大化し，そこで，生産される低価格の製品が世界市場を席巻していく今日の事態をどのように考えるべきなのか．

この中国の生産力は，中国で操業する外国企業だけではなく，外国企業から導入した技術を駆使しながら外国製品に対抗しうる製品をより安価に生産して，外国への輸出を増やしている中国の新興大企業（例えば，家電のハイアール）など，急速に成長してきた中国企業の生産力が重要な部分を占めていることは事実であるとしても，しかし，電気機械，自動車，半導体，繊維など多くの重要産業部門における外国企業の積極的な投資がなければ，今日の中国経済が「世界の工場」と言われることはなかったであろう．

問題は，この中国の生産力の増大が，先進国の産業空洞化を促進する重要な要因になっているということである．例えば，日本の海外生産比率は14％を超え（経済産業省「2000年海外事業基本調査」より），鉱工業全体の輸入浸透度（輸入／国内生産＋輸入）は，1990年第1・四半期の6.5％から2001年第3・四半期の13.2％まで2倍に上昇している．とりわけ，繊維は同期間7.2％から35.9％に上昇し，電気機械も3％から18.3％まで急上昇している（この数値は富士総合研究所「国内産業の空洞化をどう考えるか」2002年4月を参照）．しかも，日本企業の海外現地法人からの逆輸入が日本の総輸入額に占める比率は1987年度の1.5％から1999年度の14.3％にほぼ10倍に増大し，日本の現地法人の総売上高に占める日本向け輸出額の比率は，1987年度の15.7％から1999年度の24.3％まで上昇している（数値は，富士総合研究所，前掲書より）．このように，日本の産業空洞化は，第一に，生産拠点の海外移転によって引き起こされ，第二に，海外現地法人からの逆輸入比率の上昇によっても加速されていることが分かる．

このような海外への生産移転と海外現地法人からの逆輸入の増大は，国内企業，とりわけ下請け中小企業の存立基盤を直撃し，経営破綻を急増させ，地方に展開する大企業の工場を閉鎖に追い込み，大量の失業者を生み出し続けている．これまで，高度な技術を持って日本の製造業の基盤を支えてきた京浜工業

地帯や東大阪市に集積する中小零細の部品メーカー群は，日本からの技術移転によって技術水準を引き上げた海外部品メーカーとの価格競争に太刀打ちできず，次々に廃業に追い込まれている．このことは，単に，個別部品メーカーの廃業にとどまらず，この地域に集積してきた製造技術の継承と開発能力の衰退をもたらし，そのことが，一層日本の製造業を衰退させることになっていることに留意しなくてはならない．しかも，この傾向はこのような下請け中小企業群にだけ生じているのではなく，急速に生産拠点を海外に移転した結果，大企業内でも深刻な技術水準の低下と開発能力の衰退に見舞われている．そもそも，生産拠点は海外に移転し，研究開発は日本国内を拠点にするということは，机上の空論でしかない．確固とした生産拠点を基礎に，初めて優れた研究開発が可能になるのであり，製造業では，生産拠点の衰退は，結局研究開発能力の衰退に導くことになるであろう．この点に関して，松下など家電大手が，中核技術も含む生産拠点の中国移転と合わせて，研究開発部門の中国移転を進めているのは，産業空洞化の新たな段階への移行を意味すると言える．

　現在，日本国内で進行している産業空洞化の事態は，ほぼ全産業分野におよぶ大規模なものであり，このことが，高失業率と国内設備投資の抑制を通じて，日本経済の不況の長期化をもたらした主要な一要因になっている．今日，いわゆるグローバリゼーションの進行過程で，1980年代後半から特に1990年代以降，東南アジアや中国などへの先進諸国からの積極的な資本輸出＝生産拠点の建設は，安価な賃金水準の利用によって急増し，これらの国や地域の経済発展と国民所得の増大を実現してきた．このことが，これらの国々の人々の生活水準を引き上げることを可能とすることから，外国企業の積極的な導入による経済発展を推進しようとするこれら発展途上国の政策選択は，理解できるものではある．そして，これらの発展途上国の経済発展が，先進国との経済格差の縮小と，いわゆる南北問題の解決に向かう基盤を形成していくことになるならば，多国籍企業の世界的規模での活動基盤が強化されるという側面を本質とするグローバリゼーションも，その限りで「合理的」な意味を持つことになる．

　しかし，現実は，今日のグローバリゼーションの本質が，独占的な多国籍企

業の世界的規模での資本蓄積構造の構築にあり，したがって，発展途上国への急激な生産拠点の移転は，国内での大企業の工場閉鎖とそれに伴う下請け中小企業の経営破綻による工業集積地域や，地場産業の衰退を引き起こしている．この結果，失業者の増大と雇用不安によって消費不況は長期化し，そして，不況の長期化は財政悪化を促進し，社会保障制度の改悪など国民生活を破壊する事態を引き起こしてきた．今日のグローバリゼーションと産業空洞化の進行の下で，日本経済は中国や東南アジア諸国とどのような経済関係を築くことが求められているのか．この問題については，国民経済の安定的発展という視点から十分検討されなくてはならないであろう．

　多国籍企業が，世界市場を対象に資本蓄積活動を積極的に展開するとしても，国民生活は経営と雇用が保証される国民経済の枠内で維持されるのであり，したがって，その意味で，国内市場を基盤にした企業の経営が適正な競争の下で可能になり，労働者の雇用が十分保証される経済制度の確立が，求められている．多国籍企業の世界市場を基盤にした資本蓄積行動の結果，国民経済の産業空洞化が進展し，雇用の減少と多国籍企業と下請け関係にある中小企業が市場から淘汰される状況は，国民経済の衰退を引き起こすことになる．経済のグローバル化が，国民経済の衰退を引き起こすならば，多国籍企業の高度な資本蓄積と国内市場との間には深刻な需給ギャップが発生するであろう．先進国と発展途上国の安定した経済関係の構築のためにも，まず，それぞれの国民経済の安定的発展が不可欠なのである．

4．産業空洞化のメカニズム

(1) 円高による輸出価格の上昇を契機とする海外直接投資の増大

　さて，わが国の産業空洞化が進行するメカニズムについて，その基本的視点を簡潔にまとめておきたい．産業空洞化の原因の第一は，円高による生産コストの上昇である．円高は，主として，強大な国際競争力を持つ自動車や電気機械などの輸出産業部門を中心とした日本の恒常的な貿易黒字によって引き起こ

されている．この円高の進行は，日本の輸出産業の国際競争力を低下させるように作用するのは，国内価格水準が変動しなくても，円高によってドル建ての輸出価格が上昇するからである．もちろん，同時に，円高は，輸入品の国内価格を引き下げるように作用するので，輸出製品の原材料価格の低下による生産コストの引き下げを可能にする．しかし，国内の賃金水準の変動は，為替相場の変動に直接連動しているわけではなく，国内物価水準の低下傾向が，労資間の賃金交渉を通じて，賃金水準の引き下げに反映される限りで，初めて国内賃金水準の低下が生じることになる．したがって，他の生産要素に比較してドル建て賃金水準は，円高による国内物価低落の影響が国内の賃金水準に対してより迂回的である分だけ，円高による影響をより直接的に受けることになる．すなわち，円高は，直接的にドル建て賃金水準の上昇に作用するということである．「日本の賃金水準が世界最高水準にあるため，日本の国際競争力が低下している」という日本経団連などの批判は，このことを指している．

　国際競争力を維持するために，円高にもかかわらず輸出価格を引き上げない場合には，輸出企業の利潤率は低下し，反対に，利潤率の確保を優先して輸出価格を引き上げれば，世界市場での競争力を失うことにもなる．すなわち，二律背反の矛盾に企業は直面し，この矛盾を克服するために，生産の海外移転が行われる．円高の影響による価格上昇，とりわけ，労働コストの上昇を回避するために，輸出企業は日本に比較して20分の1あるいは30分の1にしかない中国やアジア諸国に生産拠点を移転させていく．このような，貿易黒字の恒常的な黒字による円高がドル建て賃金水準を上昇させ，適正な利潤率の実現が困難になるほど，輸出企業の資本蓄積が過剰となったという意味では，日本資本主義が体制的な資本過剰の局面にあると言えるのではないか．この過剰資本の蓄積限界を資本の論理から克服するために，企業は，徹底的なリストラによる人員削減と賃金水準の引き下げを梃子に生産コストの引き下げを強行し，他方，東南アジアや中国などの国外の安価な労働力を求めて，急速な生産拠点の海外移転を行っている．経済のグローバル化が，まず，国内での失業率の上昇と賃金水準の低下，および，産業空洞化の顕著な進行をもたらしたのは，以上の理

由による（この論点については，拙稿「産業の空洞化と日本経済―体制的資本過剰の今日的現象―」『商学論纂』第38巻第5号，1997年3月を参照されたい）．

(2) グローバル企業の形成

　産業空洞化の第二のメカニズムは，グローバル化した世界市場に積極的に対応する多国籍企業の資本蓄積構造の国際的展開である．すなわち，グローバル化の進展の下で，外国資本に開放された市場での市場シェアの拡大と市場支配権を確立するために，多国籍企業は，輸出に替えて，現地生産に重点を移してきた．市場の成熟した先進諸国では，現地企業やその他の外国企業との激しい市場競争で優位性を保持するためには，それらの市場に密着した生産体制の確立が有効であろう．なぜならば，消費者がどのような商品を求めているのか，消費者が求める商品をどのように開発し，製品化するのか，そして，それらの商品を市場にどのように供給していくのか，これらの市場戦略を十分な需要が形成される成熟した先進国市場や急速な市場拡大が期待される中国などの新興市場で効率的に進めるためには，現地市場の需要構造に対応しうる商品を開発するための研究開発部門を備えた大規模な生産体制を現地市場に構築することが，多国籍企業の市場競争上の優位性を規定することになるからである．日本の自動車メーカーが北米市場や欧州市場で生産拠点を確立し，とりわけ北米市場では30％のシェアを獲得しているのは，その代表的な例と言える．これらの市場では，進出した日本の多国籍企業は，生産拠点の確立を通じて，積極的な資本投資と雇用創出を実現し，合わせて，製品の需要創出を可能にしている．いうまでもなく，現地市場に生産拠点を確立した日本の多国籍企業は，日本から製品を輸出する場合に比べて，現地経済の再生産構造の直接的構成部分として機能し，その意味で企業の現地化が進行するだろう．

　このように，外国市場に対応した商品を直接供給するために，現地に設置された現地企業法人が製品開発から量産化までの供給体制を構築していく場合，そこには，本国企業と資本関係を保持しながらも，海外現地企業法人が相対的に独立している世界的な企業ネットワークが形成され，多国籍企業のグローバ

ル企業化が進行する．多国籍企業は，基本的には本社機能を母国に置き，外国市場で企業活動を行っているが，多国籍企業の蓄積態様を高度化した新しいグローバル企業は，すでに国民経済との関係を極限まで希薄化させ，世界市場に最適生産拠点を構築する．このことは，必ずしも，労働コストの格差を理由に生産拠点を国外に移転するわけではなく，北米やEU域内など先進諸国の市場に内在した生産拠点を配置することになる．これらの地域では，研究開発機能と生産機能が一体化し，母国で研究開発し，現地で生産するという，多国籍企業的な機能分化を超えた，企業の国際的な資本蓄積構造が確立しているのであり，この意味で，これらの企業をグローバル企業と言うことができるであろう．また，中国など急速な市場拡大が期待できる新たな地域にも，市場競争における優位性を確保するために，研究開発機能をも含む生産拠点を構築する企業が増えてきているが，この傾向も，グローバル企業化の進行と見ることができる．

5．産業の空洞化に対する当面の対応

　今日の日本経済の長期にわたる深刻な不況の原因の一つが，投資と雇用の減少をもたらし，国内需要を縮小している産業空洞化にあると考えられるとするならば，この産業空洞化を克服する政策が検討される必要があるだろう．もちろん，国民経済の産業構造が不変であるということはありえず，新しい産業の発展が古い産業に取って替わることは，経済発展の過程で常に生じることでもある．したがって，今日の産業空洞化を埋め合わせるような新しい産業の発展が実現されるならば，そもそも産業空洞化なる問題自体が存在しなくなり，持続的な失業率の上昇を含む不況の長期化もありえなくなる．しかし，日本経済の現状は，急速に進行する産業空洞化の事態に対応する新産業の創出が実現しているわけではなく，経済のグローバル化と急速な生産拠点の海外移転，そして，現地法人からの国内向け商品の輸入増加によって，企業倒産，雇用喪失，金融危機が一段と進行している．日本経済の「破綻」が現実味を帯びてきている事態を当面どのように変えていくのか，早急に検討されるべきであろう．以

下，この点に関して，若干の私見を提示したい．

(1) 為替相場の適正化

当面，日本経済の産業空洞化を回避するために，輸出産業の国際競争力を反映した為替相場（2003年2月24日現在，1ドル＝118円）を国民経済の実体を反映する購買力平価水準（1ドル＝160円）を目標に平準化させることが必要であろう．そのためには，金融当局からの適切な為替介入も必要になる．1985年のプラザ合意以降，円相場は急上昇し，それを契機に，日本の製造業の国際競争力は低下し始め，1990年代にはいるとバブル経済の崩壊と相俟って長期にわたるリストラが多国籍企業を中心に実施されてきた．1995年4月19日に円相場は1ドル＝79円台まで上昇し，著しい円高傾向が定着するに至った．この結果，国内の生産コストは外貨（ドル）建てで比較した場合急速に上昇し，日本企業の輸出国際競争力は失われ，輸出企業は生産拠点を海外に移転する動きを強め，産業空洞化が進行する．日本の製造業の技術力や製品の品質が低下し，国際競争力が失われたのではなく，急激な円高の進行が日本の製造業の国内基盤の衰退をもたらし，日本を代表する製造業の大規模な海外移転と，国内下請け企業の整理と淘汰を強制してきた．高水準の企業倒産と高い失業率の顕在化が今日のデフレ不況の根元に横たわっている．日本の製造業の再生と安定した国民経済の発展のためには，その基本的条件として実体にあった為替相場の実現が不可欠な条件となるだろう．1985年以降のドルの主要国通貨に対する切り下げは，アメリカ産業の再強化を促し，1990年代のアメリカ経済の長期にわたる好況維持の主要な要因の一つになったことも，留意する必要がある．すなわち，日本経済の破綻につながる急激な産業空洞化を防ぐためには，円相場の適正水準への調整が必要になる．キャノンの御手洗社長は，日本の製造業は1ドル＝140円で海外生産と対等な価格競争力を持ち，1ドル＝150円では，日本の製造業が価格優位性を持つという意味の発言をしている（2002年1月）．為替相場について示唆的な発言であると言えよう．

なお，為替相場の適正化は，輸入価格の引き上げを通じて，物価の上昇要因

となる．デフレ不況を反転させるために，「インフレターゲット」なるものが言われているが，際限なき金融緩和を実施しても，過剰な通貨は金融機関による国債の購入に回され，実体経済の回復にはつながらない．デフレの克服は，実体経済の回復が先決であるが，為替相場の適正化（この場合は，適正水準までの円相場の引き下げ）による物価上昇は，企業収益の回復と債務負担の実質的な軽減を通じて，実体経済を回復させる契機となるだろう．

(2) 海外移転の規制と地域経済の活性化——企業撤退税の導入——

また，生産拠点を国内から海外へ移転しようとする企業には，企業撤退税の徴収を行うべきである．国内の生産拠点の閉鎖は，その地域の経済基盤を破壊し，雇用の喪失を招くなど，地域経済に深刻な影響を与える．このマイナスの影響を緩和するためにも，工業団地の造成や水道供給などの経済的インフラの整備など自治体が企業向けに実施した公共資本財の整備にかかった公共投資に対して，撤退企業は適正な補償を行い，さらに，その地域が新たな産業を発展させるためのコストの一部を，企業撤退税の導入によって負担させるべきである．企業は，単に利益を追求するためだけの機関であるべきではない．そこに働く労働者の生活や，そこの地域の経済的発展など社会生活を維持していく上で大きな責任を持っている社会的存在である．企業の行動は，社会的貢献を責務とする社会的存在としての行動倫理に基づかなくてはならない．現在，国内から賃金の安いアジア諸国に生産拠点を移した多国籍企業は，相対的に賃金が上昇した国からより低い賃金の国に次々に生産拠点を移し，企業利益を極大化する．そこに，進出した国の自立した経済基盤の確立などよりも，利益を最優先する多国籍企業の本質を見ることができるが，このような多国籍企業の行動原理に対しては国際的な規制が必要であろう．企業撤退税の導入は，この国際的規制の一環をなすもとになる．

(3) 逆ローカルコンテンツ法の導入と諸国間の「共生」の追求

多国籍企業の進出が，その国の工業化と雇用拡大をもたらしたことは事実で

あったとしても，重要なことは，それが，多国籍企業の世界的な資本蓄積体制に組み込まれて，多国籍企業の利益を極大化するように機能し，資本を増殖し続けるということである．多国籍企業の進出によってある程度実現した発展途上国の経済的発展とその国民の消費生活の向上が，先進国の労働者のリストラと生活破壊，産業の空洞化を不可避的に伴うならば，発展途上国のこのような展開は，先進国経済の衰退を促進し，結果として，世界経済の停滞につながることになる．多国籍企業主導の経済発展ではなく，その国々に根ざした，自立的な経済発展を考え，そのことを前提にした国際協力のネットワークを構築することが重要である．

　現在起きている産業空洞化は，社会的に不要になった産業の問題ではない．今でも，日本の製造業を支える重要な技術を持つ産業が，海外との比較不能な低賃金と競争させられ，その生産基盤を失っていく問題であり，また，最先端の半導体などの産業や，家電や自動車などの耐久消費財の生産拠点の空洞化である．

　グローバリゼーションが進展していく中で，このような産業空洞化を回避し，国民経済の安定的発展を可能にするためには，いわゆる逆ローカルコンテンツ法の導入が検討されるべきだろう．ローカルコンテンツ法とは，国内に生産拠点を設けた外国企業に，その国内で生産された部品の一定率以上の調達を義務化するもので，外国企業の進出による部品輸入の増大を抑制し，国内産業の空洞化を回避しようとする政策である．逆ローカルコンテンツ法は，この考え方を逆転させ，海外に進出する企業に対して，一定率以上の国内部品などの調達を義務づけることである．国民経済とグローバリゼーションの両立を図るためには，多国籍企業の世界的規模での企業行動に一定の規制をかける必要があり，そのひとつが，多国籍企業に一定率以上の国内部品調達を義務づけ，国内産業の空洞化を回避することである．この政策が，国際的なルールになれば，発展途上国での極端な低賃金の是正にもつながり，先進国と発展途上国の実体的な「共生」の可能性を生み出すことになるに違いない．

(4) 地域経済の確立
　　——中小企業の経営共同法人と地域経済共同体の構築——

　多国籍企業の利益優先の生産拠点の海外移転を抑止することが，経済民主主義の視点からして重要なポイントになるが，同時に，多国籍企業に依存しない地域経済の発展を展望することも重要であろう．その場合，カギを握るのが，生産者と消費者の共同体の構築である．その地域で生産し，十分な需要を見いだせる産業を確立することができれば，相対的に自立した地域経済を発展させることができるであろう．もちろん，国内はもとより，世界市場にも供給される高度技術を伴う大量生産型製品の生産には，より大規模な生産拠点と資本力を持つ大企業や多国籍企業が依然として重要な役割を果たすが，各地域が自立した経済基盤を構築することができれば，多国籍企業に対してもより柔軟な経済関係を確立し，その地域の経営と労働と生活を守ることができるはずである．この場合，中小企業の経営共同法人の設立も重要であろう．営業，受注，生産，資金調達，新製品の開発を共同で行うことによって，中小企業の自立性と企業基盤の強化を図ることができるだろう．この点で，先進的なケースが生まれている．それは，東大阪市に設立された異業種交流グループの「株式会社・ロダン21」である．「ロダン21」は，東大阪市が1997年に公募した官立民営の異業種グループとして発足し，1999年4月に「㈲ロダン21」を設立し，2001年5月に「㈱ロダン21」に発展改組された，中小企業の一種の経営共同法人である．この会社の特徴は，そこに参加した100社あまりの中小企業の得意とする技術を結集し，あらゆる注文に応え，商品を製品化するためのコーディネーター役を果たすことにある．企画された商品を製品化するのは，そのために必要な技術を持った複数の中小企業による共同生産である．したがって，「ロダン21」に結集する100社あまりの中小企業は，独立した経営を保持しながら，一つの総合会社として機能することによって，単なる下請け企業から自立した製造企業として強力な市場競争力を保有することになる．この「ロダン21」のケースは，筆者が強調する中小企業の経営共同法人の具体的な例であり，グローバル化した世界経済において，今後の中小企業が自立した経営を実現していく

ための方向性を示していると言えるであろう．(「ロダン21」に関する叙述は，インターネットのサイトを参考にした．http://www.rodan21.con 参照．)

　グローバリゼーションに対する対抗軸は，国民生活に密着した地域経済共同体の構築である．国民の生活基盤に直接かかわる消費財の供給を軸にした農業を含む生産と流通基盤の強化は，地域金融機関の役割も増大させ，グローバリゼーションの進展の中で，安定した国民生活を実現する基礎を提供するものになるだろう．さらに，そこに教育や医療・介護などの不可欠な公的住民サービスが安定的に供給される体制が確立するならば，地域社会の自立性が強化され，住民自治も実体化されることになるはずである．

あとがき
―― 地域経済共同体の構築を目指して ――

　グローバル化した世界経済において，安定した国民経済と諸国間の安定した経済関係を構築するには，地域的な経済共同体の形成が重要な意味を持つであろう．50年近い歴史を持つ欧州連合(EU)の形成は，グローバル化した世界経済における国民経済のあり方を考える上で，重要な示唆を与えていると思われる．アメリカの主導する自由競争原理に貫かれた世界経済のグローバル化に対抗し，欧州連合は共同市場の強大な経済力を背景に，欧州経済の自立性と経済成長を実現している．日本を含むアジア経済圏において，このようなアジア経済共同体構想が将来アジアの諸国間で検討され，共同市場の形成が具体的に進展していくならば，アジア諸国の対等で安定した経済関係が構築されることになるであろう．強大な多国籍企業の専制的な世界市場支配を排し，各国の国民経済が豊かに発展する新たな世界経済システムを模索する時期に来ているといえる．

第10章　グローバル化時代の多国籍企業経営論

1. 序　　論

　多国籍企業の経営をめぐる問題領域において，今日最も重要な論点は何だろうか．

　この問いには，さまざまな回答が想起できる．多国籍企業経営を分析する学問領域は，言うまでもなく多様であり，さらに加えて，環境問題や人権問題等に代表されるように，既存の学問領域に収まりきれない「学際的な」問題領域も重視されつつあるからである．

　経済活動の国境を越えた拡がりが，「グローバリゼーション（globalization）」というやや曖昧な表現を用いて，さまざまな学術文献の中で論じられている．国境を越える経済活動の拡大は，はたして多国籍企業にとって，どのような意味をもっているとみるべきなのだろうか．グローバリゼーションは，多国籍企業に対してその経営行動をより一層推進するパワーを付加すると考えがちであるが，しかし時間的視野をより長期にとってみると，多国籍的な経営システムを利する面もあれば，あるいは逆に，そのような経営システムを非効率化する面もあるのではないか，という疑問が生じるのである．

　しかも，グローバリゼーションが情報通信技術(IT)面での飛躍的な革新とともに拡大・深化していく今日的状況においては，多国籍企業経営に限らず，これまでの伝統的な経営理論や企業理論の限界と新理論の構築を不可欠としていることも，この研究課題へのアプローチを複雑にせざるをえない要因となっている．

　情報通信技術革新の多国籍企業による利用は，時間的・地理的隔たりがもた

らす経営的諸課題をかなりの程度において解消する点では「経営の効率化」に多大な貢献をもたらすであろう．

　しかしながら，時間的・地理的隔たりの解消という意味で情報通信技術革新を活用する主体は，実は多国籍企業だけではない．今日，環境問題や不正な経済取引を行った多国籍企業を告発し，批判するNGO（非政府組織）の活動にも情報通信技術は欠かせない武器となっている．すなわち，多国籍企業が情報通信技術を活用して最大限に経営効率を高めようとする反面で，海外に広がる企業経営が地球全体に，あるいは特定国や地域に及ぼす影響について監視する市民運動の地球規模での組織化を可能にするとともに，その活動効果をも高めているのである．こうした意味において，多国籍企業は，有史以来はじめて，その経営行動の世界的拡がりについて全体的に監視され評価される時代を迎えつつある．

　また，このように，市民運動が地球規模で組織化されるにつれて，多国籍企業に対する監視機関としてのNGOが部分的にではあるが，政府や地方行政組織に代わって重要な存在となってきているのである．ここに，現代グローバリゼーションのダイナミズムがあり，そのことの分析がぜひとも必要なのである．

　このような問題認識にたち，グローバリゼーションがもたらす新たな世界システムの構図の中で，現在および将来に必要とされているビジネスモデルについて，多国籍企業の経営問題との関連で考察することが本章の目的である．考察の手順はおおむね次のようである．

　まず第1節では，グローバリゼーションに関する代表的な文献に基づきながら，グローバリゼーションの概念とその現代的特徴について考察する．

　第2節では，反グローバリズム運動の主張と運動母体としてのNGOについて概観し，多国籍企業の経営問題との関連について考察を進める．その際，多国籍企業による海外直接投資は進出国・地域の経済発展に寄与する，とする「成長のエンジン論」を，先進工業国間における相互投資と，先進工業国から発展途上国に一方的に行われる投資とを峻別することによって批判的に検討する．すなわち，後者における経済取引は，不平等な貿易システムを前提にして成立

していることから，そもそもの構造的な欠陥を指摘できるからである．

しかしながら，構造的欠陥を指摘するにとどまることなく，このような構造的問題に対抗すべく，「公正な国際取引の枠組み」を構想しようとする運動についても指摘されなければならない．先進工業国と発展途上国間の貿易における「フェア・トレード運動」がその象徴的事例である．このような発展途上国や第三世界を犠牲にしない経済システムの構築に向けた取り組みとその運動理念について，持続可能な社会論と関連させながら，21世紀型の新たなビジネスモデルとして積極的に位置づけたい．

第3節では，多国籍企業の主体的取り組みについて，環境問題を中心に若干の事例を考察する．先の「フェア・トレード運動」等は，一般的に想定されている大量生産・消費型多国籍企業がこれまで直接には関与してこなかったような経済活動であり，市場規模も限定的である．これに対し，この第3節で取り扱う「グローバル・コンパクト」論は，国連の発案とはいえ，行動の主体は多国籍企業にあり，そのような意味において主体性の発揮が認められる点を特に重視したい．

最後に，21世紀型ビジネスモデルについて，「国際共生経営モデル」の構想と関連づけながら考察し，まとめとしたい．

2．グローバリゼーションとその現代的特徴

「グローバリゼーション」という用語は，英国の社会学者アンソニー・ギデンズ（Anthony Giddens）が示唆に富む著書の中で言い当てているように，「ことさら魅力的ではないし，エレガントでもない」[1]けれども，今日における国際社会や世界経済の急激な変化を形容する用語として，さまざまな分野で用いられている．まずその幾つかの例について考えてみたい．

まず最初に示す例は，グローバリゼーションという現象を「広義」と「狭義」に分けて説明したものである．"広義のグローバリゼーション"は，「世界のさまざまな文明・文化が恒常的に接触すること」であり，他方，経済的側面から

みた"狭義のグローバリゼーション"は,「さまざまな経済主体の効率性の追求が全地球的規模で行われるようになること」と説明されている[2]. 以下の論述において, この"狭義のグローバリゼーション"にみられる「地球規模での効率性追求」という解釈がきわめて重要な意味をもっていることに注意を喚起しておきたい.

この点に関連して, 国際政治学者ロバート・ギルピン (Robert Gilpin) は, グローバリゼーションを,「貿易, 金融フロー, 多国籍企業による対外直接投資を通じた各国経済のリンケージの高まり」[3] を意味する用語と解釈しているが,「地球規模での効率性追求」は貿易, 金融, 対外直接投資の中に特徴的に現れるのであり, しかも, これら経済取引の主たる活動母体が多国籍企業である, ということについても注意が必要である.

また, EU委員会による次のような定義もある.

「グローバル化とは, 財とサービスの貿易や資本移動の, また技術移転のダイナミックな動きによって, 違った国々の市場と生産が相互依存性を深める過程であると定義することができる. これは, 新しい現象ではなくて, かなりの期間にわたる発展が続くなかで起こったことである.」[4]

このEU委員会の定義には, 貿易, 資本移動, 技術移転の国境を越えるダイナミックな動きが, 各国の市場および各国によって行われる生産活動の「相互依存性」を拡大し深化させること, さらにそのような動きはかなりの期間をかけて生じたものであり, その意味では「新しい現象」とは言えないこと, が含意されている. このうち, 後者の問題, すなわち「グローバル化がいつの時点で始まったのか」という点については,「近代ビジネス企業の国際化」史に言及したデビッド・ヘルド (David Held) によれば, それは1850年代にまで遡ることになる[5].

とはいえ, グローバリゼーションの開始時期や時期区分については, 言うまでもなく主たる軌道要因を何に求めるか, によって意見が分かれるのであり, 本章においては, 後述するように, 多国籍企業による海外事業活動の進展とともに, 情報通信技術(IT)革新や, NGOやNPO (非営利組織) 等の市民運動を現

代グローバリゼーションの主要な推進力と位置づけていることから，やや厳密性を欠く怖れもあるものの，おおよそ1980年代後半以降から今日に至るまでの時期に限定し論じている．

また，ヘルドは，グローバル化についての「3つのアプローチ」[6]についても言及している．

すなわち，第1のアプローチは，「グローバル論者」のアプローチであり，「グローバルな相互連結が強まるにつれて，国境はそれほど重要ではなくなった」こと，また，「ナショナルな文化や経済と政治はグローバルなフローのネットワークに包摂されている」こと，さらには，そのことによって「ローカルな，またナショナルな差異や自律性と主権が弱まり，均質でグローバルな文化と経済が生まれている」ことを主張する．

ただし，このグローバル論者には，グローバル化の恩恵を挙げ，グローバル化の諸影響を歓迎すべき変化であるとする「積極的グローバル論者」と，世界が次第に多様性を失い，均質性を強めていることや，グローバル化の作用が不均等であることに注目する「悲観的グローバル論者」の両方の立場がある．

第2のアプローチは，グローバル化に懐疑的な「伝統論者」のアプローチであり，グローバル化は神話であり，全く新しい現象であるとすることは誇張にすぎず，現に起こっていることはこれまでの「交易型の世界的結びつきの継続と展開にすぎない」とする立場である．さらに，彼らは「多くの経済的・社会的活動は，空間的な規模において真にグローバルなものというより，本質的にはリージョナルな水準にある」という現実的な視点も持ち合わせている．

第3のアプローチは，「変容論者」であり，グローバル論者には誇張が認められるという点では伝統論者と意見の一致がみられるものの，グローバル化の概念を否定し，その物質的インパクトや影響を過小評価することは無謀である，という立場をとる．すなわち，「現代のグローバルな相互作用の影響は，複合的かつ多様で，予想しがたく，さらには不均等に波及するだけに，真剣な考察が必要である」けれども，「グローバル化の形態そのものは不可避なものではなくて，逆転可能な場合もありうる」のであり，「解決策の基礎は民主的責任

性とグローバルなガヴァナンス・システムをめざす新しい進歩的な組織を作りあげることに求められる」点を重視する立場であると言えよう．

このようなヘルドの「3つのアプローチ」の中で，グローバル化の作用が不均等に及ぶことを積極的に認める点で，第3の「変容論者」の折衷論的立場を本章においては重視したい．また，作用の不均等を認める点において，「悲観的グローバル論者」の見解にも評価すべき点がある．

さて，前述のロバート・ギルピンも，先進国におけるグローバリゼーションおよびその帰結に関する論争には「3つの見方が顕著である」，と指摘している．ギルピンの言う「3つの見方」とは，「自由な市場を肯定する見方」，「ポピュリスト（ナショナリスト）的見方」，「コミュニタリアン的見方」，である[7]．

「自由な市場を肯定する見方」が主張するのは，「グローバリゼーションによって，そして，世界的な拡がりを見せている（社会・経済・政治面での）米国的価値観の受容によって，抑制されてきた経済諸力が解き放たれ，世界の希少資源を利用する効率が高まっているということ，そして，この結果，グローバルな富が最大化され，すべての人々が経済的恩恵に浴することが将来可能になるであろうということ」であり，さらにその結果，「民主主義的な市場指向の諸社会の間で，商業をはじめとする絆が強まって，世界経済が促進されるということ」である．

「ポピュリスト（ナショナリスト）的見方」は，「米国や他の工業社会を悩ます，社会的・経済的・政治的困難の大半を，グローバリゼーションのせいにする」のであり，「経済的不平等の拡大，先進国経済内部の高失業率，国際競争力の名を借りた社会プログラムと福祉国家の縮小および消滅，非合法移民，犯罪増加などといった，不快感をともなうこれらの動向は，グローバリゼーションのせい」であるから，「グローバリゼーションに強く反対しつつ，自由貿易と投資家・多国籍企業の活動を規制せよ」という主張が展開される．

「コミュニタリアン的見方」は，「環境が汚染され，階層的で搾取に満ち満ちた世界秩序をグローバリゼーションが作り出していっていると信じる環境派，人道運動家等の人たち」の主張であり，「もっと公正で，もっと環境にやさし

く，もっと平等主義的な世界秩序」を求め，「ローカルで独立的な，そして緊密に結びついた共同体（コミュニティー）への回帰」を最終的な目標とするものである．

　こうしたコミュニタリアンの見解は，本章においても最も重視されるべき論点を含意している．途上国との不公正・不平等貿易の是正を扱う部分においては，特にコミュニタリアン的見解が重視されるのであり，公正な貿易制度を構築するためには，多国籍企業が規制の主要な対象となる．

　以上のように，グローバリゼーションをめぐる解釈や定義付け，さらには分析のアプローチは実に多種多様である[8]が，そのような多様性・多義性と，それに伴う概念の曖昧さ・不確かさについて，国際政治経済学者スーザン・ストレンジ（Susan Strange）は，次のように適切に指摘している．

　「本書（『国家の退場』）執筆のためにおかれたもう一つの暗黙の仮定は，国際政治経済における変化が，これまでのところ社会諸科学の学界における同僚たちのほとんどから不適切に記述され診断されてきたというものである．この主張の根拠としては，各種文献で恣意的に使われてやりとりされる，あいまいで不確かな一連の用語を見てほしい．…（中略）…そのうちで最悪のものが『グローバル化』であり，これはインターネットからハンバーガーまで何でも指し示すことのできる用語となっている．あまりにしばしばそれは，消費者の嗜好と文化的習慣がどんどんアメリカ化し続けていることについての，ていねいな婉曲表現となっている．」（括弧内の著書名および下線については日高による加筆である．）[9]

　ストレンジの批判に共感しつつ，「事業（business）のグローバル化」を中心に，国際社会を構成する諸活動主体間のパワーバランスの変化と，それに伴って生じる新たな事業分野の可能性を探るとともに，その変化の中で「ビジネスの公正さ」が問われるようになっていること，さらにはそのような社会的変化が新たなビジネスモデルを必要としていること，が明らかにされる必要がある．また，このような問題認識にたつ場合，グローバリゼーションの現代的特徴に関して予め言及しておかなければならないであろう．

後述する論点との関連において，まず第1の特徴は，グローバリゼーションという現象の背景に，"IT（Information Technology）革命"と称されるところの情報通信技術面での飛躍的な発展が，まさに起爆剤として作用している点である．ITがヒト，モノ，カネおよび情報といった経営資源の移動を容易にした結果，それら資源の国境を越えた結合関係が飛躍的に高まったことは言うまでもないが，それに加えて次の視点がより重要となる．

すなわち，このような情報通信技術の普及と浸透は，社会を構成する行為主体であるわれわれ市民，政府機関，企業それぞれの情報共有を促進する反面で，これまで前提とされた情報の偏在ないしは情報の格差を相対的に弱めることによって，行為主体間の権力関係と権力構造，すなわちパワーバランスを変化させ，行為主体それぞれの活動パターンや行為の意味をも劇的に変化させつつある．

図10-1に描かれているように，「情報通信のグローバリゼーション」は，多国籍企業や国際金融取引の活発化に代表される「企業活動のグローバリゼーション」を促進する一方で，NPOやNGOの世界的な活躍に象徴される「市民・個人の意識や行動様式の多様化と国際化」をもたらしている．すなわち，ITは企業における経営資源の結合能力を飛躍的に高める一方で，市民運動を強化するツールあるいは武器としても活用され，その結果として企業の経営行為に対する監視機能を強めることにも寄与しているのである[10]．

第2の特徴は，ITという新たなツールとの一体性においてグローバリゼーションをとらえる時，それは，経済的，政治的，社会的，文化的な諸側面に作用する"複合的な現象"として理解されるべきであり，行為主体それぞれの活動パターンや行為の結合性，相互作用性，関係の意味付け等における変化を伴うことから，「社会構造全体の質的変化」としてとらえるべきであるという点である．このような意味において，文化帝国主義について鋭い分析を展開しているジョン・トムリンソン（John Tomlinson）が，「近代の社会生活を特徴づける相互結合性と相互依存性のネットワークの急速な発展と果てしない稠密化」をグローバリゼーションの特徴としている点はたいへん興味深い[11]．

図10-1 情報通信のグローバリゼーションと経済社会のグローバリゼーション
との相互循環

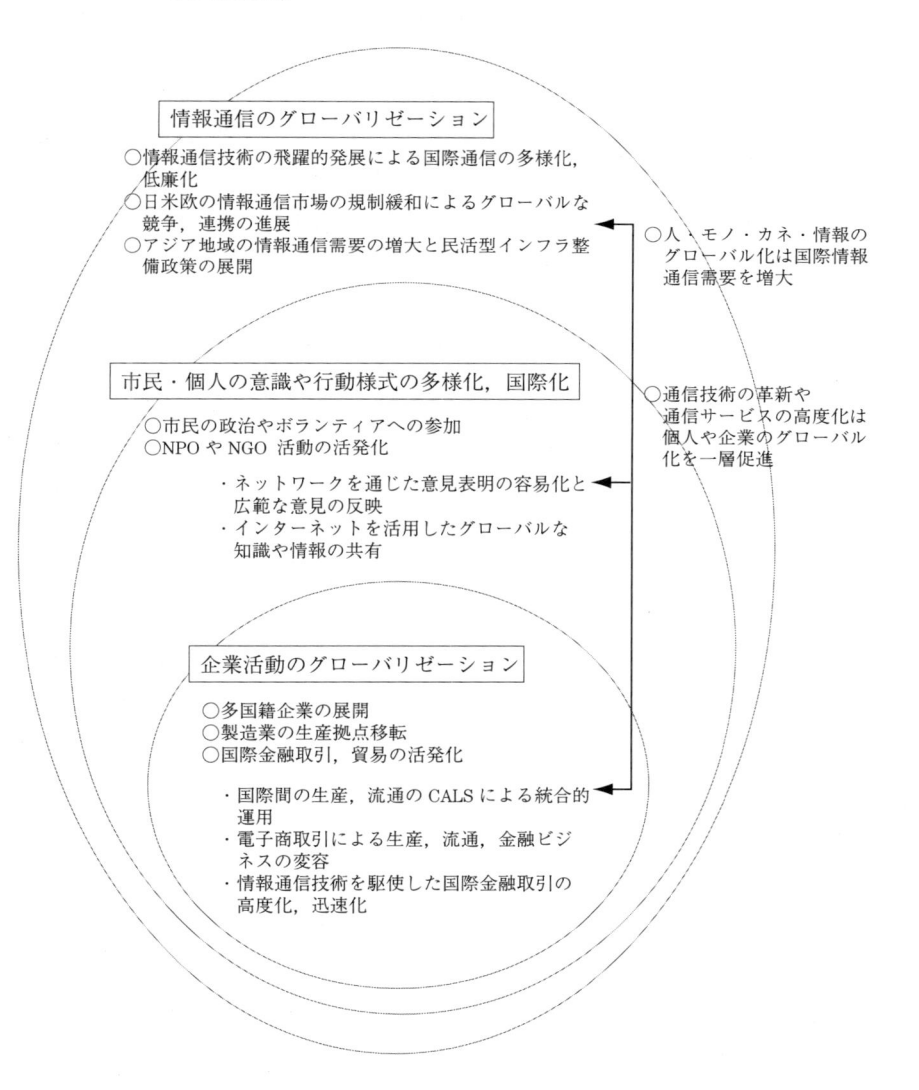

情報通信のグローバリゼーション
- ○情報通信技術の飛躍的発展による国際通信の多様化，低廉化
- ○日米欧の情報通信市場の規制緩和によるグローバルな競争，連携の進展
- ○アジア地域の情報通信需要の増大と民活型インフラ整備政策の展開

○人・モノ・カネ・情報のグローバル化は国際情報通信需要を増大

市民・個人の意識や行動様式の多様化，国際化
- ○市民の政治やボランティアへの参加
- ○NPOやNGO活動の活発化
- ・ネットワークを通じた意見表明の容易化と広範な意見の反映
- ・インターネットを活用したグローバルな知識や情報の共有

○通信技術の革新や通信サービスの高度化は個人や企業のグローバル化を一層促進

企業活動のグローバリゼーション
- ○多国籍企業の展開
- ○製造業の生産拠点移転
- ○国際金融取引，貿易の活発化
- ・国際間の生産，流通のCALSによる統合的運用
- ・電子商取引による生産，流通，金融ビジネスの変容
- ・情報通信技術を駆使した国際金融取引の高度化，迅速化

出所）経済審議会21世紀世界経済委員会報告書『進むグローバリゼーションと21世紀経済の課題』1997年，153ページ．

このような結果として，社会を構成している行為主体間の機能と役割が変化し，それら行為主体間を識別する境界が曖昧なものとならざるをえなくなる．今日の社会においては，経済活動の担い手は必ずしも企業だけではなく，NPOが独自の事業分野（business domain）を担っており，また，行政活動の担い手は必ずしも政府機関や地方行政機関が専ら担当するのではなく，NGOにも活躍の場が与えられるのである．かくして，社会構成体間において社会的分業形態が変化し，他の組織セクターとの協働関係が強まる中で，社会構成体それぞれの社会的機能と役割が再定義されつつある点が重要となる．

グローバリゼーションの第3の現代的特徴は，それが単に「諸力の一元的統合過程」ではなく，「自律分散化」をともなう変化である，という点である．

1980年代末における社会主義諸国に起こった国家形態としての崩壊およびその後における一連の社会変革は，国際社会の基本構造をグローバリゼーションという方向に一気に駆り立てる引き金となったように見える．第二次世界大戦後の，いわゆる"米ソ冷戦構造"と言われた，資本主義諸国と社会主義諸国の二大陣営を対抗軸とした世界システムが構造的に変化し，先述の「積極的グローバル論者」や「自由な市場を肯定する見方」といった主張に典型的なように，「資本主義の勝利」の結果として，市場経済原理に基づく経済運営が地球を覆う中で，ストレンジの言説に見られるような，「消費者の嗜好と文化的習慣がどんどんアメリカ化し続けていく」状態が恒常化していったかのようである．

しかも，今日のグローバリゼーションがすでに明らかにしたように，IT化を前提としていることから，IT化の推進力としてのアメリカの産業的競争優位はさらに疑う余地のないように思えてくる．

このようなことが，グローバリゼーションを「アメリカナイゼーションないしはアメリカ化」あるいは「アングロサクソン型資本主義化」であるとし，ポスト冷戦後の新たな経済原理としての「グローバルな市場経済体制化」を主張する根拠を提供しているのであるが，しかしながら現在進行している事態を，これらの方向への「収斂化」ないしは「一元的統合化」として単純に理解することは正しい認識とは言えない．

前述のロバート・ギルピンも，経済のグローバリゼーションは多くの人が信じているほどには世界を統合していないし，不可逆的であるというわけでもない，と指摘している[12]．

また，フランスの経済学者であり，レギュラシオン学派の中心的存在であるロベール・ボワイエ（Robert Boyer）は，1990年代におけるグローバリゼーション論に見られる支配的な論理を「金融・グローバリゼーションによる収斂・政治の終焉」という三段論法であるとして，その誤謬を次のように4点にわたって指摘している[13]．

・グローバリゼーションは経済的な決定主義から生まれたのではなく，金融機関が最も重要な位置を占めるような国際化した経済主体にとって有利となる政治的立案の表現形態である．さらに，現代の国際化の局面は世界経済の完全な同質化を導くのではなく，むしろ新しい相互依存性の強まりを意味している．

・現代経済の管理を規定するような決定のすべてを市場に委ねることができるというのは，正しくない．戦略的決定，そして，社会結合に関わるような決定は必然的に政治的介入を必要とする．

・全体的に金融によって支配された成長体制は必ずしも安定的ではないのであり，それは理論的分析や，金融自由化が引き起こしたさまざまな不均衡によっても示されている．

・したがって，経済はアングロサクソン型の金融市場資本主義に向けて収斂するよう運命づけられているのではない．まず，国際化が助長するのは収斂ではなく，制度的な多様性であり，そのためには，政府は投機が社会全体を支配しないように工夫しなければならない．つぎに，経済政策の言説や内容が同質化しているとはいえ，それ以上に，過去の政治的妥協の性格，経済的な専門化の違いが相互に異なるレギュラシオン様式を作り上げるのである．最後に，ヨーロッパの通貨統合の計画が証明しているように，政治が姿を消したのではない．

また，アンソニー・ギデンズは，次の引用文中に明らかなように，「上方統

合の力と下方拡散の力の均衡」ないしは「自律分散化をうながす力」をグローバリゼーションの力学と見ている．

「グローバリゼーションは，ローカルなコミュニティや国家から人々を『引き離し』，グローバルな領域に放り出す力の働きである，と素朴に思いこむ人が少なくない．たしかに，こういう側面がないわけではない．グローバリゼーションは，国家のもつ経済を制御する力の一部を，国家から奪いとるであろう．しかし，逆向きの作用もまた働きうるのである．上方統合の力と下方拡散の力の均衡が，グローバリゼーションの力学なのである．いいかえれば，自律分散化をうながす力もまた，グローバリゼーションには備わっている．」[14]

以上のように，今日のグローバリゼーションは，IT化を技術的な推進力としている点で過去のグローバリゼーションとは質的に異なっており，IT化されたグローバリゼーションの下では行為主体は相互結合および相互依存関係を強めることから，グローバリゼーションがもたらす新たな社会的要素は複合的現象として社会の構造を変化させる．

しかしながら，こうした相互結合性と相互依存性は，ただちにグローバリゼーションに，何らかの方向への収斂および一元的統合化，すなわち上方統合化を促すわけではないのであり，むしろ多様性に基づく自律分散化，下方拡散化をも同時に促す点が重要であり，まさにその結果として，社会構成体間の機能と役割の再定義が必要なほどに社会構成が変化し，従来のものとは全く異質な様相を帯びながら再構造化していく点にこそ，グローバリゼーションの力学の本質があると考えられよう．

3．反グローバリズム運動と多国籍企業経営

(1) 反グローバリズム運動

2001年9月11日に起こった，ニューヨークの世界貿易センタービル他へのテロ攻撃は，被害の規模もさることながら，その一部始終がメディアを通じて世界中に報道されたこともあり，世界中の人々の目にその悲惨な映像を焼き付

図 10-2　NGOの発足時期

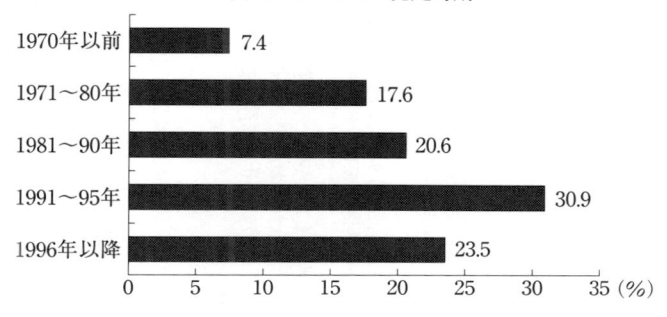

発足時期	%
1970年以前	7.4
1971～80年	17.6
1981～90年	20.6
1991～95年	30.9
1996年以降	23.5

出所）経済産業省『通商白書2001—21世紀における対外経済政策の挑戦—』ぎょうせい，2001年，71ページ．

けた．しかしながら，これほどの大惨事が起こった2001年という年を振り返ってみると，実はこの事件以外にも，グローバリゼーションに関係した事件が頻発した年であった．その象徴的な事件は，同年7月に開催された「ジェノバ・サミット」において，反グローバリズム派の抗議行動が10万人規模で激しく展開され，デモの参加者が警察によって銃撃され死亡するといった惨事を引き起こしたことであろう．

世界経済の急激なグローバル化によって生じた歪みに対する反グローバリズム運動は，1995年にフランスにおける通貨統合政策への反対運動という意図をもった全国的な労働ストライキ等にすでに現れていたが，運動の母体であるNGOの発足時期について考えてみると，図10-2に明らかなように，1970年代から徐々にその数を拡大してきたことがわかる．

しかしながら，散発的な反グローバリズム運動を結集し，新たな段階に方向付けたのは，1999年，アメリカのシアトルで開催された「WTO（世界貿易機関）閣僚会議」にあわせて実施された大規模な反グローバリズム運動であった．その後，2000年，プラハにおける「IMF・世界銀行年次総会」，メルボルンにおける世界経済フォーラム主催の「アジア太平洋経済サミット」においてNGOが結集し抗議行動を大規模に展開するようになったのである[15]．

以下では，前述のデビッド・ヘルドのいう「積極的グローバル論者」のよ

表 10-1　グローバリゼーションに対する主な懸念

主　な　懸　念	具　体　的　内　容
貿易投資自由化は雇用の喪失を招く	貿易投資の自由化によって労働費用の低い途上国等に先進国の健全な雇用が奪われる。
商業主義的な大規模農業経営が零細農民を減らす	企業による商業主義的な大規模経営が、農産物の価格低下を招き、多くの農民が滅亡に追いやられる。
途上国における児童労働による製品の生産は競争上不公正である	途上国は、労働費用の低い児童労働によって不公正な競争力を有している。そのような不公正な労働環境によって生産された製品等は輸入すべきではない。
多国籍企業経営は途上国による労働基準等の「底辺への競争」を促す	途上国は、海外からの直接投資を誘致するために、労働基準等を下げる競争に巻き込まれている。多国籍企業は、途上国がそのような競争に巻き込まれるような状況に追いやるべきではない。
国際的ハーモナイゼーションは食品安全基準の低位平準化を招く	貿易自由化の名の下で推進される食品安全基準の標準化によって、食品安全基準が引き下げられる。食品安全基準は各国の主権のもとで決められるべきであり、国際的なハーモナイゼーションは各国主権を侵害する。
国内環境保護政策を貿易障壁として協定違反とするWTOは問題	エビ・ウミガメ事件等にみられるように、各国の主権の下で決められるべき国内環境政策をWTOは貿易障壁として協定違反とした。そのようなWTOは各国の主権を侵害するものである。
WTOに透明性が不十分	WTOは大国主導で途上国等の利益などが反映されず、不透明。また、WTOの紛争処理過程においては、直接的な利害関係者である市民の参加が認められておらず、不透明。
今日の経済のあり方は地球温暖化を促進する	地球温暖化を招く今日のエネルギー大量消費社会における経済のあり方に問題を提起。
貿易自由化は森林破壊を招く	日本を始めとする林産物輸入大国が熱帯雨林を破壊している。
世界銀行・IMFプロジェクト等は環境破壊を招く	世界銀行やIMFが支援するダム開発プロジェクト等によって、周辺の環境が破壊されている。
貿易投資自由化は南北格差を拡大させる	貿易投資の自由化は、富める国だけに利益をもたらし、南北間の格差を拡大させている。
貿易投資自由化は国内の所得格差を拡大させる	貿易投資の自由化は、富める者だけに利益をもたらし、一国内の所得格差を拡大させる。
貿易自由化は自国文化を失わせる	貿易投資自由化によって海外のモノや情報等がみだりに流入すると、自国の財産である伝統的な文化や産業が失われる。

出所：図10-2に同じ、69ページ。

うに，グローバリゼーションを推進しようとする諸力の行動原理である「グローバリズム（グローバル化主義）」の流れに反対する諸勢力の活動を反グローバリズム運動と理解して，両者の対立の構図の中からグローバリゼーションの問題点を洗い出してみたい．

　まず第1に，反グローバリズム運動が取り扱う問題群についてである．『ルモンド』紙が「ジェノバ・サミット」当時に実施した世論調査の中に，グローバリゼーション問題の特徴を見出すことができる．同調査によれば，「グローバリゼーションは脅威である」と考える人の割合は55％を占め，「好機（チャンス）である」と考える人の37％を大きく上回った．また，「グローバリゼーションで誰が一番得をしているのか」という問いに対する回答では，「多国籍企業」と答えた人が最も多かった，という[16]．

　すなわち，グローバリゼーションによって，多国籍企業活動は多大な恩恵を受けるが，市民および地域社会にとっては生活不安などの脅威となる部分が拡大していると理解されているのである．

　このようなグローバリゼーションがもたらす脅威については，表10-1にその主要な点が示されている．同表にも明らかなように脅威の内容は，地球温暖化や森林破壊等の環境問題，南北問題，雇用問題，児童労働の問題，所得格差や貧困化の問題，食品安全性の問題，文化帝国主義と自国文化が浸食される問題，そしてWTO問題，といった実にさまざまな分野に及ぶ．また，NGOが関心を寄せる問題を図式化した図10-3においても，貧困，生態系への影響，食品安全性，地球温暖化，森林破壊や水質汚染，労働，文化等，さまざまな問題領域が指摘されている．

　第2に，今日のNGOの活動を活発化した推進力についてである．それはITの活用をその重要な特徴としており，図10-4，図10-5，図10-6に見られるように，ホームページやメーリングリスト等のインターネット技術が世界のNGOの連帯を飛躍的に強化したことが見てとれるのである．

図10-3　1999年WTOシアトル閣僚会議において新ラウンド反対声明に署名を行ったNGOの関心分野

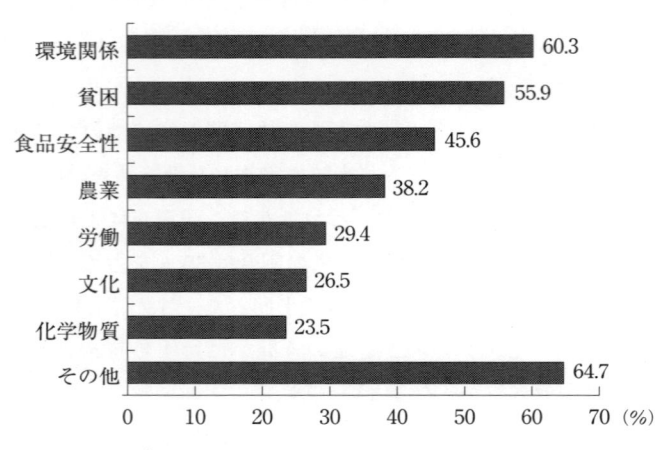

分野	%
環境関係	60.3
貧困	55.9
食品安全性	45.6
農業	38.2
労働	29.4
文化	26.5
化学物質	23.5
その他	64.7

備考）　複数回答
出所）　図10-2に同じ，70ページ．

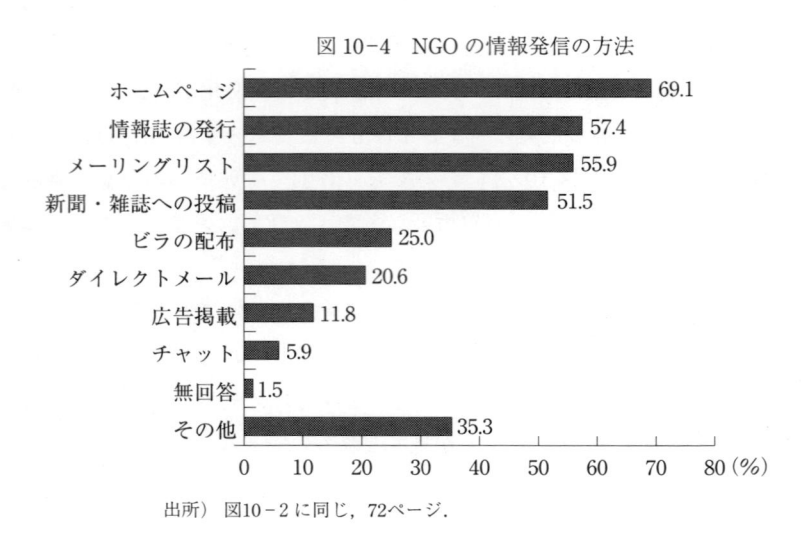

図10-4　NGOの情報発信の方法

方法	%
ホームページ	69.1
情報誌の発行	57.4
メーリングリスト	55.9
新聞・雑誌への投稿	51.5
ビラの配布	25.0
ダイレクトメール	20.6
広告掲載	11.8
チャット	5.9
無回答	1.5
その他	35.3

出所）　図10-2に同じ，72ページ．

第10章 グローバル化時代の多国籍企業経営論　287

図10-5　NGO の活動におけるホームページ活用の効果

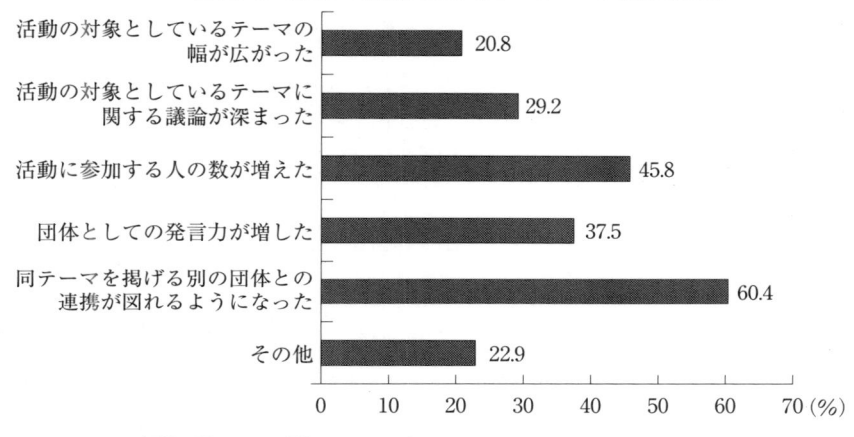

項目	%
活動の対象としているテーマの幅が広がった	20.8
活動の対象としているテーマに関する議論が深まった	29.2
活動に参加する人の数が増えた	45.8
団体としての発言力が増した	37.5
同テーマを掲げる別の団体との連携が図れるようになった	60.4
その他	22.9

出所）図10-2に同じ，72ページ．

図10-6　NGO の活動におけるメーリングリスト活用の効果

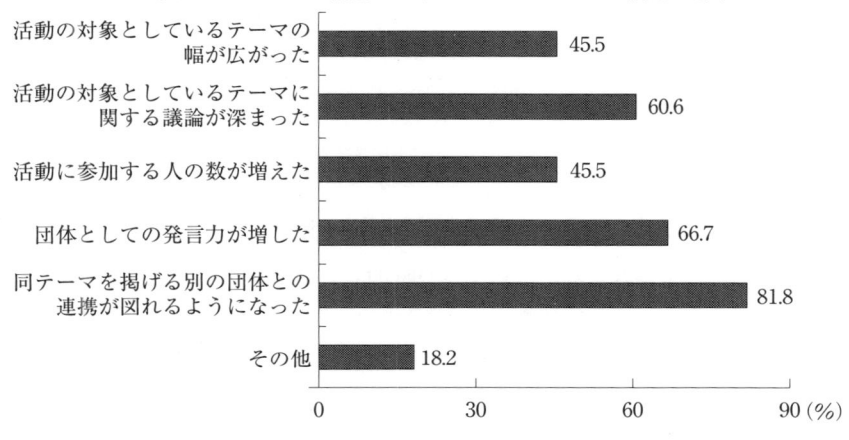

項目	%
活動の対象としているテーマの幅が広がった	45.5
活動の対象としているテーマに関する議論が深まった	60.6
活動に参加する人の数が増えた	45.5
団体としての発言力が増した	66.7
同テーマを掲げる別の団体との連携が図れるようになった	81.8
その他	18.2

出所）図10-2に同じ，72ページ．

(2) 多国籍企業経営と不均等性

　反グローバリズム運動が取り扱う多様な問題群は，多国籍企業の経営行動とどのように関連しているのであろうか．また，今日の国際社会や世界経済が直面しているさまざまな問題をふまえて考察しようとする場合，多国籍企業の行う事業活動およびその経営は，はたして「公正なビジネス」であると言えるのであろうか．

　このような問題を考える場合，まず「多国籍企業（multinational corporation / enterprise）」という用語の解釈について思い起こしてみる必要がある．

　周知のように，「多国籍企業」という用語は，1960年4月，カーネギー工科大学経営大学院創立10周年記念シンポジウムにおいて，その当時ニューヨーク開発・資源協会理事長であったリリエンソール（David H. Lilienthal）による講演「1985年における経営と企業」の中で「正式に」使用された，と一般的には解釈される場合が多い．

　しかしながら，先述のスーザン・ストレンジは，「多国籍企業」というネーミングは，1960年代初頭に世界市場へのアクセスを求めていたIBM社が「実はアメリカ企業だという事実を隠す——少なくとも注意をそらす——ために」[17]，IBMの広報部によって創り出されたものであると指摘している．

　このように，1950年代後半における欧州の市場統合がアメリカ企業の国際投資活動を活発化したことを契機として，「多国籍企業」への注目が集まったのであるが，1960年代当時においては，「国際企業（international corporation）」との概念的区分も不分明なまま用語が曖昧な形で用いられていた[18]．

　1970年代に入ると，「国際企業」とは異なる概念を有するものとして「多国籍企業」が使用され始め，後述するOECDにおける『多国籍企業に関する行動指針』(1976年)，国連賢人グループにおける『経済発展と国際関係に対する多国籍企業のインパクト』(1978年) 等の報告書が次々に公刊されるに及んで，その定義付けや概念の精緻化が図られた．このうち，後者の報告書を作成する過程において，1974年に「超国家的企業（transnational corporation）」という今日では国連を中心に広く用いられている概念が，国連の委員会の中に登場したの

である.

　この「超国家的 (transnational)」という概念の含意するところは,「企業は本国の本拠地から国境を超えてやってきて事業を営んでいるのであり,二つ以上の国民国家の共同の主権のもとで設立され,事業を営んでいるものではない」という点にある[19].

　かくして,多国籍企業は,「超国家的企業」という用語の下に,概念の厳密化を意図した国連によって,次のように定義付けられるようになった[20].

- 二国以上の国に置かれた事業所より構成される企業であり,この場合,その事業所の法的形態や活動分野がどのようなものであるかは問題とされない.
- 一つの意思決定システムのもとで事業を行っており,一つあるいはごく少数の意思決定センターを通じて,一貫した政策や共通の戦略を策定することができる.
- こうした企業の事業所は,所有権の掌握その他の手段によって緊密にリンクされており,一つの事業所は他の事業所の活動に大きな影響力を行使することができ,他の事業所と知識や資源の責任を共有することができる.

　このような多国籍企業に対する解釈は,企業形態や経営の特徴を機能的な側面から記述したものである.しかしながら,こうした機能論的解釈によって多国籍企業を十分に記述することには無理があると言わざるをえない.すなわち,多国籍企業の最も重要な特徴は,国家を凌駕するほどの企業規模を有することにあり,またその巨大な規模ゆえに市場を支配し,進出先国と母国の双方に多大な影響を与えることにある.

　グローバリゼーションは,多国籍企業の投資を促進し,それらの企業が生産した規格製品が各国市場に行き渡ることによって,消費者の嗜好や文化を均質化する.そのような意味において,時間と空間がグローバリゼーションによって圧縮され,「地理の終焉 (end of geography)」が生じ,あらゆる場所が均等なものとなる[21].

　このような説明は,グローバリゼーションを肯定し,多国籍企業を経済開発

および経済成長のエンジンと見なす立場では至極ありふれたものである.

　これに対し,経済地理学者であり英国マンチェスター大学教授であるピーター・ディッケン(Peter Dicken)は,グローバリゼーションを推進する諸力は確かに作用しているものの,それによって世界経済が「完全にグローバル化」されることはない,と主張する.

　彼が想定している「完全グローバル化経済(a fully globalized world economy)」とは,あらゆる不均等と差異が除去され,市場の力が猛威を振るうため,それを制御することは不可能となり,その結果,国民国家は単に受け身で何も制御できない存在になる状態を意味する.しかしながら,ディッケンによれば,グローバル化は「最終的状態ではなく,むしろ相互関連的な諸プロセスの複合体」であり,したがって,「時間・空間においてきわめて不均等」な状態でしかありえない[22].

　また,グローバリゼーションや多国籍企業の投資活動を形容する場合によく用いられる表現が「相互性」である.「先進国間における相互投資の展開」等の表現がこの代表例である.しかし,このような表現についても,前述のスーザン・ストレンジは,「『相互』という接頭語によって二者間の依存の不平等性が十分に伝えられない」ことを批判し,続けて次のように論じている.

　「クーパー(Richard Cooper)が慎重に言葉を選び相互依存という語を用いて,政府間協力がすべての先進工業諸国の繁栄の持続のために必要だと論じたのは,スイスやスウェーデンなどではなく他ならぬアメリカの利益のためだという事実を隠すものだと主張するつもりはない.しかし,事の真実はそうなのである.というのも,核兵器の守護者であり,したがって豊かなすべての同盟諸国の守護者であるアメリカは,協議によって,あるいは協議なしにいつ軍事力を用いるか,あるいは用いると脅すかという決定をする権利を保持しているからである.」[23]

　ストレンジのこのような指摘は,先進工業国間のパワーバランスにおける不均衡と不平等構造を論じたものであるが,もとより先進工業国(富裕国)と発展途上国および低開発国(貧困国)との間のさまざまな格差構造も指摘しておかな

ければならない.

　ピーター・ディッケンは，国際貿易に伝統的な比較優位論が成立するための前提条件である「貿易国同士のある程度の対等性，交易財の相対価格の安定性，長期に渡って利益の公正な配分を保障する効率的なメカニズム―市場―の存在」は，「先進諸国と低所得の一次産品産出諸国との間の貿易関係」においては保障されていない，と批判する[24].

　先進工業国と発展途上国および低開発国との間の経済的格差構造および不均等性を是正する有力な手段としては，双方の貿易の促進がある．しかしながら，そこには不均等かつ不公正な格差構造が形成されている．富裕国市場への貿易の拡大は，貧困な諸国の経済成長に寄与することは言うまでもない．途上国の輸出商品の中心を占めるものは農産物である．ところが，1985-94年に工業製品の世界貿易が年率5.8％拡大したのに比較して，農業関連の貿易はわずかに1.8％拡大したにすぎない.

　その理由は，「先進国が関税と割当量だけでなく，輸出補助金によって継続

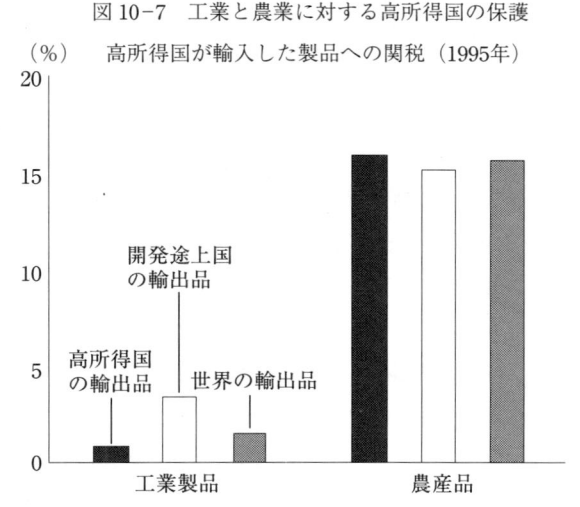

図10-7　工業と農業に対する高所得国の保護

(%)　　高所得国が輸入した製品への関税（1995年）

出所）世界銀行編，西川　潤監訳『世界開発報告2002/2001―貧困との闘い―』
　　シュプリンガー・フェアラーク　東京，2002年，318ページ.

的に農産品を保護している」からに他ならない．富裕国が途上国の農産品，特に肉や砂糖といった主要生産物に課す関税は，図10-7に明らかなように，「工業製品の約5倍」に達する水準であり，「肉製品に対する欧州連合の関税は，実に82.6％」である，と言われている[25]．

　農業問題以外にも，さまざまな不均等で不公正な問題があるが，ピーター・ディッケンは，「労働に関する基準と規制（例えば，児童労働の利用，健康・安全基準，労働組合や労働者の権利に対する抑圧）」，「環境に関する基準と規制（例えば，産業公害，製造工程における有毒物質使用の際の安全基準）」等を挙げながら，それらをめぐる国家間の差異が貿易システムを歪め，不公正な利益が発生する点を特に批判している[26]．

　多国籍企業の圧倒的多数は，周知のように先進国を母国とする企業である．それらの多国籍企業が，先進国市場へ相互投資する場合と，発展途上国に投資する場合を区別することが実は最も重要なことなのである．後者の場合には，ストレンジが指摘するように相互投資ではなく，いわば一方的な投資である．相互に市場を提供し合う先進国間の相互投資における多国籍企業の活動では，「公正なビジネス」をある程度まで相互に保証し合うが，途上国への投資および事業活動においては，ビジネスの公正さをめぐって，あるいはその行動の倫理と道徳性をめぐって論争が尽きないのである．先の反グローバリズム運動が取り扱う問題群をもう一度想起されたい．まさに，多国籍企業と途上国経済との関係性の中から発生した問題が多数含まれている点である．

　例えば，リチャード・ディジョージ（Richard T. DeGeorge）は，多国籍企業が途上国に投資する場合における一般的な多国籍企業批判を次のように論じている[27]．

・多国籍企業は，低開発国において，労働者を搾取し，天然資源を搾取し，法外な利益を享受するといったように，反道徳的に事業を行っている．
・多国籍企業は低開発国において，現地企業に対して不公正な競争を行う．
・多国籍企業は，低開発国の貧困やそこで見い出される社会不安の原因となっている．

さらに、ディジョージは、「多国籍企業が低開発国で不公正な競争をしている」と言う場合には、その告発の中に次の二つの内容が含まれていると指摘する[28]．

・多国籍企業は，特に有利で非競争的な条件の下で，事業を行うことができること．
・多国籍企業が社会開発費用の公正な負担をせず，より大きな負担を現地企業に押しつけていること．

こうした先進工業国と発展途上国および低開発国との間の経済的格差構造および不均等性は，いわゆる南北問題の維持や拡大を意味するだけではない．それは，先進工業国内部においても，深刻な貧困化を生み所得格差を強めながら"二極化した経済構造"を形づくる点が重要である．

例えば，労働運動の理論家・活動家であり，「北米労働者ネットワーク」などのNGOで多国籍企業を監視している，ジェレミー・ブレッカーとティム・コステロ（Jeremy Brecher & Tim Costello）は，「下向きの平準化」という概念を用いてグローバリゼーションの不均等な発展過程を批判している[29]．

企業の多国籍化，すなわち資本のグローバルな拡散は，労働者，コミュニティ，国家をあらゆる面でのコスト削減競争に駆り立てる．この競争の意味するものは「底辺へ向かう競争」であり，環境，労働および社会状況の全般的悪化を意味する「下向きの平準化」をもたらす．かくして，資本の多国籍化によるグローバリゼーションは，ほんの一握りの富裕層を創出するとしても，市民社会や地域社会を豊かなものにするのではなく，全般的に後退させるのではないだろうか，という点が彼らの批判のポイントである．

ブレッカーとコステロは，こうしたグローバリゼーションによってもたらされる「下向きの平準化」への対抗策として，「リリパット戦略」を掲げているが，これは，ガリバーを包囲した小人リリパットになぞらえた「上向きの平準化戦略」を意味している．すなわち，「リリパット戦略」とは，地球規模のコスト削減競争の中で底辺にいる人々の生活水準を引き上げるための国境を越えたネットワークを構築することであり，人々の意見や主張を「草の根の経済イ

ニシアティブと新しい形のグローバルな規制」に結びつけ,「ヒューマン・アジェンダ」としてまとめあげること,を達成するための戦略である.

グローバリゼーションがもたらす「平準化」に関しては,元西ドイツ首相ヘルムート・シュミット (Helmut Schmidt) も,経済のグローバリゼーションが「各国政府の経済的権限の喪失」を招き,次のような二方向からの「生活水準の平準化」をもたらす,と論じている.

「すなわち,新興工業国が近代的技術の使用と世界市場の利用という点で成長してくるにつれて,一方で旧工業国にマイナス,他方で新興工業国にプラスとなる形で生活水準の平準化が進むことになる.」[30]

しかし,シュミットの主張で注意を要する点は,新興工業国はこれまで論じてきた途上国ないしは低開発国一般ではなく,先進国と比較した場合に何らかの優位性を有する,ごく少数の国家に限定されるという点である.

4. 多国籍企業ガイドライン——グローバル・コンパクト——

フリッチョフ・カプラとグンター・パウリ (Fritjof Capra and Gunter Pauli) は,ワールドウォッチ研究所のレスター・ブラウン (Lester R. Brown) による「持続可能な社会とは,未来の世代の可能性を損なうことなく現世代のニーズを満たすことのできる社会である」との定義を援用しながら,「今日われわれが問われているのは,地域社会と一体となった持続可能な企業形態をつくり上げること」[31]と指摘する.さらに彼らによれば,「世界は孤立したものの寄せ集めではなく,基本的に相関し,相互に依存する現象のネットワーク」であるから,世界を全体論的にとらえる「ディープ・エコロジー(深層エコロジー)」的認識論が重要となる[32].

持続可能な社会を構想するための重要なキーワードは,「競争から共生への経済システムの転換」である.もとより,共生する主体は,企業,市民,政府機関,NGO,NPO,等々である.これら主体間の共生関係を構築するための経営モデルこそ「21世紀におけるビジネスモデル」と位置づけられるものであり,

その国際的な展開が「国際共生経営モデル」に他ならないのである．以下では，「国際共生経営モデル」ないしは「21世紀型ビジネスモデル」を構想するための手掛かりを検討してみたい．

次に見る「多国籍企業ガイドライン―グローバル・コンパクト―」においては，国際共生経営モデルを構想する場合に中心的な課題となる，環境問題への取り組みを通じて，共生関係を構築しようとするものである．しかし，注意を要する点は，このような努力が，国連等の提案に対して一部の多国籍企業がその呼び掛けに積極的に関与している点であり，その限りにおいて「多国籍企業の主体的な取り組み」として評価できることである．

もとより，共生関係を構築するための中心点は多様であって構わないが，企業自らが主体性を発揮し，共生経営を実践するための経営的論理と技法は追求されなければならない．

換言すれば，国際社会との共生，持続可能な社会と調和する経営政策ないしは戦略の実践に関わる論理と技法を構想することに他ならない．

経済活動のグローバル化と，それを推進する多国籍企業活動が引き起こす諸問題の中で，現在最も注目されているのが環境をめぐる問題であろう．しかしながら，多国籍企業に環境保護と持続可能性を求める努力は，これまでにも十分ではないにせよ，企業が順守すべき行動規範を提示するという形で積み重ねられてきたのである．その一例を示せば，次のような活動がこれまでに試みられている[33]．

1976年に策定され，2000年に改訂された「OECD多国籍企業ガイドライン」は，雇用と労使関係，透明性と汚職防止，消費者保護，人権，環境，等の問題についてのガイドラインが示され，OECDの加盟30か国および非加盟3か国（アルゼンチン，ブラジル，チリ）がそこに盛り込まれた原則を遵守することを公約した．

1989年に策定された「CERES原則」は，企業経営者と環境活動家の連合体である「環境に責任ある経済のための連合（CERES）」がエクソン社のタンカー「バルディーズ号」による原油流出事故に際して，企業行動原則をまとめたも

のであり，フリッチョフ・カプラとグンター・パウリによれば，57社が同原則に署名しており，そのうちの13社が『*Fortune*』500ランキングに登場する多国籍企業であるという．また，同原則では，廃棄物の削減・リサイクル・安全な処分等を具体的に企業行動原則として明示するとともに，環境に与えた損害を賠償し環境を再生するための対策をとることが公約されている．

同じく1989年に策定された「ナチュラル・ステップ」においては，社会と環境を持続可能な方向に導くための4つの「体系的条件」，すなわち，(1)自然を守るために物理的劣化を防止すること，(2)人工物の増加を防止すること，(3)地殻からの資源採取量の増加を防止すること，(4)すべての人間のニーズが満たされること，の4条件が確認され，参加者にこのような「体系的思考」に基づいてビジョンを作成し行動することを要請している．

1991年に策定された「持続可能な開発のための企業憲章」は国際商業会議所が発足させた取り組みであり，環境管理を促進するための16の原則と，人間の健康と安全のための基準を設定しいる．同憲章が要請しているのは，企業が経済活動を環境面から継続的に改善するとともに，新しい技術・情報と予防原則を企業戦略に組み入れることである．

1992年6月，国連の地球サミット（リオデジャネイロ，ブラジル）開催を契機に，企業の環境管理への取り組みは大幅に強化され，環境監査の導入，環境報告書や環境会計の公表等が促進された．以下の取り組みは，その成果の事例といえよう．

1993年に策定された「エコ経営・監査計画（EMAS）」は，EC（欧州共同体）のプログラムであり，ECが定める最低限の環境基準を遵守している企業を認定しようとする取り組みである．企業は環境管理システムを開発し，独立機関によって審査された環境報告書を提出し，継続的な環境改善に取り組み，「EMASロゴ」の使用が許可されることにより，環境保全型企業として認知されるのである．

1999年に策定された「持続可能性報告ガイドライン」は，持続可能な開発の枠組みの下で，経済，社会，環境の各指標に関するガイドラインを設け，参加

企業に対して詳細な報告ルールを義務付けている．英国航空，フォード，ノキア等60社以上が同ガイドラインに参加している．

同じく1999年，国連のアナン事務総長によって「世界経済フォーラム（ダボス会議）」で「グローバル・コンパクト」構想が提案された．これは，多国籍企業等が企業活動を行う際に，環境，人権，労働基準の3分野について9つの原則を定め，同提案に参画する企業に対して原則を遵守し，促進するよう求めたものである．また，共通目標を円滑に実施するため，企業，NGO，労働組織等のネットワークを形成することも求めている．これまでに，ロイヤルダッチシェル，ダイムラークライスラー，キッコーマンといった多国籍企業や発展途上国の中小企業300社，およびメルボルン等の地方自治体が参画している．

この構想に参画するメリットは，国連のネットワークを通じて3つのプラットフォーム機能を活用できる点にある．第1は，企業行動の基盤となることであり，世界共通の規範を企業経営に組み込むことで，企業の姿勢を世界にアピールできる．第2に，世界規模での知的交流組織（ナレッジ・ネットワーク）に参画できることであり，欧米のビジネススクールを中核とした世界規模でのラーニング・フォーラムで相互学習できるメリットである．第3に，NGO等との対話の場としての機能であり，多国籍企業・NGO・国際機関による対話を通じての相互信頼が高まるメリットである．

5．21世紀型ビジネスモデル
――国際共生経営モデル構築に向けて――

「経営のグローバリズム（グローバル主義的経営の推進圧力）」が進む中で，今一度振り返って考えてみた場合，国際経営はどのように定義付けられるべきであろうか．

まず，国際経営という概念は一般的にどのように説明されているのか，について見てみたい．一例を示せば，鈴木典比古著『国際経営政治学―概念モデル分析―』（文眞堂，2000年刊）においては，国際経営とは，「危険（リスク）をおか

したり，精一杯努力して行われる企業の利潤獲得のための活動が，その母国市場から拡大して多くの外国市場で行われ，それぞれの国家社会で経営の根を下ろしていく行為，または現象」のことであり，「このようにして多数国に移転・定着した『経営』はお互いに連携を保ち，ネットワークを構築する」ことによって「あたかも地球全体を『経営』の網でグルグル巻きにからめてしまったような段階に達しつつある」ものと説明されている．

また，「経営のグローバリズム」を議論する場合，最もその成功例とされているのが米国GE社である．同社の元カリスマ経営者ジャック・ウェルチ（Jack Welch）は，「事業のグローバル化」について，次のように表現している．

「私はかねがね『グローバルな企業』というものはないと考えていた．企業がグローバルなのではない．グローバルなのは事業のほうだ．各事業のグローバル化は，それぞれの事業のCEOが責任を持つべきだということを明確にするため，この話を何千回となく繰り返してきた．」[34]

世界最大級の多国籍企業であるGE社は，不採算部門の売却，将来収益が見込める事業の買収・囲い込みを徹底し，著名な「NO1，NO2戦略」，「スピード経営」，「シックスシグマ」といった経営技法を駆使して，まさに「事業のグローバル化」を大胆に展開していった．その経営技法は，世界の多国籍企業の経営者の目指すべきベンチマークとされてきた．

しかし，「事業のグローバル化」をウェルチの経営技法とは違ったアプローチで議論することも可能である．米国ノースカロライナ大学で経営戦略論を教授するスチュアート・ハート（Stuart L. Hart）は，「持続可能性のための経営戦略論」を提唱している[35]．

ハートによれば，「企業は，持続可能性を達成するための資源，テクノロジー，グローバルな影響力，そしてそのモチベーションを持つ唯一の組織」であるから，将来の企業は環境にプラスの影響を与え，「環境問題に対する解決策を販売するようになっていく」べきであるという．そして，「環境保護」では

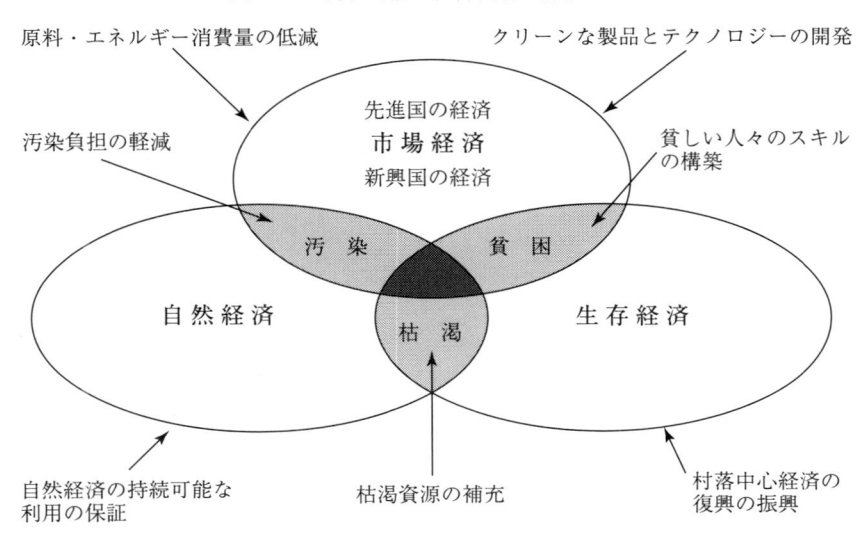

第10章 グローバル化時代の多国籍企業経営論 299

図10-8 持続可能な経営戦略の構築

原料・エネルギー消費量の低減　　　　クリーンな製品とテクノロジーの開発

先進国の経済
市場経済
新興国の経済

汚染負担の軽減　　　　　　　　　　貧しい人々のスキルの構築

汚染　　貧困

自然経済　　枯渇　　生存経済

自然経済の持続可能な　　枯渇資源の補充　　村落中心経済の
利用の保証　　　　　　　　　　　　　復興の振興

出所）ハーバード・ビジネス・レビュー編，DIAMONDハーバード・ビジネス・レビュー編集部訳『経営戦略論』ダイヤモンド社，2001年，262ページ．

なく，「持続可能性」に移行するためには，世界経済の相互依存関係を「市場経済」，「生存経済」，「自然経済」の3つの経済が「重なりあう経済」として図10-8のように認識することが重要であるという．

（a）「市場経済」は，世界人口の6分の1が住み世界のエネルギーと資源消費量の75％以上を占める先進国経済と新興国経済によって構成されている．ここで，ハートが注目するのは，先進国経済において大量の産業廃棄物，有害廃棄物等が排出されているにもかかわらず，汚染水準は比較的低く抑えられている点である．この「見かけのパラドックス」の原因について，ハートは，厳しい環境関連法制度，産業の環境保護努力，そして最も汚染度が高い活動の新興国への再配置を挙げ，「先進世界の環境保護は，ある程度までは新興国の環境の犠牲のうえに成り立っている」と主張する．

（b）「生存経済」は，「ほとんどの開発途上国の都市部以外で見られる，伝統

的な村落共同体を基礎とする生活様式」であり，生存するための最低生活レベルにあり，生存のための基本的ニーズを直接自然から満たしている経済である．ハートは，市場経済の急速な拡大が生存経済の存在を不安定なものにしており，「生存経済が依存している生態系そのものを悪化させている」と分析する．

(c)「自然経済」は，「市場と生存経済を支える自然生態系と天然資源からなる」が，世界の「更新可能」資源の枯渇という深刻な問題に直面している．

ハートによれば，これら3つの経済圏の相互依存性が強まるなかで，「三つの経済は対立する世界となり，地球が直面する重要な社会と環境の問題（気候変動，汚染，資源枯渇，貧困，不平等）を生み出している」という．

このような分析のうえで，持続可能な世界のための戦略は，次の環境戦略の3つの段階を経て実行されるというのがハートの結論となっている．この3つの段階とは，図10-9の「持続可能性ポートフォリオ」に示されているように，①汚染防止，②製造の汚染だけではなく，製品の全ライフサイクルに関連するあらゆる環境への影響を最小化するためのプロダクト・スチュワードシップ，③クリーン・テクノロジー，といった各段階を実践することである．

このように考えてくると，「国際的に持続可能な経営」ないし「国際共生経営」とは，先進国経済と途上国経済との共生を目指した，換言すれば，途上国経済を犠牲にしない世界経済システムの構築を目指す経営モデルであり，これこそがまさに「21世紀型ビジネスモデル」と考えられるのである．

IT革命と経済のグローバル化が進む中で，20世紀型ビジネスモデルであった大量生産・消費モデルは限界に達し，それに代替する「21世紀型ビジネスモデル」の登場が待たれている．しかも，それは，前述のような多国籍企業の積極的な取り組みにもかかわらず，多国籍企業以外の組織から数多くの新事業が生じており，今後も生じる可能性が高い，ということが重要なポイントである．

そこで，以下では，これら先進的なビジネスモデルの事例を紹介し，これからの1世紀における企業のあり方を検討する．その場合のキーワードは，「社会ベンチャー・社会的起業家（Social Entrepreneur）」，「共生社会」，「持続可能な

図 10-9　持続可能性ポートフォリオ

	内　部	外　部
将　来	**クリーン・テクノロジー** 製品の環境性能は既存の能力ベースに制約されるのか． 新技術によって大きな改良を実現する可能性はあるか．	**持続可能性ビジョン** 企業ビジョンは社会・環境問題の解決に導くか． ビジョンは新しいテクノロジー，市場，製品，プロセスの開発を導くか．
現　在	**汚染防止** 現在の最も重要な廃棄物と排出の流れはどこにあるか． 発生源で廃棄物を排除するか，または再利用でコストを下げることができるか．	**プロダクト・スチュワードシップ** 製品の全ライフサイクルに対する責任を引き受ける場合，設計と開発に対する影響はどうなるか． 価値を付加するか，コストを引き下げると製品の影響を軽減できるか．

　この簡単な診断ツールは，企業の戦略が持続可能性と整合性があるかどうかを判定するのに役立てることができる．各ボックスの質問に答えることによって四つのゾーンの自社能力を評価する．それを次の評価で採点する：1－なし，2－芽生えつつある，3－確立した，4－制度化した．ほとんどの企業は汚染防止への投資を反映して左下ゾーンに大きく偏るだろう．しかし，将来のテクノロジーと市場への投資（ポートフォリオの上半分）がなければ，企業の環境戦略は増大するニーズを満足させることはできないだろう．

　アンバランスなポートフォリオは問題である．つまり，下側に偏ったポートフォリオは，現在はよいポジションだが将来は脆弱であることを示している．上側に偏ったポートフォリオは持続可能性ビジョンはあるが，それを実施するために必要な経営または分析のスキルがないことを示している．左側に偏ったポートフォリオは，内部プロセスの改善と技術開発計画による環境課題への取り組みに偏っていることを示している．右側に偏ったポートフォリオは，非常にオープンではあるものの，その基礎をなすプラント操業とコア・テクノロジーが環境に大きな影響を与えたままであるため「偽装工作」であるというレッテルを貼られるおそれがある．

　出所）図 10-8 に同じ，258 ページ．

社会の設計」等である．第 1 のケースは，前述のハートが指摘する，開発途上国における生存経済を救済しようとする努力である．また，第 2 のケースは，先進国経済と開発途上国経済の間の貿易と経済取引を公正なものにしようとする努力である．

Case 1　グラミン銀行[36]

　社会的起業家（Social Entrepreneur）とは，ビジネスを通して貧困な人々の自立を支援する事業家のことを意味している．その代表的事例として注目されているのが，バングラディッシュのグラミン銀行であり，ムハマド・ユヌス総裁の事業モデル「マイクロ・クレジット（Micro Credit）」が重要である．「マイクロ・クレジット」は，小口融資を受けることができる金融制度であるが，一般の金融システムとの違いは，融資を受けられる条件が担保能力のない貧困者に限られることにある．その起源は，1976年にムハマド・ユヌスが個人的に42人の貧しい人々にわずか62セントずつを貸し付けたのが始まりとされている．1983年には正式な銀行となり，多数の貧しい人々が「マイクロ・クレジット」の恩恵を受けている，と言われている．
　彼らにとって重要な点は，こうした小口金融は，単なる援助でなく，自立を促すことを狙った貧困対策である，という点である．また，それとともに，本章の重要な論点としては，この「マイクロ・クレジット」が，新たな事業分野を創造するという産業金融の基本機能を体現したビジネスモデルとして，21世紀の共生社会にマッチするビジネスモデルと考えられる点にある．こうした「マイクロ・クレジット」あるいは「マイクロ・ファイナンス」[37]は，このグラミン銀行の他にも，世界80か国に浸透していると言われている．
　このような金融制度に加えて，税制面でのグローバルな所得の再分配制度の構想も模索されている．そのような例として重要なものが，マネーゲームに税金を掛ける「トービン・タックス」の提唱であり，さらに武器輸出に一定の税金を掛けようとする動き等もある．さらに，東欧等でさかんに行われている「貧困対策のための1％増税制度」等も，所得と収入面での不均衡を是正する有力な方法として重要であろう．

Case 2　カフェ・ダイレクト (Café Direct) 社

　コーヒー事業は，これまで一握りの巨大多国籍企業に独占されてきたと言ってもよい．しかし，市場の独占はコーヒー豆の国際取引価格を安定化させてきたわけではない．むしろ，現状では，コーヒー豆の取引相場はきわめてバランスを欠いたものとなっている．

　「もう一つの貿易組織 (Alternative Trade Organization, ATO)」は，市場を独占する多国籍企業に対して，開発途上の生産者と先進国の消費者を「公正貿易 (Fair Trade)」で結びつけ，両者の新たな関係を築くことに事業の目的がある．

　以下では，イギリスのATOを事例に，その活動内容を見てみよう．

　カフェ・ダイレクト (Café Direct : London) 社は，英国コーヒー事業において，業界第6位，市場シェア6％の成長性を誇っている．同社の特徴は，女性経営者ニューマン (Newman) の経営理念に最もよく表れている．

　ニューマン社長によれば，現在の自由貿易は不公平貿易でしかないこと，また，コーヒー栽培および加工処理過程は過酷な重労働であること等をコーヒー消費国および消費者は十分に理解しなければならない．

　すなわち，その圧倒的多数が開発途上国の生存経済下で生活している生産者との関係を深め，高品質かつ安全なコーヒー豆を安定的に供給してもらうために，消費者は「応分のコスト」を負担しなければならない．具体的には，(1)コーヒー豆の買い取り価格を従来の3倍に保証する，そのために，(2)消費者はコーヒー1杯あたり10P（英国ペンス，日本円で20円程度）多く支払うことを甘受する，のである．

　国際的なコーヒー豆価格の下落は，現在，こうしたコーヒー農園主を直撃していると言われている．その解決策として，収穫量を効率的に確保するため，空中からの農薬散布が日常化し，またコーヒー豆の収穫には数多くの児童労働が投入されている現実がある．その意味を，消費国に暮らす消費者は十分に考えるべきである．特に，デフレ経済に慣れきったわが国の消費行動は，このような注意深い視野を欠いた最たる例と言えるかもしれないのである．

カフェ・ダイレクト社の取り組みでもう1つ注目すべきは，生産者を励ますための努力をしている点である．すなわち，生産者に消費者が何を望んでいるのか，どのようなコーヒーを飲みたいのか，を伝えることが重要と考えている点である．生産者と消費者がお互いに相手を理解し，相互に信頼関係を築いていくことに経済行為の力点をシフトし，開発途上国の生産者に対しても，自分たちが栽培しているコーヒーの価値を伝えることによって，生産者の誇りを持たせること，あるいはそうすることによってさまざまな経営改善の工夫を自ら実践してもらうこと，を期待するのである．このような取り組みが，農薬散布の機会を減らし，児童労働を減らすことによって，消費者の利益とも合致していくことを期待するものである．

経営的に自立できるようにすること，生産者が自分の人生の使い方をコントロールできるようにすること，家族と地域の生活を守ること，がカフェ・ダイレクト社の経営実践にとっては何よりも重要であるように思われる．こうした取り組みこそ，自由貿易に代わる新たな交易・貿易のあり方を考える重要な事例であり，21世紀型のビジネスモデルになりうるものではないだろうか[38]．

1) ［2］邦訳，21ページ．
2) ［24］1ページ．また同書においては，1980年代以降のグローバリゼーションは「全く新しい段階」に入り，「重層的な展開」，「拡張的な展開」，「加速度的な展開」という3つの新たな特徴を持つようになったと，指摘されている．新たな段階に入ったグローバリゼーションの3つの特徴とは，おおよそ次のような内容である．

　第1の「重層的な展開」とは，グローバリゼーションの基調としての貿易が引き続き拡大するとともに，直接投資の増大，資金の流れ・金融活動の国際的な展開，情報の流れの飛躍的な拡大，ヒトの国際的な移動が重なり，それらの諸活動が刺激しあい，全体としてダイナミックなグローバリゼーションが展開することを意味している．

　第2の「拡張的な展開」とは，グローバリゼーションの流れの中に新しいプレーヤーが次々に登場し，それが全体としてのグローバリゼーションを世界経済全体に広げつつあることを意味している．具体的には，東アジアの新興経済国の急速な発展や旧社会主義経済国の市場経済体制への参入であり，国際的展開を目指す企業の急増に加え，国民の一人一人が国際的な場で活動するようになってきていることで

ある．

　　第3の「加速度的な展開」とは，貿易，投資，金融，情報通信などそれぞれの分野におけるここ数年の国際的な交流の増加は，過去数十年分に相当するものとなっていることを意味している．（同上書，1-4ページ）

3）　［32］邦訳，289ページ．
4）　［5］邦訳，102ページ．
5）　［5］邦訳，116ページ．
6）　［5］邦訳，26-29ページ．
7）　［32］邦訳，286-288ページ．
8）　2001年度版の通商白書では，グローバリゼーションを「地球規模で市場経済化が進んでいく現象」であると定義付けている．また，グローバリゼーションは，経済学では「企業等の国境を越えた経済活動の活発化」であり，政治学や歴史学では「冷戦後のアングロサクソン系自由主義の世界的波及の進展」である等，意味付けに多様性が見られることが指摘されている．（［22］67ページ）
9）　［40］邦訳，6ページ．
10）　この点に関しては，次の文献を参照されたい．Shane Weyker, "The Ironies of Information Technology", in Alison Brysk (ed.), *Globalization and Human Rights*, University of California Press, 2002, pp. 115-132.
11）　［21］邦訳，15ページ．
12）　［32］邦訳，284ページ．
13）　［34］邦訳，21-24ページ．
14）　［2］邦訳，32-33ページ．グローバリゼーションの力学という点では，本文中に引用した上下方向の力学だけでなく，「横断的な力学」も働くことをギデンズは指摘している．それは，グローバリゼーションが，「一国内に，あるいは国境を股にかけて，新しい経済的かつ文化的なゾーン」を創成することを意味している．（同上書，34ページ）
15）　［22］70ページ．反グローバリズム運動に関しては，［14］および［35］が参考になる．
16）　『朝日新聞』2001年7月21日付．
17）　［40］邦訳，序章6ページ．
18）　［1］p. 155., 邦訳，219ページ．
19）　［1］p. 157., 邦訳，222ページ．
20）　［1］p. 220., 邦訳，309ページ．また，次の文献にも同様の指摘がある．
　　Christopher A. Bartlett and Sumantra Ghoshal, *Transnational Management*, Richard D. Irwin, 1992.（クリストファー・A. バートレット＆スマントラ・ゴシャール著『MBAのグローバル経営』日本能率協会マネジメントセンター，1998年，4-5ペー

ジ.)
21) [30] p. 3., 邦訳, 4ページ.
22) [30] p. 5., 邦訳, 6-7ページ.
23) [40] 邦訳, 6-7ページ.
24) [30] p. 458., 邦訳, 594-595ページ.
25) [41] 邦訳, 318ページ.
26) [30] p. 464., 邦訳, 602ページ.
27) [31] 邦訳, 614ページ.
28) [31] 訳書, 618ページ.
29) 以下の記述は, [18] による.
30) [12] 43-44ページ.
31) [8] 邦訳, 6ページ.
32) [8] 邦訳, 第1章5-22ページ.
33) 以下の記述に関しては, [4] の特に第8章, 『日経産業新聞』2001年7月16日付, 等による. また, 国連における多国籍企業に関する諸問題の指摘と論点をまとめた著作としては, [36] がある.
34) [13] 邦訳, 133ページ.
35) [9] 240-256ページ.
36) グラミン銀行については, [33] 等を参照されたい.
37) 「マイクロ・ファイナンス」については, [29] が参考になる.
38) 「フェア・トレード」については, さしあたり [6], [7], [15], [16], [19], [25], [26] 等が参考になる. また, カフェ・ダイレクト社については, 同社ホームページの他, http://www.fairbeans.org, http://www.globalexchenge.org, http://www.oxfamameria.org, 等のホームページを参照されたい.

参考文献

[1] Ankie Hoogvelt, *Multinational Enterprise : An Encyclopedic Dictionary of Concept and Terms*, Macmillan Publishers, 1987, p. 155. (アンケ・フォーグフェルト著, 江夏健一・中島 潤監訳『英和多国籍企業辞典』中央経済社, 1989年, 219ページ)

[2] Anthony Giddens, *Runaway World*, London : Profile Books, 1999. (アンソニー・ギデンズ著, 佐和隆光訳『暴走する世界——グローバリゼーションは何をどう変えるのか——』ダイヤモンド社, 2001年, 21ページ)

[3] Anthony Giddens, *The Third Way*, London : Polity Press c/o Andrew Nurnberg Associates, 1998. (アンソニー・ギデンズ著, 佐和隆光訳『第三の道——効率と公正の新たな同盟——』日本経済新聞社, 1999年)

［4］ Christopher Flavin(ed.), *State of the World 2002*, Worldwatch Institute, W. W. Norton & Company, 2002.（クリストファー・フレイヴィン編著『ワールドウォッチ研究所　地球白書2002-03』家の光協会，2002年）

［5］ David Held(ed.), *A Globalizing World ? : Culture, Economics, Politics*, Routledge, 2000.（デビィッド・ヘルド編，中谷義和監訳『グローバル化とは何か──文化・経済・政治──』法律文化社，2002年）

［6］ David Ransom, *The No-Nonsense Guide to Fair Trade*, Oxford : New Internationalist Publications, 2001.

［7］ Delia B. Conti, *Reconciling Free Trade, Fair Trade, and Interdependence : The Rhetoric of Presidential Economic Leadership*, London : Praeger, 1998.

［8］ Fritjof Capra and Gunter Pauli(eds.), *Steering Business toward Sustainability*, United Nations University Press, 1995.（フリッチョフ・カプラ／グンター・パウリ著，赤池　学監訳『ゼロエミッション──持続可能な産業システムへの挑戦──』ダイヤモンド社，1996年）

［9］ ハーバード・ビジネス・レビュー編，DIAMONDハーバード・ビジネス・レビュー編集部訳『経営戦略論』ダイヤモンド社，2001年.

［10］ ハーバード・ビジネス・レビュー編，DIAMONDハーバード・ビジネス・レビュー編集部訳『戦略と経営』ダイヤモンド社，2001年.

［11］ Hazel Henderson, *Paradigms in Progress : Life Beyond Economics*, Berrett-Koehler Publishers, 1991, 1995.（ヘイゼル・ヘンダーソン著，尾形敬次訳『地球市民の条件──人類再生のためのパラダイム──』新評論，1999年）

［12］ ヘルムート・シュミット著，大島俊三・城崎照彦共訳『グローバリゼーションの時代』集英社，2000年，43-44ページ.

［13］ Jack Welch, *Jack : Straight from the Gut*, Warner Books, 2001.（ジャック・ウェルチ著，宮本喜一訳『ジャック・ウェルチ　わが経営（下）』日本経済新聞社，2001年，133ページ）

［14］ Jackie Smith and Hank Johnston(eds.), *Globalization and Resistance : Transnational Dimensions of Social Movements*, Rowman & Littlefield Publishers, 2002.

［15］ Jagdish N. Bhagwati and Robert E. Hudec, *Fair Trade and Harmonization : Prerequisites for Free Trade ?*, Massachusetts Institute of Tecnology, 1996.

［16］ James Bovard, *The Fair Trade Fraud : How Congress Pillages the Consumer and Decimates American Competitiveness*, New York : St. Martin's Press, 1991.

［17］ James V. Riker and Kathryn Sikkink (eds.), *Restructuring World Politics : Transnational Social Movements, Networks, and Norms*, University of Minnesota Press, 2002.

[18] Jeremy Brecher & Tim Costello, *Global Village or Global Pillage : Economic Reconstruction from the Bottom up*, South End Press, 1994.（ジェレミー・ブレッカー，ティム・コステロ著，加地永都子監訳『世界をとりもどせ—グローバル企業を包囲する9章—』インパクト出版会，1999年）

[19] Jo Marie Griesgraber and Bernhard G. Gunter(eds.), *World Trade : Toward Fair and Free Trade in the Twenty-first Century*, London : Pluto Press, 1997.

[20] John Madeley, *Big Business Poor Peoples : The Impact of Transnational Corporations on the World's Poor*, London : Zed Books, 1999.

[21] John Tomlinson, *Globalization and Culture,* Cambridge : Polity Press, 1999.（ジョン・トムリンソン著，片岡 信訳『グローバリゼーション—文化帝国主義を超えて—』青土社，2000年）

[22] 経済産業省『通商白書2001-21世紀における対外経済政策の挑戦—』（総論），ぎょうせい，2001年．

[23] 経済産業省通商政策局編『2002年版 不公正貿易報告書—WTO協定から見た主要国の貿易政策—』（産業構造審議会レポート），経済産業調査会，2002年．

[24] 経済審議会21世紀世界経済委員会報告書『進むグローバリゼーションと21世紀経済の課題』1997年．

[25] Michael Barratt Browm, *Fair Trade : Reform and Realities in the International Trading System*, London : Zed Books, 1993. マイケル・バラット・ブラウン著，青山 薫・市橋秀夫訳『フェア・トレード—公正なる貿易を求めて—』新評論，1998年．

[26] Mary Ann Littrell and Marsha Ann Dickson, *Social Responsibility in the Global Market : Fair Trade of Cultural Products*, California : Sage Publications, 1999.

[27] ムケシュ・エスワラン，アシュク・コトワル著，永谷敬三訳『なぜ貧困はなくならないのか』日本評論社，2000年．

[28] 岡部一明著『サンフランシスコ発：社会変革NPO』御茶の水書房，2000年．

[29] 岡村真理子・粟野晴子・吉田秀美編著『マイクロファイナンス読本—途上国の貧困緩和と小規模金融—』明石書店，1999年．

[30] Peter Dicken, *Global Shift : Transforming the World Economy*, Third Edition, Paul Chapman Publishing, 1998.（ピーター・ディッケン著，宮町良広監訳『グローバル・シフト—変容する世界経済地図—』上巻，古今書院，2001年）

[31] Richard T. DeGeorge, *Business Ethics*, Third Edition, Macmillan Publishing, 1989.（リチャード・T. ディジョージ著，永安幸正・山田経三監訳，麗澤大学ビジネス・エシックス研究会訳『ビジネス・エシックス—グローバル経済の倫理的要請—』明石書店，1995年）

[32] Robert Gilpin, *The Challenge of Global Capitalism : The World Economy in*

*the 21*st *Century*, Princeton University Press, 2000. (ロバート・ギルピン著，古城佳子訳『グローバル資本主義—危機か繁栄か—』東洋経済新報社，2001年)
[33] ロバート・ローゼン他著，鈴木主税訳『グローバル・リテラシー』光文社，2001年.
[34] ロベール・ボワイエ著，井上泰夫訳『世界恐慌　診断と処方箋—グローバリゼーションの神話—』藤原書店，1998年.
[35] Sanjeev Khagram, James V. Riker, Kathryn Sikkink(eds.), *Restructuring World Politics : Transnational Social Movements, Networks, and Norms*, University of Minnesota Press, 2002.
[36] Sidney Dell, *The United Nations and International Business*, United Nations Institute for Training and Research, Duke University Press, 1990.
[37] 世界銀行，西川 潤監訳『世界開発報告2000/2001：貧困との闘い』シュプリンガー・フェアラーク東京，2002年.
[38] スーザン・ジョージ著，小南祐一郎，谷口真里子訳『なぜ世界の半分が飢えるのか—食糧危機の構造—』朝日新聞社，1984年.
[39] スーザン・ジョージ著，毛利良一監訳『ルガノ秘密報告—グローバル市場経済生き残り戦略—』朝日新聞社，2000年.
[40] Susan Strange, *The Retreat of the State : The Diffusion of Power in the World Economy*, Cambridge University Press, 1996. (スーザン・ストレンジ著，櫻井公人訳『国家の退場—グローバル経済の新しい主役たち—』岩波書店，1998年)
[41] The World Bank, *World Development Report 2000/2001 : Attacking Poverty*, The International Bank for Reconstruction and Development / The World Bank, 2001. (世界銀行編，西川 潤監訳『世界開発報告2000/2001—貧困との闘い—』シュプリンガー・フェアラーク東京，2002年)
[42] 内橋克人『共生の大地—新しい経済がはじまる—』岩波新書，1995年.
[43] Victor A. Pestoff, *Beyond the Market and State : Social Enterprises and Civil Democracy in a Welfare Society*, Ashgate Publishing, 1998. (ビクター・A. ペストフ著，藤田暁男・川口清史・石塚秀雄・北島健一・的場信樹訳『福祉社会と市民民主主義—協同組合と社会的企業の役割—』日本経済評論社，2000年)

執筆者・訳者紹介 （執筆順）

鶴田 満彦（つるた みつひこ）	研究員・中央大学商学部教授
岩田 勝雄（いわた かつお）	客員研究員・立命館大学経済学部教授
山田 博文（やまだ ひろふみ）	客員研究員・群馬大学教育学部教授
鈴木 健（すずき けん）	客員研究員・桃山学院大学経済学部教授
工藤 昌宏（くどう まさひろ）	客員研究員・東京工科大学バイオニクス学部教授
小林 世治（こばやし せいじ）	客員研究員・日本大学大学院グローバルビジネス研究科助教授
木立 真直（きだち まなお）	研究員・中央大学商学部教授
陳 建（ちん けん）	中国人民大学経済学院教授
酒井 正三郎（さかい しょうざぶろう）	研究員・中央大学商学部教授
徳重 昌志（とくしげ まさゆき）	研究員・中央大学商学部教授
日高 克平（ひだか かつべい）	研究員・中央大学商学部教授

グローバリゼーションと多国籍企業

中央大学企業研究所研究叢書 23

2003年10月1日　初版第1刷印刷
2003年10月7日　初版第1刷発行

編著者　徳重　昌志
　　　　日高　克平

発行者　中央大学出版部
代表者　辰川　弘敬

192-0393 東京都八王子市東中野742-1
発行所　電話 0426(74)2351 FAX 0426(74)2354
http://www2.chuo-u.ac.jp/up/

中央大学出版部

© 2003 〈検印廃止〉　　　　　　ニシキ印刷

ISBN4-8057-3222-9